MMPI-A 평가의 핵심

Essentials of MMPI-A Assessment

Robert P. Archer · Radhika Krishnamurthy 지음

홍창희 · 이재실 · 조진식 · 김미애 옮김

- 실시에서 채점, 해석, 보고서 작성에 이르기까지 전 과정에 적용
- 흔히 저지르는 실수를 피하도록 돕는 전문적 조언
- 빠른 참조를 위한 편리한 형식

WILEY 박학사

Essential of MMPI-A Assessment

Robert P. Archer & Radhika Krishnamurthy

Printed in Korea

ISBN: 978-89-98521-26-4

지난 몇 년간 청소년 발달에 관한
박사 후 연구과정을 나를 위해 기꺼이 내어 준
나의 딸 Elizabeth Meghan Archer에게

ROBERT P. ARCHER

내 삶에서 가장 소중한 '핵심적' 지침이 되어 주신
부모님과 나에게 항상 소중한 자매
Uma와 Karthik에게

RADHIKA KRISHNAMURTHY

역자 서문

이 책은 Archer와 Krishnamurthy가 공동으로 저술한 『Essentials of MMPI-A Assessment』를 번역한 것이다. MMPI-A는 세계적으로 가장 널리 사용되는 청소년용 자기보고형 검사이다. 두 저자는 오랫동안 MMPI-A를 활용한 청소년 평가에 관심을 가져 왔다. 특히 구조적 요약을 이용하여 MMPI-A 자료를 요약하고 체계화하는 데 결정적으로 기여했다. MMPI-A에 대한 척도 수준의 요인 분석을 바탕으로 개발된 구조적 요약은 복잡한 MMPI-A의 자료를 가장 효율적으로 체계화하는 방법으로 평가받고 있다.

이 책은 MMPI-A를 실시하고, 채점하고, 해석하고, 얻은 결과를 보고하는 데 필요한 핵심적인 절차를 단계별로 제시하고 있다. 또한 **빠른 참조**, **명심할 점**, **주의** 등의 글상자를 두어 정리와 이해를 도울뿐더러, 네 개의 MMPI-A 임상사례를 자세히 분석하여 이 검사의 임상적 활용을 생생하게 예시하고 있다. 구체적인 사례에 구조적 요약을 적용하여 사례를 개념화하는 과정은 매우 인상적이다.

필자가 MMPI-2 워크숍에서 만난 참가자들 중 상당수가 청소년 상담에 종사하고 있었다. 이들은 MMPI-2에 준하여 MMPI-A를 사용하는 데 있어서의 어려움과 한계를 이야기했다. MMPI-A를 현장에서 활용할 수 있는 나름대로의 지침이 필요하다는 이들의 요구가 이 책을 번역하는 계기가 되었다. 한 학기 동안 교재로 써 본 결과 MMPI-2와 중복되는 부분도 많지만, 심리평가의 핵심 시리즈로 출판된 다른 책들처럼 내용이 충실하고 MMPI-A의 장점을 잘 살리고 있다고 판단되었다.

개관과 실시, 채점을 다룬 1~3장은 삼성창원병원의 김미애 선생이, 강점과 임상적 적용을 다룬 5~6장은 현재 유유재의 대표로 있는 가야대학교 이재실 교수가, 네 개의 사례를 다룬 7장은 양산병원의 조진석 선생이 번역을 맡았다. 나머지 부분을 번역하고 전체적으로 체제를 가다듬는 작업은 필자의 몫이었다. 역자들 모두 원문의 요지를 살리면서 가급적 읽기 쉽게 번역하는 데 초점을 두었다. 이 과정에서 안희리, 권애란, 김주은, 조민경 등 부산대학교에서 임상심리를 전공하는 대학원생들의 도움이 컸다.

검사를 구성하는 각 척도의 기술어나 상관요인에 대한 연구는 검사 결과를 제대로 이해하고 해석하는 데 가장 중요한 부분이다. 문화가 다르고 교육환경이 다른 곳에서 성장한 청소년들에 대한 연구 결과나 해석적 지침을 한국의 청소년들에게 적용하는 것은 매우 조심스러운 일이다. 한국의 청소년들에게 제대로 MMPI-A를 적용하려면, 이들을 대상으로 이 검사를 구성하는 여러 척도나 지표와 관련된 상관요인이나 기술어를 찾아내려는 독자적인 노력이 필요하다.

최근 가정폭력이나 학교폭력의 문제가 사회적 문제로 대두되고, 청소년들의 심리적인 적응이 관심의 초점이 되면서 청소년 평가의 중요성이 증가하고 있다. 그만큼 청소년에게 MMPI-A를 적용하는 사례도 늘고 있다. 한국의 청소년들을 대상으로 얻은 MMPI-A에 대한 자료가 절대적으로 부족한 현 시점에, 이 책이 현장에서 MMPI-A를 사용하는 임상가들에게 잠정적인 지침이 되고, 보다 바람직하게는 한국의 청소년들이 보이는 MMPI-A 프로파일에 대한 정확하고 풍부한 해석을 위해, 이 검사에 대한 연구를 자극하는 촉진제가 되기를 바란다.

2014년 10월

역자 대표 홍창희

(문학박사, 임상심리전문가)

시리즈 서문

'심리평가의 핵심 시리즈'를 통해 독자들에게 가장 효과적이고 이해하기 쉬운 형태로 핵심적이면서도 실제적인 정보를 전달하고자 했다. 본 시리즈는 인지, 성격, 교육, 신경심리학 등 다양한 영역에서 사용되는 평가 도구를 다루고 있다. 본 시리즈의 책은 숙련된 임상가들이 경험적으로 입증된 도구에 대한 최근의 이해를 보다 편하게 받아들일 수 있도록 하는 한편, 지속적으로 개발, 개정되고 있는 새로운 도구를 능숙하게 사용할 수 있도록 하는 간결하면서도 완벽한 방법을 제공할 것이다. 또한 초보자들은 개인적 심리진단이라는 복잡한 과정을 시작하기에 앞서 반드시 익혀야 할 모든 정보와 기술의 총화를 이 책에서 볼 수 있을 것이다.

요점을 강조하기 위해 가능한 한 시각적 자료를 체계적이고 단계적인 지침에 따라 활용하였다. 각 장은 간결하고 집중적으로 구성되었다. 주제는 실시, 해석, 그리고 임상적 활용의 본질을 쉽게 이해하는 데 초점을 두었다. 이론과 연구가 각 책의 구조에 빠짐없이 스며 있지만, 이는 임상적 추론을 고양하기 위해서이지 벗어나거나 압도하기 위해서가 아니다. 우리는 오랫동안 '현명한' 평가를 지지해 왔다. 다시 말해, 검사 점수의 프로파일이 전문가의 임상적 관찰과 예리한 분석 과정을 통해 삶에 적용되지 않는다면 무의미하다는 생각이다. 검사 프로파일은 아동이나 성인의 삶에 영향을 미칠 수 있어야 한다. 그렇지 않다면 왜 애써 검사를 하겠는가? 우리는 본 시리즈를 통해 독자들이 가능한 한 가장 현명한 평가자가 될 수 있기를 바란다.

『MMPI-A 평가의 핵심』에는 가장 널리 사용되는 청소년용 객관적 성격평가 도구인 MMPI-A의 입문서를 찾는 학생, 연구자, 임상가를 위해 폭넓은 기본 정보가 실려 있으며, MMPI-A 개발 및 연구에 대한 요약과 검사 해석을 위한 단계적 절차를 담았다. 『MMPI-A 평가의 핵심』은 기본 척도 프로파일 해석을 위해 단일 척도 및 코드유형에 대한 소개와 함께, 표준적으로 사용되는 MMPI-A의 모든 척도/소척도를 간결하게 개괄하고 있다. 또한 이 책은 공동저자가 개발한 MMPI-A의 구조적 요약 접근을 소개한다. 구조적 요약 접근은 MMPI-A 척도/소척도에 나타나는 정신병리의 저변에 있는 기본 차원을 강조함으로써 이 도구의 해석 과정을 단순화한다. 주제는 비행, 물질 남용, 성적 학대, 섭식 장애 등의 문제가 있는 특수집단의 청소년들에 대한 MMPI-A의 적용을 포함하고 있다. 그리고 개별 사례에 해석 원리를 적용하는 것에 대한 이해를 돕기 위해 임상적 해석의 원리를 네 개의 임상사례를 통해 예시하고 있다. 이 책을 통해 독자들이 MMPI-A에 내재된 복합성과 제한점을 잘 이해하고, 또한 MMPI-A 평가 업무를 체계적이고 자신 있게 수행할 수 있기를 바란다.

시리즈 편집자
Alan S. Kaufman(철학박사), Nadeen L. Kaufman(교육학박사)
예일대학교 의과대학

저자 소개

Robert P. Archer

미국 전문심리학위원회(ABPP) 임상심리 전문가인 Archer 박사는 Frank Harrell Redwood Distinguished Professor이며, 미국 버지니아 주 노퍽에 있는 이스턴버지니아의과대학 정신건강의학 및 행동과학과의 부과장직을 맡고 있다. Archer 박사는 심리평가에 대한 100편 이상의 논문을 발표했고, 책의 일부 장(章)을 집필했다. 그리고 『Using the MMPI with Adolescents』(1987)와 『MMPI-A: Assessing Adolescent Psychopathology』(2판, 1997)의 저자이자 『MMPI-A Casebook』(1994)의 공동 저자이기도 하다. Archer 박사는 MMPI-A 개발을 위해 미네소타대학교 출판부의 자문위원으로 활동했으며, MMPI-A 매뉴얼의 공동 저자이다. 현재 MMPI-2 및 MMPI-A와 관련된 일련의 연구 프로젝트에 참여 중이다. Archer 박사는 계간지 「Assessment」가 1994년 3월 출간된 이래 편집장을 맡고 있으며, 「Journal of Personality Assessment」의 부편집장이기도 하다. 또한 미국 평가심리위원회(American Board of Assessment Psychology)의 전문가 자격을 소지하고 있으며, 현 집행부 임원이다.

Radhika Krishnamurthy

Krishnamurthy 심리학 박사는 미국 플로리다 주 멜번에 있는 플로리다공과대학교의 심리학과 부교수로 재직 중이며, 심리학 박사과정 프로그램의 평가 과목 강의와 임상실습 슈퍼바이저를 맡고 있다. 그녀는 Robert P. Archer 박사와 함께 『MMPI-A Casebook』(1994), MMPI-A나 Rorschach와 관련된 여러 편의 논문, MMPI-A(1996)와 Rorschach(인쇄 중) 교재의 일부 장(章), Society for Personality Assessment 동계 학회와 International Congress of Rorschach and Projective Methods의 발표 논문 등을 공동으로 집필했다. 또한 「Assessment」의 부편집장, 「Journal of Personality Assessment」의 자문 편집위원, 「SPA Exchange」의 부편집장을 맡고 있다. Society of Personality Assessment의 펠로우이기도 하며, 성격평가 분야의 뛰어난 초기 연구 업적을 인정받아 Samuel J. and Anne G. Beck 상을 수상했다.

차례

CHAPTER 1

개관

✲ 서론

미네소타 다면적 인성검사(Minnesota Multiphasic Personality Inventory: MMPI)는 '20세기 심리측정의 성공담'으로 일컬어진다. 1950년대 초부터 사용된 심리검사를 조사한 결과에 의하면 MMPI는 가장 주요한 객관적 성격평가 도구였다. 이 검사는 수천 편의 논문, 수백 권의 책의 장(章), 그리고 수십 권의 책을 포함한 방대한 연구문헌을 창출했다. 또한 심리평가 시장에서 매우 지배적인 상업적 원동력이었다. 1992년 청소년용으로 출판된 MMPI-A를 소개하기에 앞서 이 중요한 성격평가 도구의 역사를 간략히 살펴보겠다.

✲ MMPI의 역사

MMPI는 1930년대 후반, Stark Hathaway와 John McKinley의 공동 노력으로 개발되었다. MMPI 개발을 주도한 Hathaway는 1928년 오하이오주립대학교에서 심리학 전공으로 석사학위를, 1932년 미네소타대학교에서 생리학 전공(해부학 부전공)으로 박사학위를 취득했다. 그리고 거시 해부학과 미시 해부학에 대한 박사 후 연구를 추구하는 한편, 실험심리학과 통계학을 가르치면서 교수로서의 초기 경력을 쌓았다. 1937년 Hathaway는 의과대학 심리학자로서 McKinley와 함께 MMPI 프로젝트를 수행하기 시작했다. John McKinley는 미네소타대학교에서 1919년에 석사학위를, 1921년에 박사학위를 취득하였고, 뉴욕 시립 정신건강의학연구소에서 신경정신건강의학과 의사 및 신경병리학자로서 수련을 받았다. 정신건강의학 수련을 마친 후에는 미네소타대학교로 돌아와 교수가 되었고, 이후 승진을 거듭하여 의학 및 신경정신과 과장이 되었다. Hathaway와 McKinley는 미네소타대학병원의 내과 의사들이 정신건강의학적 문제가 있는 환자를 선별하는 데 도움을 줄 목적으로 MMPI를 개발하기 시작했다.

MMPI가 객관적 성격평가 도구를 개발하려는 최초의 시도는 아니었다. 보다 초기의 자기보고식 성격 질문지는 19세기 후반으로 거슬러 올라간다. 특히 제1차 세계대전 중 신병 모집 과정에서 정신건강의학적 선별의 필요성으로 인해 정신병리에 대한 자기보고식 측정 도구의 개발과 활용이 고무되었다. 검사 개발자들은 대개 합리적인 척도 구성 방법을 토대로 자기보고식 측정 도구의 문항을 선정했다. 이 방법은 개발자의 이론과 임상적 경험, 직관에 비추어 측정 과제와 논리적 · 합리적으로 관련 있어 보이는 문항을 척도나 검사에 포함하는 방법이다. 하지만 안타깝게도 이렇게 만들어진 많은 검사는 이론적으로 흥미로울 뿐 실제 현장에서는 그다지 쓸모가 없었다.

처음 모습을 드러낸 MMPI의 전신은 'Medical and Psychiatric Inventory', 'Multiphasic Personality Schedule'로 지칭되었다. 이후 일련의 단계를 거쳐 MMPI가 개발되었다. Hathaway와 McKinley는 검사를 제작하는 첫 단계로 문항 풀을 구성했다. 이들은 정신건강의학적 검사 양식, 다양한 정신건강의학 교과서, 그리고 이미 출판된 사회적 태도, 기질, 성격 척도 등에서 문항을 발췌했다. 처음에는 1,000개 이상의 문항이 있었으나, Hathaway와 McKinley는 중복되거나 검사의 목적과 무관하다고 여겨지는 문항을 삭제하여 이를 504문항으로 축소했다. 이후 주로 남성성, 여성성과 관련된 문항이 추가되었다.

다음 단계로 Hathaway와 McKinley는 미네소타대학병원의 몇몇 정상인 통제 집단 참가자들에게 예비 문항 풀을 실시했다. 이들 중 대다수가 대학병원에서 치료 중인 환자의 방문객 724명이었다. 'Minnesota Normals'로 불리는 이 집단에 보다 작은 규모의 정상인 세 집단이 추가되어 통제 집단의 인원이 늘어났다. 이 세 집단은 미네소타대학교 입학 설명회에 참석한 고등학교 졸업생 집단, Federal Work Progress Administration(WPA) 프로그램이 지원하는 프로젝트에 참여하는 기능직 노동자 집단, 정신건강의학적 장애의 증상을 보이지 않는 미네소타대학병원의 일반병동 환자 집단이다. 이 정상 통제 집단에 더해 미네소타대학병원의 정신건강의학과 환자 221명의 자료가 수집되었다. 이 임상집단은 진단 범주에 근거하여 건강염려증, 우울증, 히스테리, 정신병질(반사회성), 정신분열증(조현병), 경조증 등의 하위 집단으로 분류되었다.

Hathaway와 McKinley는 문항이 특정 임상표집과 정상표집을 유의하게 변별하는지 확인하기 위해 임상 준거 집단별로 문항 분석을 했다.(임상 준거 집단은 MMPI 기본 임상 척도의 명칭에 반영되어 있다). 그리고 정상표집과 임상표집이 차별적으로 반응하는 문항들을 모아 척도를 구성했다. 이와 같이 정신건강의학과 환자와 일반 환자를 변별해 주는 문항을 토대로 척도를 구성하는 방법을 '준거 키(key)' 방법 혹은 '경험적 척도 구성' 방법이라 한다. 한편 이러한 접근을 비판하는 사람들은 이를 '건조지대의 경험주의(dustbowl empiricism)'라 불렀다. 이전에는 검사를 개발하면서 안면타당도를 근거로, 즉 측정되는 영역과 관련 있어 보이는 정도에 따라 합리적으로 문항을 선정했다. 이러한 접근과 달리 경험적 방법은 준거 집단에 대한 변별력을 나타내는 통계적인 분석에 근거하여 문항을 선정한다. Hathaway와 McKinley는 경험적 방법을 사용하여, 그리고 때로 그 방법을 변형하여 건강염려증(*Hs*), 우울증(*D*), 히스테리(*Hy*), 반사회성(*Pd*), 편집증(*Pa*), 강박증(*Pt*), 편집증(*Sc*), 경조증(*Ma*) 등의 척도에 대한 문항 풀을 구성했다. 임상 척도 구성에 이어 두 개 척도가 MMPI에 추가되었다. 앞서 언급했듯이 하나는 남성성-여성성(*Mf*) 척도이다. 이 척도는 애초에 선별된 동성애자와 이성애자를 변별해 주는 문항과, 이후에 추가된 정상표집에서 남성과 여성을 변별해 주는 문항으로 구성되었다. 끝으로 내향성(*Si*) 척도가 MMPI의 마지막 임상 척도로 포함되었다. 이 척도는 Drake(1946)가 개발한 기존의 척도에서 채택되었다. 그리고 내·외향성 척도에서 높은 범위와 낮은 범위의 점수를 얻은 여대생들의 점수를 비교하여 교차타당화되었다. *Si* 척도는 Hathaway와 McKinley 집단을 이용하지 않고 외부에서 개발된 유일한 기본 척도이며, 또한 정신건강의학과 준거 집단이 포함되지 않은 유일한 척도이다.

✲ 타당도 척도의 개발

MMPI 10개의 기본 임상 척도에 더해 Hathaway와 McKinley(1943)는 문제 있는 검사 태도나 반응 양식을 탐지하기 위해 몇 개의 타당도 척도를 개발했다. 이 척도 중 하나가 무응답 척도이다. 이 척도는 그 자체로 하나의 척도라기보다는 수검자가 누락하거나 '그렇다', '아니다' 모두에 응답한 MMPI 문항의 총수를 반영한다. 부인 척도 혹은 *L* 척도는 합리적으로 도출된 15문항으로 구성되어 있다. 문항은 보편적인 결점이나 약점(예로, "내가 아는 모든 사람을 다 좋아하지는 않는다.", "가끔 남에 대한 험담이나 잡담을 조금 한다.")을 나타낸다. *L* 척도는 비현실적으로 자신을 좋게 보이려는 사람들을 탐지하기 위해 개발되었다. 이 척도의 모든 문항은 '아니다'라고 응답했을 경우에 채점된다. 상당수의 *L* 척도 문항에 시인하는(채점되는 방향으로 반응하는) 사람은 거의 없다. 하지만 일부 문항에 '아니다'라고 응답하는 사람은 제법 있다. 비전형 혹은 *F* 척도는 미네소타 정상표집에서 10% 미만으로 드물게 시인되는 64문항으로 구성되었다. 이 문항은 광범위한 내용으로 이루어져 있으나(예로, "거의 언제나 기침을 한다.", "귀신이나 악령이 가끔 나를 지배한다."), 정상인의 시인율이 낮다. Hathaway와 McKinley(1946)는 *F* 척도가 상승할 경우 임상 척도 프로파일의 해석이 무효화될 수 있다고 제안했다. *F* 척도의 상승이 수검자가 부주의하거나 문항 내용을 이해하지 못한 결과일 수 있기 때문이다. MMPI에 마지막으로 추가된 타당도 척도는 교정 척도 혹은 *K* 척도이다. MMPI에 대한 초기 경험은 *L* 척도가 심리적으로 세련된 왜곡에 민감하지 않음을 나타냈다. *K* 척도는 정신병리를 부인하거나 자신을 호의적으로 보이려는 보다 미묘한 시도를 감지하는 지표로 개발되었다. 대표적인 *K* 척도의 문항은 "때때로 나는 정말 쓸모없는 인간이라고 느낀다.", "비판이나 꾸지람을 들으면 몹시 속이 상한다." 등이다. *K* 척도는 30문항으로 구성되어 있으며, 한 문항을 제외하고 모두 '아니다'로 채점된다. *K* 척도의 문항은 정상 집단의 반응과 임상 척도에서 정상 범위의 프로파일을 보이지만 장애가 있는 정신건강의학과 환자 집단의 반응을 대조하여 경험적으로 확인되었다. *K* 척도의 주요 기능은 정신병리에 대한 임상 척도의 탐지 능력을 향상하는 것이다. 전통적으로, 성인 수검자를 대상으로 *K*-교정 절차를 사용할 때 일정 비율의 *K* 척도 원점수를 다섯 개의 MMPI 기본 척도 원점수에 더한다. *K*-교정이 적용되는 임상 척도는 *Hs*(1), *Pd*(4), *Pt*(7), *Sc*(8), *Ma*(9)이다. 적용되는 *K* 척도의 비율은 척도마다 다르다. *K*-교정 절차는 MMPI-2에 그대로 적용되었다(Butcher, Dahlstrom, Graham, Tellegen, & Kaemmer, 1989). 하지만 MMPI-A의 기본 척도에는 *K*-교정 절차가 적용되지 않는다. 이 주제에 대한 연구가 *K*-교정이 청소년 프로파일에서 해석적 정확성을 향상한다는 결과를 보이지 않았기 때문이다.

✲ MMPI의 대중화에 기여한 주요 특징

Hathaway와 McKinley는 미네소타대학병원에서 정신장애가 있는 환자를 평가하고 진단하는 데 실용적인 도움을 주고자 MMPI를 개발했다. 하지만 MMPI는 미네소타대학병원을 넘어 미국 전역의 임상 장면으로 빠르게 확산되었으며, 청소년과 성인 모두에게 사용되었다. 앞서 언급했듯이, 1950년대까지 MMPI는 가장 자주 사용되는 심리평가 도구 목록에 빈번히 등장했다. 1960년대에는 MMPI의 사용이 인사 선발 과정으로 확장되었다. 이 검사는 특히 경찰관, 원자력 발전소 작업자, 항공기 조종사 등 책임이 크고 아주 민감한 자리에 지원하는 사람들을 평가하기 위해 활용되었다. 모두가 심리적 안정과 탄력성이 대중의 안전성에 직결된다고 여겨지는 자리이다. 더욱이 MMPI는 국제적인 심리평가 도구로 빠르게 성장했다. MMPI의 첫 번째 번역판이 1940년대 후반과 1950년대 초반부터 출판되었고, 1976년까지 50개 이상의 외국어로 번역되었다. Butcher와 Williams(2000)는 1992년 46개국에서 140가지 이상의 번역판이 출판되었다고 보고했다. 끝으로, 앞서 이야기했듯이 MMPI는 놀랄 만큼 많은 학술 강연과 연구의 주제가 되었다. Butcher와 Owen(1978)은 성격평가 도구와 관련된 연구 주제의 84%가 MMPI와 관련이 있다고 보고했고, Butcher(1987)는 1만 편 이상의 연구논문과 저서가 발표되거나 출판되었다고 추정했다.

MMPI를 괄목할 만한 성공으로 이끈 요인은 무엇인가? 1960년대 중반, Stark

Hathaway는 MMPI의 대중화에 기여했다고 여겨지는 이 검사의 몇 가지 특징을 정리한 바 있다. 여기에는 "바람직하지 못한 반응 양식을 통제할 수 있는 장치가 마련되어 있고, 독해 곤란 등으로 인한 타당하지 않은 기록을 탐지할 수 있으며, 단순한 언어표현을 사용하고 있고, 실시와 채점이 간편하며, 프로파일 변인이 임상적으로 친숙한 점"(1965, p. 463) 등이 포함된다. 이러한 Hathaway의 관찰을 강조, 확장하여 현 저자들은 MMPI의 독보적인 성공에 핵심적으로 중요하다고 생각되는 세 가지 요인을 제안하고자 한다. 즉 검사 도구의 근거가 비이론적이며, 타당도 척도가 확대 개발되었고, 대량의 연구논문이 축적되어 검사 도구 사용에 토대가 된다는 점이다.

앞서 언급했듯이 MMPI는 경험적 척도 개발 절차를 기반으로 했다. 이는 척도를 구성하는 문항을 선정하는 절차가 비이론적이었음을 의미한다. 구체적으로 말해, Hathaway와 McKinley는 특정한 문항이 특정 척도의 구성에 포함되어야 한다고 예단하지 않았다. 대신 정상 집단의 반응과 잘 정의된 임상 환자 집단의 반응을 경험적으로 비교하여 특정 척도에 포함될 문항을 선정했다. 이러한 '비이론적' 접근으로 인해 다양한 이론적 지향의 임상가들이 이 검사 도구를 성격평가에 이용할 수 있게 되었다. 보스턴에 있는 정신분석 지향의 심리치료자, 미국 중서부의 건강심리학자, 행동주의를 지향하는 조지아의 임상가, 캘리포니아의 신경심리학자 모두가 환자를 기술하고 진단하는 중요한 도구로 MMPI를 환영할 것이다. 따라서 특정 이론적 공식화나 성격 구조에 대한 암묵적 · 명시적인 견해에 근거를 둔 다른 도구들과 달리, MMPI는 다양한 관점을 지향하는 임상가 모두에게 매력적인 도구인 것 같다. 이러한 비이론적 접근은 또한 차세대 심리학자들에게 성격평가 과정을 가르치는 대학원이나 전문대학원의 교수와 강사들에게 매력적일 것이다. 이와 같은 관점에서 볼 때 MMPI가 오늘날 이렇게 대중화될 수 있는 이유는, 15~20년 전 당시 차세대 심리학자들에게 객관적 성격평가를 가르치던 많은 대학교수들에게 MMPI의 강력한 경험적 근거가 매우 인기가 있었기 때문일 수도 있다.

Hathaway가 주목한 두 번째 인기 요인은 타당도 척도의 현저한 유용성과 관련이 있다. 수검자들은 검사 문항에 응답하면서 자신의 처지나 성향에 따라 의식적 · 무의식적으로 독특한 반응 양식을 취한다. MMPI 타당도 척도는 수검자들이 취하는 중요한 반응 양식을 탐지하고 기술하는 데 매우 유용하다. MMPI는 검사 결과의 해석 가능성을 결정하는 데 타당도 척도를 사용할 것을 강력하게 강조한 최초의 성격평가 도구이다. 더욱이 MMPI 타당도 척도의 사용은 다른 어떤 심리평가 도구의 추종을 불허할 정도로 진일보한 상태이다. MMPI 타당도 척도는 임상가로 하여금 정확하고 타당한 자기보고를 제공하려는 수검자의 의지와 능력의 정도를 가늠하게 해 준다. 또한 임상가가 검사 결과에 대해 확신할 수 있는 정도를 시사해 준다. 나중에 다루겠지만, MMPI-2와 MMPI-A의 경우 개별 프로파일의 기술적(技術的) 타당도와 관련된 문제를 다루기 위해, MMPI에서 제공되던 네 개의 타당도 척도 외에 새로운 타당도 척도가 추가되었다. 타당도 척도가 새롭게 추가됨으로써, 애초에 Hathaway와 McKinley가 의도했던 전통적인 임상 장면을 넘어 다양한 장면에서 심리학적 선별이 가능해졌다. 예로, 타당도 척도의 해석은 인사 선발 장면에서 개인을 평가하는 데 핵심적이고 결정적인 역할을 한다. 자기보고의 정확성과 정직성이 임상심리학적 평가의 일차적인 초점이 되는 법정평가의 경우도 마찬가지이다.

끝으로, MMPI의 임상적인 성공을 촉진한 가장 중요한 요인은 이 검사에 대해 방대한 연구문헌이 축적된 점이다. MMPI의 신뢰도와 타당도를 다룬 수많은 연구문헌으로 인해 임상가는 수검자의 성격, 행동, 문제 영역을 기술하면서 확신을 가지고 이 검사 도구를 사용할 수 있었다. MMPI가 다양한 정신병리를 기술하는 데 유용하므로, 연구자들은 알코올 중독자, 약물 중독자, 만성 동통 환자, 두뇌 손상 환자, 일반 환자, 죄수, 군(軍) 인사, 비행 청소년 등을 포함하여 특정 전집에 대한 연구에서 이 검사를 광범위하게 활용했다. 이러한 연구들은 관심 있는 전집에 대한 정보를 주었을 뿐만 아니라 검사 도구의 특성에 대한 이해도 가져왔다. 이에 덧붙여 심리측정 도구로서 MMPI의 기능과 특성에 초점을 두고 많은 연구가 이루어졌다. MMPI 척도/소척도의 타당도와 신뢰도, 특정 반응 양식을 탐지해 내는 타당도 척도의 효과적인 조합, 규준에 대한 조작이나 규준표집과 관련된 쟁점 등을 다룬 연구가 무수히 많다. 이 모든 정보는 개인의 심리적 기능과 정신병리에 대해 유용하고 실제적인 평가를 제공하려는 임상가들이 사용할 수 있는 경험적 기반이 되었다. 이러한 기반은 여러 객관적 성격평가 도구 중에서는 MMPI가 유일하며, 투사적 성격평가 도구 중 Rorschach 잉크 반점 기법에 필적할 만하다. 무려 60년에 걸쳐 수십만의 연구 참가자들과 수백 명의 연구자들의 노력으로 다져진 기반이다. MMPI 타당도 척도의 집합이나 유용성의 측면에서 MMPI와 경쟁할 만한 다른 심리평가 도구가 개발될 여지가 있고, 심리측정적 정밀함의 측면에 있어서 MMPI를 능가하는 많은 도구가 있다 해도, 이러한 성격평가 도구들은 MMPI처럼 경험적인 연구 기반을 축적하는 데 상당히 오랜 시간이 걸릴 것이다.

✲ MMPI-2의 개발

많은 사람들이 MMPI를 오래도록 아주 잘 이용한 만큼, 1980년대 초까지 검사 도구를 개정하려는 진지한 노력이 이루어지지 않았다. 구체적으로 미네소타대학교 출판부는 1982년에 MMPI를 재표준화하기 위해 위원회를 구성했다. 위원회의 업무는 시대에 뒤떨어진 문항을 삭제, 수정, 대체하여 검사 책자를 현대화하고 개정하는 것이었다. 아울러 MMPI에서 다루지 못한 문제 영역을 해결하기 위해 새로운 척도를 개발하고, 나아가 민족적 배경, 나이, 지리적 위치의 측면에서 미국 전집을 대표하는 새로운 성인 규준표집을 수집하는 것이었다. MMIPI-2는 MMPI 출판 46년 후인 1989년에 출판되었다. 검사 문항의 내용과 표현이 현대에 맞게 수정되고 부적절한 문항이 삭제되었다. 그리고 MMIPI-2는 15개의 내용 척도를 포함하여 새로운 척도를 선보였다. 또한 MMPI-2를 개발하면서 정상표집으로 성인 남녀 2,600명의 자료를 미국 전역에서 수집했다. MMPI-2는 MMPI의 내용과 문항 풀에서 상당히 중복되는 567문항으로 이루어졌다. MMPI-2 검사 매뉴얼 외에 이 검사에 대한 포괄적인 지침이 출판되었으며, 이 중에는 MMPI-2에 대한 해석 지침서도 있다. 아울러 정신건강의학과 외래나 입원 장면에 있는 환자들의 MMPI-2 자료를 이용한 몇몇 대규모 연구를 포함하여 연구 기반이 점차 구축되고 있다. 하지만 MMPI-2가 18세 이상의 사람들을 대상으로 고안되고 표준화되었음을 특히 유념해야 한다. 즉 MMPI-2는 17세 이하의 청소년을 평가하기 위한 검사가 아니며, 청소년 규준도 개발되지 않았다.

요약하면, MMPI-2는 MMPI의 개정판으로 성인 평가를 목적으로 하며, MMPI의 기본 타당도 척도와 임상 척도를 그대로 유지하고 있다. 또한 상당수의 새로운 척도가 개발되어 이 검사 도구의 임상적 적용 범위를 확대하고 있다. 새로운 규준은 성인 남녀 2,600명으로 구성된 대규모의 대표적 표집에 근거를 두고 있으며, 검사 점수의 해석에 동시대적 비교를 제공한다. 또한 원판에 포함된 4개의 타당도 척도와 더불어 새로운 일련의 타당도 척도가 MMPI-2에서 개발되었고, 이는 MMPI-A에서도 비슷하게 이어졌다. 이 척도에 대해서는 MMPI-A에 대한 기술에서 다루겠다.

✲ 청소년에 대한 MMPI 사용

1940년대 초반부터 MMPI가 청소년 전집에 사용되기 시작했다. 초기의 연구는 MMPI 척도 *4*가 범죄의 과거력을 지닌 청소년을 정확하게 구별하는 데 얼마나 유용한지 살펴보았다. 예로, Hathaway와 Monachesi(1953, 1963)는 청소년을 대상으로 한 최대 규모의 표집에서 MMPI 검사 점수와 범죄 행동 간의 관련성에 대해 종단연구를 수행했다. 당시 대략 15,000명에 이르는 미네소타 주 청소년의 자료가 1940년대 후반부터 1950년대 초반에 수집되었다. 이 연구는 비행과 관련된 MMPI 상관요인에 대한 매우 가치 있는 정보를 제공했을뿐더러 소년과 소녀, 성인과 청소년이 문항 시인 패턴에 차이가 있음을 나타내는 중요한 자료도 내놓았다.

1960년대 후반, Phil Marks와 Peter Briggs는 MMPI에서 가장 자주 쓰이는 청소년 규준을 개발했다. 이 규준은 MMPI에 대한 여러 지침서와 교재에 실려 있다. Marks와 Briggs(1972)가 개발한 규준은 대략 1,800명의 정상 청소년의 반응에 근거를 두었다. 이 규준은 성별로, 그리고 17세, 16세, 15세, '14세 이하'의 연령별로 구분되어 있다. 하지만 불행히도 청소년에게 MMPI를 사용하는 데에는 규준과 관련된 혼란이 상당히 많았다. 그리고 청소년의 프로파일을 해석하면서 여전히 성인 규준을 계속 적용하는 오류를 보이는 임상가도 많았다. 이러한 오류는 프로파일의 전반적인 상승으로 이어졌다. 청소년의 성격을 기술하고 중요한 행동을 예측하기에는 부정확한 프로파일이라 할 수 있다. 1974년에 Marks, Seeman과 Haller는 29개의 MMPI 코드유형에 대해 보험 통계 기반의 성격 기술어를 정리한 교재를 출판했다. 코드유형이란 MMPI 기본 척도에 의해 생성되는 형태적 패턴을 말하며, 프로파일에서 가장 높게 상승된 척도로 이루어진다. 예로, *2-4/4-2* 코드유형은 우울(*2*) 척도와 반사회성(*4*) 척도가 가장 높게 상승한 기본 척도 패턴을 지칭한다. Marks와 동료들은 834명의 청소년 표집과 419명의 청소년 표집에 대한 연구에 근거하여 29개의 코드유형에 대한 기술어를 도출했다. 처음 834명의 청소년들은 1965~1970년에 평가를 받았으며, 연령 범위는 12~18세였고, 적어도 10시간의 심리치료를 받은 상태였다. 추가된 419명의 청소년 표집은 1970~1973년에 정신건강의학과 서비스를 받은 청소년들이었다. 치료자의 평정을 포함하는 Marks 등의 임상적 상관 자료는 청소년의 MMPI 코드유형을 해석하는 데 사용할 수 있는 상관적 정보를 처음으로 임상가들에게 제공하는 중요한 역할을 했다. 청소년을 위해 종사하고 있는 임상가들을 대상으로 수행된 조사 결과를 근거로, Archer, Maruish, Imhof와 Piotrowski(1991)는 MMPI가 이 연령 집단에서 가장 널리 사용된 객관적인 성격평가 도구이며, 청소년 전체를 대상으로 했을 경우 세 번째로 자주 언급되는 평가 도구였다고 보고했다.

❋ MMPI-A의 개발

임상 장면에서 MMPI가 청소년 평가 도구로서 비교적 인기가 있었음에도 불구하고, 연구자와 임상가들은 십대 청소년에게 MMPI를 사용하는 것에 대해 우려를 표명했다. 많은 임상가들은 566문항의 MMPI가 청소년이 사용하기에는 너무 길다고 느꼈다. 그리고 청소년에게 성인 규준을 적용하는 것이 적절하지 않을뿐더러, 1940년대 후반에서 1960년대 중반에 수집된 자료에 근거하여 만들어진 청소년 규준 역시 동시대의 청소년을 평가하기에는 너무 시대에 뒤처졌다고 인식하고 있었다. 이에 더해 많은 연구자들과 임상가들은 MMPI 일부 문항에서 보이는 독해 수준의 문제와 부적절하거나 시대에 뒤처진 표현에 대해 우려했다. 예로, "학교에서 나의 행실에 대한 기록이 지속적으로 나빴다.", "나는 수건돌리기를 좋아했다."라는 문항은 MMPI 개정 시 삭제되거나 수정된 문항이다. 끝으로 MMPI 문항 풀에는 약물 사용, 또래 관계, 학교 관련 문제 등 청소년의 경험과 관련된 부분에 대한 문항이 별로 없었다.

청소년을 위한 MMPI가 필요하다는 공감대가 형성되면서, 1989년 미네소타대학교 출판부는 MMPI를 청소년용으로 개정하는 작업에 착수했다. MMPI 타당도 척도와 임상 척도의 기본 구조를 유지하는 것을 포함하여, 가능한 한 MMPI와의 연속성을 확보하는 것은 검사를 개정하면서 고려해야 할 중요한 목표의 하나였다. 검사 개정에 참여한 연구자들은 MMPI 기본 척도에 최소한의 변화를 주려고 애썼다. 하지만 이들은 *F*, *Mf*, *Si* 척도에 상당한 변화가 불가피함을 깨닫게 되었다. 청소년 평가에 적합한 형태의 검사를 개발하면서, 청소년 발달이나 청소년기 정신병리의 표출과 직접적으로 관련 있는 척도와 문항을 포함하는 것 역시 바람직하다고 여겨졌다. 끝으로, MMPI 청소년판의 출판은 청소년에 대한 평가 절차를 표준화하는 데 기여할 것으로 기대되었다. 특히 적절한 실시 준거가 마련되고, 청소년 평가에 유용한 특수 척도가 선정되며, 적절한 규준을 선택하는 문제와 관련된 혼란을 잠식할 수 있다는 점에서 그렇다. **빠른 참조 1.1**에 MMPI-A를 개발하게 된 근본적인 이유가 요약되어 있다.

MMPI TX형

MMPI-A 개발 과정은 704문항으로 구성된 실험적인 검사 소책자를 만드는 것으로 시작되었다. 이 소책자가 바로 MMPI TX형이다. MMPI TX형이 MMPI-A 규준표집과 다양한 임상표집에 실시되었다. MMPI 550문항이 TX형의 앞부분을 채우고 있고, 뒤이어 154개의 실험 문항이 있다. 실험 문항은 또래 집단, 가족 관계, 알코올 및 약물 남용, 섭식 장애, 정체감 문제 등 청소년과 잠재적으로 관련 있는 다양한 내용 영역을 포함하고 있다. TX형에 들어 있는 MMPI 550문항 중 대략 13%에 해당되는 문항은 표현이 바뀌었다. 청소년 수검자들에게 문

빠른 참조 1.1

MMPI-A를 개발하게 된 이유

- 전국적으로 대표적인 청소년 표집에 근거하여 현대적인 규준을 얻기 위해
- 문법과 표현을 바로잡는 등 MMPI 문항을 수정, 개선하고, 부적절하거나 불쾌한 문항을 삭제하기 위해
- 청소년의 문제 영역과 관련된 새로운 척도를 개발하기 위해
- MMPI를 이용하여 청소년을 평가하는 접근을 표준화하기 위해

항의 내용을 보다 명확하게 전달하기 위해서이다. 예로, MMPI에서 과거 시제로 기술되었던 아동기 및 청소년기 경험과 관련된 문항이 TX형에서는 현재시제로 수정되었다. 이 과정에서 청소년이 비전형 문항에 시인하는 정도를 알아보는 측정치로서의 효율성을 높이기 위해 타당도 척도 *F*가 대폭 개정되었다. 그리고 비임상적 기본 척도인 *Mf*(*5*)와 *Si*(*0*) 척도 문항 풀이 다소 단축되었다. 끝으로, 나머지 8개 기본 임상 척도의 문항 풀은 내용을 명확하게 하기 위해 일부 문항이 약간 수정되었을 뿐 근본적으로 거의 바뀌지 않았다.

MMPI-A 규준표집

8개 주(州)에서 대략 2,500명의 청소년을 대상으로 MMPI TX형의 규준 자료를 수집했다. 일련의 제외 기준에 따라 신뢰할 수 없거나 불완전한 자료는 제외되었다. 결과적으로 14~18세의 소년 805명과 소녀 815명의 반응을 근거로 청소년 규준이 마련되었다. MMPI-A 규준표집의 인종 분포는 1980년 미국 인구조사의 상대적인 인종 분포와 상당히 일치한다. 새로운 규준의 인종 분포는 1930년대 후반에서 1940년대 초반에 수집한 성인 규준이나 Marks와 Briggs가 개발한 MMPI 청소년 규준에 비해 확실히 다양하다.

MMPI-A의 구조

MMPI 청소년 프로젝트 위원회는 예비 자료를 검토한 후 청소년용 MMPI 최종 양식을 만들었다. 이것이 청소년용 미네소타 다면적 인성검사(MMPI-A)이다. MMPI-A의 문항은 대부분 MMPI의 문항이다. 하지만 청소년기에 생기는 다양한 문제 영역을 다루기 위해 많은 문항이 검사 책자에 새로 추가되었다. MMPI-A에 대한 기본적인 정보가 **빠른 참조 1.2**에 제시되어 있다.

최종적인 형태의 MMPI-A는 원래의 13개 표준 척도와 새롭게 추가된 네 개의 타당도 척도(**빠른 참조 1.3** 참조), 15개의 내용 척도와 6개의 보충 척도(**빠른**

빠른 참조 1.2

MMPI-A의 기본적 요소

검사 저자: Butcher, J. N., Williams, C. L., Graham, J. R., Archer, R. P., Tellegen, A., Ben-Porath, Y. S., & Kaemmer, B.

출판 연도: 1992년

측정 내용: 청소년의 성격 및 정신병리

적용 연령: 14~18세

독해 수준: 중학교 1학년 수준

소요 시간: 60~90분

검사자의 자격: 청소년 발달, 성격, 정신병리 및 심리진단적 평가 영역에서 대학원 수준의 훈련

출판사: University of Minnesota Press
III Third Avenue South, Suite 290
Minneapolis, MN 55401-2520

배급처: National Computer Systems, Inc.
P.O. Box 1416
Minneapolis, MN 55440

빠른 참조 1.3

MMPI-A 기본 척도

타당도 척도		임상 척도	
VRIN	무선반응 비일관성	*1*	건강염려증(*Hs*)
TRIN	고정반응 비일관성	*2*	우울증(*D*)
F1	(*F*의 하위 척도)	*3*	히스테리(*Hy*)
F2	(*F*의 하위 척도)	*4*	반사회성(*Pd*)
F	비전형	*5*	여성성-남성성(*Mf*)
L	부인	*6*	편집증(*Pa*)
K	교정	*7*	강박증(*Pt*)
		8	정신분열증(*Sc*)
		9	경조증(*Ma*)
		0	사회적 내향성(*Si*)

참조 1.4 참조), 28개의 Harris-Lingoes 소척도와 3개의 *Si* 소척도(**빠른 참조 1.5** 참조)를 포함하고 있다. 이 척도들은 4장에서 보다 자세하게 다룰 것이다.

넓게 볼 때 MMPI-A는 주로 MMPI를 기초로 만들어진 새로운 검사 도구라고 할 수 있다. 또한 MMPI-A는 MMPI-2의 여러 혁신적인 특징도 가지고 있다. 이 두 검사 도구로부터 크게 자유롭지는 못하지만 MMPI-A는 청소년을 위한 평가 도구로서 나름대로의 특징이 있다. MMPI와의 연속성을 유지하는 데 상당한 강조가 주어진 만큼, 청소년을 대상으로 MMPI를 이용하여 수행된 많은 연구를 별 무리 없이 MMPI-A에 일반화할 수 있을 것이다.

빠른 참조 1.4

MMPI-A의 내용 척도 및 보충 척도

내용 척도		보충 척도	
A-anx	불안	*MAC-R*	MacAndrew 알코올 중독
A-obs	강박성	*ACK*	알코올/약물 문제 인정
A-dep	우울	*PRO*	알코올/약물 문제 가능성
A-hea	건강염려	*IMM*	미성숙
A-aln	소외	*A*	불안
A-biz	기태적 정신상태	*R*	억압
A-ang	분노		
A-cyn	냉소적 태도		
A-con	품행 문제		
A-lse	낮은 자존감		
A-las	낮은 포부		
A-sod	사회적 불편감		
A-fam	가정 문제		
A-sch	학교 문제		
A-trt	부정적 치료지표		

✲ MMPI-A의 신뢰도와 타당도

신뢰도

MMPI-A 매뉴얼에는 검사의 신뢰도와 관련된 광범위한 정보가 제시되어 있다. 예로, 규준표집의 청소년 중 154명의 자원자가 검사-재검사 정보를 제공하기 위해 일주일 후에 재검사를 받았다. 기본 임상 척도의 검사-재검사 상관의 범위는 .65~.84였다. 이 수치는 MMPI-2 매뉴얼에서 보고된 검사-재검

빠른 참조 1.5

MMPI-A의 Harris-Lingoes 소척도 및 *Si* 소척도

Harris-Lingoes 소척도

- 척도 *2* 소척도
  - *D1* 주관적 우울
  - *D2* 정신운동 지체
  - *D3* 신체적 기능 장애
  - *D4* 둔감성
  - *D5* 깊은 근심
- 척도 *3* 소척도
  - *Hy1* 사회적 불안 부인
  - *Hy2* 애정 욕구
  - *Hy3* 권태-무기력
  - *Hy4* 신체 증상 호소
  - *Hy5* 공격성의 억제
- 척도 *4* 소척도
  - *Pd1* 가정 불화
  - *Pd2* 권위 불화
  - *Pd3* 사회적 침착성
  - *Pd4* 사회적 소외
  - *Pd5* 내적 소외
- 척도 *6* 소척도
  - *Pa1* 피해의식
  - *Pa2* 예민성
  - *Pa3* 순진성
- 척도 *8* 소척도
  - *Sc1* 사회적 소외
  - *Sc2* 정서적 소외
  - *Sc3* 자아통합 결여-인지적
  - *Sc4* 자아통합 결여-동기적
  - *Sc5* 자아통합 결여-억제부전
  - *Sc6* 기태적 감각 경험
- 척도 *9* 소척도
  - *Ma1* 비도덕성
  - *Ma2* 심신운동 항진
  - *Ma3* 냉정함
  - *Ma4* 자아 팽창

***Si* 소척도**

- *Si1* 수줍음/자의식
- *Si2* 사회적 회피
- *Si3* 내적/외적 소외

사 상관과 거의 유사하다. 또한 이 신뢰도 자료를 근거로 표준오차를 구하면 MMPI-A 기본 척도의 전형적인 측정의 표준오차는 4~6*T*이다. 따라서 청소년이 비교적 짧은 시간 내에 MMPI-A 재검사를 할 경우, 그동안 청소년의 심리적인 기능에 유의한 변화가 없었다면 재검사에서 얻어진 기본 척도의 점수가 일차 검사에서 얻어진 점수의 ±4～6*T*에 분포할 확률이 대략 50% 정도라 할 수 있다. 측정의 표준오차에 대한 자료는 시간에 따른 변화를 측정하고, 그 변화가 유의한지 평가하는 데 매우 중요하다. 청소년에게 MMPI-A를 재실시하여 치료 효과를 알아보는 경우가 그 예이다. 5*T* 이하의 변화는 신뢰할 만한 변화라기보다 측정오차를 반영할 수 있다. MMPI-A 매뉴얼은 기본 척도의 검사-재검사 자료뿐만 아니라 내용 척도와 보충 척도의 자료도 제공한다.

MMPI-A 매뉴얼은 신뢰도의 지표로서 검사-재검사 자료와 알파 계수에 기초한 내적 합치도의 자료를 제시하고 있다. 내적 합치도의 자료 역시 기본 척도, 내용 척도, 보충 척도에 대해 나와 있다. 1951년 Cronbach가 개발한 알파 계수는 척도를 구성하는 문항이 서로 상관되는 정도를 나타내는 측정치이다. 내적 합치도는 단일한 혹은 동질적인 구성 개념을 측정하려는 척도에 매우 바람직한 특성이다. 현대의 척도 개발 절차에서는 종종 알파 계수를 이용하여 문항을 선정하거나 삭제한다. 예로, 이 절차는 MMPI-A 내용 척도를 구성할 때 사용된 방법의 하나이다. 알파 계수를 이용하면 내적 합치도가 비교적 높은 척도를 만들 수 있다. 반면, MMPI-A 기본 척도처럼 경험적인 방식으로 문항을 선정하여 구성된 척도는 종종 내적 합치도가 낮은 경향이 있다. 척도가 대개 내용 면에서 더 이질적이기 때문이다. 이런 경향은 MMPI-A 척도의 알파 계수에도 뚜렷하게 나타난다. 즉 기본 척도의 알파 계수는 척도 간에 변동 폭이 크다. *Mf*(.40)나 *Pa*(.60)처럼 아주 낮은 척도도 있고, *Hs*(.78)나 *Sc*(.89)처럼 비교적 높은 척도도 있다. 반면 MMPI-A 내용 척도의 내적 합치도는 .55～.89로 보다 높은 내적 합치도를 산출하는 경향이 있다. MMPI 내용 척도의 경우도 마찬가지이다.

MMPI-A 매뉴얼에는 검사-재검사 및 내적 합치도 신뢰도 측정치에 대한 정보와 더불어 MMPI-A 척도 간의 상관, MMPI-A 요인 구조, 각 문항의 독해 수준, 문항의 시인 빈도와 관련된 정보가 제시되어 있다.

타당도

반세기 동안 MMPI가 사용되면서 청소년에 대한 MMPI 사용과 관련된 연구문헌도 많아졌다. MMPI와 MMPI-A 사이에 상당한 연속성이 있으므로 많은 기초 문헌이 MMPI-A로 일반화될 수 있을 것이다. 이러한 관점을 지지하여 MMPI-A 매뉴얼은 MMPI 청소년 규준으로부터 나온 프로파일과 MMPI-A에서 산출된 패턴의 일치율에 대한 자료를 제공하고 있다. 두 검사가 동일하지 않다는 점은 명확하지만, 상당한 일치성과 호환성이 있음을 보여 주는 증거는 충분히 많다. 하지만 MMPI-A에 대해 보다 확신을 가지려면, 개정된 다른 검사의 경우와 마찬가지로 MMPI-A 자체에 대한 연구가 이루어져야 한다. 다행히도 MMPI-A에 대한 연구가 계속 이루어지고 있다. 예로, MMPI-A에 대한 Archer(1997)의 교재에는, 문헌 대부분이 MMPI나 MMPI-2와 관련된 것이지만 400개 이상의 참고문헌이 제시되어 있다. 최근 조사에 따르면 1992년 MMPI-A가 출판된 후 8년 내에 50편 이상의 연구 결과가 발표되었다. 이 연구들은 MMPI-A의 다양한 측면에 초점을 맞추고 있다. 연구 중에는 반응 양식을 탐지하는 타당도 척도의 효과성에 대한 연구도 있다. 증상의 과대 보고나 과소 보고, 무선반응 등을 다룬 연구이다. 연구문헌들은 또한 주의력 결핍 과잉행동 장애, 학습 장애와 같은 장애나 비행, 섭식 장애, 자살 사고, 우울증, 품행 장애, 약물 남용 및 방화 경향 등의 정신병리를 탐지하는 데 있어서 MMPI-A의 기본 임상 척도와 내용 척도의 유용성을 검토했다.

MMPI-A 구조적 요약의 효율성과 특성에 대한 연구 등 MMPI-A의 요인 구조에 초점을 둔 연구도 상당수 있다. MMPI-A 구조적 요약은 MMPI-A의 요인 구조에 근거를 두고 있다. 또한 연령, 민족성, 사회경제적 상태, 성별에 따른 MMPI-A의 반응을 살펴본 연구도 많다. 멕시코계 미국인 청소년에 대한 연구도 있고 중국어로 번역된 MMPI-A를 홍콩 거주 청소년에게 실시한 연구도 있다. MMPI-A 매뉴얼은 MMPI-A 기본 척도에 대한 임상집단과 규준 집단 간의 상관을 포함하여 광범위한 타당도 자료를 제공하고 있다. 이 자료는 남녀별로 제시된다. 끝으로, Archer(1997)가 저술한 MMPI-A 교재에는 광범위한 타당도 자료와 상관 자료가 제시되어 있다. 그리고 Archer, Krishnamurthy와 Jacobson(1994)의 교재에는 MMPI-A의 자료를 조직화하고 해석하는 데 있어서 구조적 요약 접근의 타당도를 지지하는 상관 자료가 제시되어 있다.

청소년 대상의 MMPI 기본 척도 상관요인에 대한 정보는 Hathaway와 Monachesi(1963)의 연구를 포함한 여러 연구에서 보고되었다. MMPI와 MMPI-A 기본 척도 간에 유사성이 높으므로, 이 연구들은 MMPI-A의 해석에도 적용할 수 있다. 게다가 MMPI-A 매뉴얼 또한 정상 청소년과 치료를 받는 청소년의 MMPI-A 기본 척도 상관요인에 대해 상당한 정보를 제공하고 있다. 규준표집에서 MMPI-A 상관요인은 청소년들이 보고한 생애적인 사건 정보에 근거했다. 임상표집의 경우, 청소년들이 보고한 생애적인 사건 정보, 부모의 평가, 임상가의 평가와 아울러 입원치료 기록을 검토하여 얻어진 정보 등에 근거하여 광범위한 상관요인이 보고되었다. Archer(1997)도 정신건강의학과 입원치료를 받고 있는 222명의 청소년 표집을 대상으로 얻은 임상 척도의 상관 정보를 제시했다. MMPI-A 기본 임상 척도의 상관요인이나 기술어에 대한 이해는 청소년을 대상으로 MMPI를 사용한 연구에서 밝혀진 이 척도들의 의미에 근거하고 있을 뿐만 아니라, MMPI-A를 사용하여 독립적으로 수행된 임상적 상관 패턴 연구에서 나온 새로운 자료에 근거하고 있다. 일반적으로 임상적 상관관계에서 볼 때 MMPI 척도, MMPI-2 및 MMPI-A의 기본 임상 척도는 높은 일치성을 보였다. 또한 상관 패턴은 대개 낮은 범위의 점수에 비해 상승된 점수에 대해 더 잘 정립되어 있고, 잘 이해되어 있다. 따라서 척도가 상승한 경우, 임상가는 더욱 확신을 가지고 해석할 수 있다.

✲ MMPI-A에 대한 포괄적인 참고문헌

『MMPI-A(미네소타 다면적 인성검사-청소년용): 실시, 채점 및 해석 매뉴얼』(Butcher et al., 1992)은 척도와 소척도에 대한 기술, 표준화, 신뢰도, 타당도 등 검사 개발에 관한 정보를 자세히 제공하고 있다. 『MMPI-2와 MMPI-A 해석의 핵심』 2판(Butcher & Williams, 2000)은 두 검사의 개요와 해석적 지침을 제시한다. 『MMPI-A 내용 척도: 청소년 정신병리의 평가』(Williams, Butcher, Ben-Porath, & Graham, 1992)는 내용 척도의 개발과 해석에 대해 임상사례를 통해 자세하게 기술하고 있다. 『MMPI-A 사례집』(Archer, Krishnamurthy, & Jacobson, 1994)은 MMPI-A 해석을 위해 Archer와 Krishnamurthy(1994)가 개발한 MMPI-A 구조적 요약의 사용을 소개하고 있다. 그리고 몇몇 임상적 사례를 제시하여 프로파일 해석 전략을 강조했다. 『MMPI-A: 청소년 정신병리의 평가』 2판(Archer, 1997)은 MMPI-A에 대한 포괄적 개요와 아울러 MMPI-A와 관련된 문헌을 망라했다. 이 책은 MMPI-A의 사용에 관해 임상가들에게 실제적인 정보를 제공하고, 또한 MMPI-A에 대한 후속 연구를 고무할 만큼 충분한 기술적 정보를 제공하고 있다. 해석 전략이 깊이 있게 예시되어 있으며 규준 정보, 척도 구성, *T*-점수 변환이 부록에 제시되어 있다.

셀프 테스트

1. MMPI–A는 MMPI와 상당한 연속성을 가지고 있다.

그렇다. ( ) 아니다. ( )

2. Hathaway와 Monachesi의 종단연구에서 선정된 MMPI 척도는

(a) 청소년의 우울증과 관련이 있었다.

(b) 청소년의 외상 후 스트레스 장애를 예측하는 데 효과적이었다.

(c) 청소년 비행을 예측하는 데 효과적이었다.

(d) 청소년에게서 상승된 적이 없었다.

3. 다음 중 MMPI 청소년 규준 세트는?

(a) Marks와 Briggs의 규준

(b) Hathaway와 Dahlstrom의 규준

(c) (a)와 (b)

(d) 위의 보기에 없음

4. 다음 중 MMPI–A 기본 척도 개발에 사용된 검사 제작 방법은?

(a) 합리적/직관적

(b) 준거 키

(c) 요인 분석

(d) 위의 보기 모두

5. MMPI–A의 총 문항 수는?

(a) 478

(b) 550

(c) 566

(d) 350

정답: 1. 그렇다. 2. (c) 3. (a) 4. (b) 5. (a)

CHAPTER 2

MMPI-A 실시 방법

MMPI-A를 실시하는 절차는 비교적 간단하다. 다른 여러 자기보고형 검사의 실시 절차와 유사하다. 간단한 지시 사항이 수검자의 눈에 잘 띄도록 검사 책자에 인쇄되어 있다. 하지만 검사자는 주의 깊고 수련되게 검사 장면을 준비해야 하고, 수검자에게 명확한 지침을 줄 수 있어야 한다. 그래야 타당하고 해석 가능한 결과를 얻을 수 있다. Finn(1996)은 MMPI-2로 성인을 검사할 때, 수검자를 검사 과정에 참여시키고, 수검자의 의혹이나 우려를 불식하는 시간을 가지며, 수검자와 협력적인 입장을 유지함으로써 얻게 되는 이점에 대해 논의했다. 이러한 문제는 다음과 같은 청소년을 검사하는 경우에 특히 중요하다. (a) 자발적으로 검사를 받지 않고 부모나 교사가 의뢰하는 경우, (b) 검사자를 권위상으로 여기고, 그러한 생각에 따라 반응하는 경우, (c) 동기 부여가 낮은 경우 등이다. 핵심적으로 검사자의 목표는 검사가 시작되기 전에 라포르를 잘 형성하여 청소년의 협조를 얻고, 검사회기 동안 수검 태도를 주의 깊게 관찰하는 것이다.

❋ 적절한 검사 여건

검사 환경과 감독 사항

MMPI-A를 제대로 실시하려면 소음이나 다른 방해할 만한 요소가 없는 쾌적한 검사 환경이 필요하다. 이상적으로는 책상과 편안한 의자가 있고 조명이 좋은 방이 있어야 한다. 그리고 수검자에게 소음이 없는 개인적인 공간을 제공한다. 대부분의 검사 장면에서 검사자는 예상되는 검사 시간 동안 청소년이 검사실을 혼자 사용하도록 준비해 두어야 한다. 치료실의 카우치나 커피 테이블을 사용한다거나 병원 침대의 등받이를 올려서 사용하는 등 상황에 따른 변화가 때로 불가피하지만, 검사자는 이러한 환경적 여건이 청소년의 주의와 집중을 방해하는 불편함을 야기할 수 있다는 점을 유의해야 한다.

MMPI-A를 실시할 때 또 다른 중요한 요구 사항은 검사 장면이 적절하게 감독되고 있어야 한다는 점이다. 개인적으로 실시되는 임상평가 상황의 경우, 검사자는 검사 초기에 검사실에 남아서 청소년이 수검 절차를 따르고 있는지, 특히 검사지의 문항 번호와 일치하는 응답지 번호에 표시하는지 확인해야 한다. 그 후에 검사실을 나오지만, 청소년이 검사를 마칠 때까지 주기적으로 확인함으로써 검사자는 방해하지 않으면서 지켜보는 상태를 유지할 수 있다. 청소년의 부모나 법적 보호자에게는 검사실에 있지 말고 대기실에서 기다리도록 권유한다. 절대로 수검자가 MMPI-A를 집에 가져가서 하도록 해서는 안 된다. 또한 표준 실시 절차 외의 어떤 다른 대안도 허용하지 말아야 한다. 이를테면, 식당에서 점심을 먹으면서 검사를 마치도록 양해하는 경우이다. 이런 식의 양해는 얻어진 검사 결과나 보안이 유지되어야 할 검사 재료 모두에 부정적인 영향을 미칠 수 있다.

MMPI-A의 실시는 가급적 한 회기 안에 완료되어야 한다. 일부 청소년의 경우 부주의 문제, 과잉 행동, 불안, 충동성, 또는 신체적인 문제 등으로 한 회기 안에 검사를 완료하기 어려울 수 있다. 이런 경우에도 필요한 만큼 휴식을 취하도록 하여 검사 회기를 쪼개어 쓰는 방법으로 해결하도록 한다. 어찌되었든 검사자는 수검자의 피로나 주의분산의 징후를 살펴보고, 즉시 청소년에게 휴식 시간을 주어야 한다. 종합검사의 일부로 MMPI-A를 실시할 때 특히 그렇다. 며칠 혹은 몇 주에 걸쳐 MMPI-A를 실시하는 것은 바람직하지 않다. MMPI-A의 결과가 변화된 심리적 · 환경적 요인의 영향을 받을 수 있기 때문이다. 예로, 두 회기 사이에 부모나 친구와의 갈등, 정학, 또는 관계의 파탄 등 심각한 문제가 있었다면 청소년의 마음가짐 역시 달라진다. 반응 양식에서의 현저한 변화는 이런 상황에서 얻은 검사 결과를 무효화하기에 충분하다. 결국 시간과 노력의 낭비인 셈이다.

끝으로, 청소년의 신체적·정신적 상태가 검사를 실시하는 데 무리가 없을 때 MMPI-A를 실시하는 것이 가장 좋다. 검사자는 청소년에게 검사를 실시하면서 방과 후나 몸이 아플 때의 피로 효과를 고려해야 하며, 방학이 검사 동기에 미치는 효과도 염두에 두어야 한다.

청소년과의 라포르 형성

앞서 언급했듯이 검사자는 청소년이 MMPI-A 실시에 흥미를 가지고 진지하게 임하도록 해야 한다. 청소년과 라포르를 잘 형성하는 것은 이러한 분위기를 조성하는 데 도움이 된다. 청소년은 제법 긴 질문지를 완성해야 한다. 더구나 질문지가 학업 성취를 알아보는 시험지 형식으로 되어 있어 청소년들의 흥미를 끌지 못할 수도 있다. 그래서 청소년과 라포르를 형성하는 과정이 특히 중요하다. 검사자는 일상적이면서 위협적이지 않은 화제로 검사를 시작할 수 있다. 이어서 의뢰된 이유를 알고 있는지 묻는다. 정직하고 명확하게 검사 목적을 설명해 주면서 청소년이 검사에 대해 가지고 있는 인상을 바로잡아 주고, 필요하면 부연 설명을 한다. 그리고 결과가 어떻게 사용될 것인지에 대해 논의한다. 검사 결과에 대해 피드백을 받게 될 것임을 청소년에게 알려 주고, 실제로 피드백을 주는 것으로 검사 절차를 마무리하는 것이 중요하다. 이렇게 함으로써 청소년은 존중받고, 모든 절차에 관여하게 된다. 작업 동맹이라는 협력적 관계를 맺는다고 해서 검사자가 청소년의 부모나 다른 권위자에 대해 청소년과 같은 태도를 취해야 한다는 뜻이 아님을 유의하라. 또한 검사자는 지킬 수 없는 약속을 하지 말아야 한다. 특히 수검자가 미성년자인 경우 완벽한 비밀 보장을 약속할 수 없다. 한편, 검사자가 권위주의적인 자세를 취하거나 힘겨루기를 하는 태도를 취하면 청소년은 반항심이나 저항, 거부감을 가질 수 있고, 결과적으로 비생산적인 검사 회기가 될 수 있다. 전체적으로 적절히 단호하면서도 과제 지향적이고 진정성 있는 공감적 접근이 이루어진다면 검사자는 청소년의 적절한 참여를 이끌어 낼 수 있을 것이다. 청소년 수검자가 아주 반항적인 태도를 보이거나 거부적이고 동기가 부족하다면 검사자는

MMPI-A의 실시를 뒤로 미루고 수검자와 협력적인 관계를 맺으려고 노력해야 한다.

청소년은 미성년자로서 나이도 많지 않지만 충분히 평가 과정에 협력적으로 접근할 수 있는 여지가 있다. 수검자를 공동 과제의 동반자로 참여시키는 유용한 방법은, 검사를 실시하기 전에 면담을 하고, 검사를 통해 수검자가 알고 싶은 것이 무엇인지 결정하는 것이다(Finn, 1996). 청소년을 격려하고 청소년의 호기심에 다가감으로써 부드럽게 검사 과정에 끌어들일 수 있고, 청소년으로 하여금 검사 과정이 자신과 개인적으로 관련 있다고 여기도록 할 수 있다. 검사자는 검사 프로파일을 통해 답할 수 있는 질문을 청소년이 구성할 수 있도록 적극적으로 도움을 주어야 한다. 일부 질문은 너무 광범위하거나(예로, "나는 부적응자인가?") 너무 협소할 수 있다(예로, "나는 왜 헤어진 여자 친구를 아직도 생각하는가?"). 또한 MMPI-A로 답할 수 없는 유형의 질문도 있다. 검사 외부로 향하는 질문의 경우 특히 그렇다(예로, "나의 부모는 무엇이 문제인가?"). 이런 경우 검사자는 질문의 방향이 검사 내부로 향하도록 조정해야 한다. 최종 목표는 피드백 회기에서 체계적으로 다룰 수 있는 적절한 수의 실용적이고 잘 고안된 질문이나 쟁점을 도출하는 것이다. 전형적인 논의가 아래에 예시되어 있다.

검사자: 이 검사가 너에게 얼마나 도움이 될지 미심쩍어 하리라고 생각해. 하지만 이런 유형의 검사는 청소년이 자신에 대한 것을 알 수 있도록 도와준단다. 평소에는 충분히 깨닫지 못했거나 적극적으로 생각하지 못했던 것들이야.

청소년: 그게 어떤 것들이죠?

검사자: 이를테면 사람들은 대부분 자신이 다른 사람에게 어떤 인상을 주는지, 자신이 생각하고 느끼는 방식이 다른 사람들과 아주 다른지에 대해 별로 생각하지 않아. MMPI-A는 이런 문제들을 밝혀 주지. 이해가 되니?

청소년: 그런 거 같아요.

검사자: 이 검사는 자신에 대해 이미 궁금해하고 있던 부분을 더 잘 이해하는

데도 도움이 될 수 있어. 예로, 자주 불행하고 우울하다고 느끼면서도 정작 자신에게 무슨 일이 일어나고 있는지 잘 모를 수도 있지. 그런데 MMPI-A 결과를 통해 자신이 다른 사람의 반응에 매우 민감하고, 스스로에 대해 부정적인 생각을 가지고 있고, 아무도 자신을 이해하지 못한다고 느끼는 우울한 상태라는 것을 깨닫게 되는 거야. 뭔지 이해가 되니?

청소년: 네.

검사자: 좋아. 그러면 잠시 시간을 가지고 이 검사를 통해 해답을 찾고 싶은 질문을 생각해 보자.

청소년: 음… 우울하게 느끼는 것에 대해 말인가요?

검사자: 질문 내용은 사람마다 모두 다르겠지. 너 자신에 대해 궁금한 건 뭐니?

청소년: 잘 모르겠어요. 때로 급우나 친구들 모두 나보다 자신감이 있고 자신이 뭘 원하는지도 잘 아는 것처럼 느껴져요.

검사자: 좋은 출발점이야. 자기 자신이나 자신의 목표가 불확실하게 느껴지고, 친구들에 비해 자신감이 없다는 소리로 들리는데, 맞니?

청소년: 네, 맞아요. 나만 전혀 모르고 있는 것 같아요.

검사자: 검사를 통해 알고 싶은 것은 "나는 다른 청소년들에 비해 자신감과 자존감이 낮은가?" 이렇게 생각되는데?

청소년: 맞는 말이에요.

검사자: 좋아. MMPI-A는 이런 문제에 대해 확실하게 답해 줄 수 있고, 이런 감정이 어디서 오는지 알아보는 데도 도움이 돼. 그러면 우선 이 질문을 적어 두고 다음 질문을 생각해 보자.

청소년: 음… 또 저는 잘난 체하고 참견하는 사람들을 보면 화가 나요. 부모님도 나를 화나게 하고요. 나는 정말 흥분해서 갑자기 화를 내게 돼요. 정말 내가 왜 이렇게 쉽게 화를 내는지 궁금해요.

검사자: 그 문제는 MMPI-A에서 유용한 정보를 얻을 수 있는 훌륭한 문제일 거 같아. 관련된 두 개의 질문이 있어 보이는구나. 하나는 "나는 다른 사람들보다 쉽게 화를 내는가?" 또 하나는 "그렇다면 나는 왜 그렇게

쉽게 화를 내는가?"
청소년: 네, 바로 그거예요.

청소년의 관심사를 확인하고, 또한 그 관심사를 검사가 다룰 수 있는 문구로 표현하는 데 검사자가 어떻게 청소년을 안내하고 있는지 주목하라. 질문 목록이 만족스러울 만큼 채워질 때까지 대화는 질문을 수정하거나 가다듬으며 서두름 없이 지속될 것이다. 검사자는 청소년과 아울러 부모나 법적 보호자를 이 과정에 참여시키는 수정된 절차를 사용할 수도 있다. 수정된 절차는 당사자 모두에게 MMPI-A를 통해 알고 싶은 질문을 내놓을 수 있게 한다. 그리고 질문은 모두가 참여한 피드백 회기에서 다루어진다. MMPI-A를 의뢰한 대리인이나 청소년을 돌보고 있는 전문가(이를테면 사례 관리 사회복지사, 심리치료자)가 부모 대신 참여할 수도 있다.

청소년에게 검사를 수행하는 절차를 명확하게 알려 주어야 청소년도 협력하여 검사 지시를 잘 따를 것이다. 성급하게 지시하면 무효 프로파일로 이어지는 혼란을 초래할 수도 있고, 검사자가 무성의하다는 인상을 줄 수도 있다. 가장 단순한 방법은 MMPI-A 검사 책자를 청소년 앞에 놓고 거기에 쓰인 지시 내용을 소리 내어 읽어 주어 청소년이 검사 지시에 따르도록 하는 것이다. 또한 수검자와 함께 응답지를 검토하여 어디에 어떻게 표시하는가를 확인하고 의문 사항에 대해 답변하는 시간을 가질 필요가 있다. 예로, 청소년은 대개 검사하는 데 시간이 얼마나 걸릴지 궁금해한다. 수검자의 읽기 속도와 집중력에 따라 대략 1시간~1시간 30분 정도 걸릴 것이라고 솔직하고 직접적으로 답변해 준다. 또 다른 질문은 '그렇다/아니다' 응답 형식에 대한 것이다. '어쩌면', '때로'라고 응답하는 것을 선호하는 청소년의 경우, 이러한 응답 형식이 검사 문항으로 적합하지 않다고 생각할 수 있다. 이런 경우 어느 쪽이 더 가까운가에 근거하여 응답하도록 청소년을 격려한다.

검사자는 사려 깊은 태도를 통해 보다 쉽게 라포르를 형성할 수도 있다. 이를테면 검사를 하기 전에 정수기, 자판기, 화장실 위치를 알려 주고, 검사 중에 청소년의 노력을 격려하거나 칭찬하며, 휴식 시간이 필요하지는 않은지 묻는 것 등이다. 요약하면, 청소년과 작업 동맹을 잘 맺으면 무선반응의 가능성을 낮출 수 있고, 보다 정직하고 개방적인 반응을 얻을 수 있으며, 검사 과정이나 피드백 과정을 의미 있게 만드는 등 폭넓은 이점을 얻을 수 있다.

검사 도구

MMPI-A 실시를 위한 기본 도구는 검사 책자, 응답지, 응답을 표시할 수 있는 연필이다. 지우개가 달린 예비용 연필도 필요하다. 검사 책자에는 검사 지시와 검사 문항이 인쇄되어 있다. 그리고 소프트커버형과 하드커버형이 있는데, 각 형식별로 별도의 응답지가 있다. 검사자는 응답지 형식이 맞는지, 즉 응답지가 검사지 책자의 형식과 일치하는지 반드시 확인해야 한다. 수기 채점 응답지는 우편을 이용한 절차나 광학주사 절차로 채점할 수 없다. 따라서 수기 채점판을 가지고 있지 않은 검사자에게 문제를 안겨줄 수 있다.

검사를 실시하는 몇 가지 대안적인 방법이 있다. 시각 장애나 독해 곤란 등의 문제로 지필 형식의 검사에 어려움이 있는 사람들은 오디오 버전을 사용하여 검사할 수 있다. MMPI-A 오디오 테이프 버전은 MMPI 배급처인 National Computer System, Inc.(NCS)에서 구입할 수 있다. 이 실시 방법은 단지 오디오 카세트 플레이어가 추가로 필요할 뿐이다. 오디오 테이프로 실시하는 데 소요되는 표준 실시 시간은 1시간 40분이다. 전산화된 검사 실시도 가능하다. NSC Microtest Q 소프트웨어를 구입하면 된다. 검사 문항이 컴퓨터 모니터에 나타나고, 청소년은 키보드를 사용해 '그렇다' 혹은 '아니다' 반응을 입력한다. 선택된 실시 방법에 따른 상이한 채점 방식이 3장에 기술되어 있다. 이러한 제품과 서비스에 대한 보다 자세한 내용은 NCS Assessments 카탈로그나 NCS 웹사이트(http://assessments.ncspearson.com)에 나와 있다. 검사를 실시하는 과정에서 흔히 저지르는 실수가 **주의** 글상자에 제시되어 있다.

축약형과 단축형

MMPI-A 표준 실시는 검사 책자에 나와 있는 전체 478문항에 대한 반응을 얻는 것을 포함한다. 전체 문항에 대한 반응을 얻으면 타당도 척도, 기본 척도, Harris-Lingoes 소척도와 *Si* 소척도, 내용 척도, 보충 척도 모두에 대한 채점

주의

실시에서 흔히 저지르는 실수

- 검사 전에 청소년과 라포르를 형성하지 않는 것
- 적절하고 소음 없는 검사 환경을 제공하지 않는 것
- 수검자의 독해 능력을 검토하지 않는 것
- 청소년과 함께 검사 지시를 검토하지 않는 것
- 검사 중 청소년을 감독하지 않고 내버려 두는 것
- 집에서 검사를 하도록 검사 책자를 청소년에게 주어 보내는 것
- 잘못된 응답지를 사용하는 것(우편 채점 응답지를 사용하지 않고 수기 채점 응답지를 사용하는 것)
- 검사 문항을 설명하면서 예를 들어 가며 너무 많은 도움을 주는 것
- 결과에 대한 피드백 제공을 잊어버리는 것

과 해석이 가능하다. MMPI-A의 처음 350문항만 실시하는 대안적인 방법도 있다. 이 경우, 타당도 척도 *F1*, *L*, *K*와 임상 척도 *1*에서 *0*까지 채점이 가능하다. 이 축약형 검사는 (a) 매우 비협조적인 청소년이나 부주의, 과잉 활동의 문제가 심각한 청소년의 경우, (b) MMPI-A 검사 정보가 아예 없는 것보다 부분적인 자료나마 있는 것이 낫다고 임상가가 판단하는 경우에 선택할 수 있다. 축약형 검사의 사용은 어쩔 수 없을 때 최후의 수단으로 고려되어야 한다. 유용한 정보가 누락되기 때문에 임상가는 축약형을 통상적으로 사용해서는 안 된다. 특히 타당도 척도 *VRIN*, *TRIN*, *F*, *F2* 등이 채점되지 않는다. 그리고 이 척도들은 프로파일의 해석 가능성을 좌우하는 무선적인 반응 양식을 결정하는 데 중요한 역할을 한다. 더욱이 축약형 MMPI-A에서는 청소년의 일부 문제 영역에 대해 유용한 정보를 제공하는 내용 척도와 보충 척도도 사용할 수 없다.

축약형(abbreviated form)과 단축형(short form) 사이에 중요한 차이가 있다. 단축형은 척도의 길이를 줄여 간결하게 만든 것이다. MMPI에 대해 몇 가

빠른 참조 2.1

단축형과 축약형의 실시

- 축약형 평가는 MMPI-A의 처음 350문항을 실시하여 이루어진다. 하지만 이 방법으로는 타당도 척도 *F*, *F2*, *VRIN*, *TRIN*, 내용 척도, 보충 척도가 채점될 수 없음을 명심하라.
- 단축형(150문항의 MMPI-A)은 전체 검사에 비해 문항 수가 적고 척도의 길이도 짧다. 그리고 전체 검사에 비해 신뢰도와 정확성이 떨어지는 코드유형을 산출한다.
- 축약형이나 단축형 모두 통상적인 사용이 권장되지 않는다.

지 단축형이 개발되었다. 가장 잘 알려진 것은 71문항의 Mini-Mult와 MMPI-168이다. 최근 Archer, Tirrell과 Elkens(2001)는 150문항의 MMPI-A 단축형을 개발했다. 모든 단축형의 제한점은 척도의 문항 수가 감소한 만큼 일반적으로 원래의 척도보다 신뢰도가 떨어진다는 것이다. 더욱이 단축형에서 얻은 코드유형이 전체 검사에서 얻어진 코드유형과 유의하게 다를 때가 종종 있다. 결과적으로, 코드유형 분석이 해석 과정에서 매우 중요한 경우, 단축형에서 얻어진 프로파일에 대해서는 해석의 정확성이 의문시된다. 이러한 이유로 MMPI-A 단축형의 사용은 잘 권장되지 않는다. 또한 이 방법은 유용한 MMPI-A 프로파일을 얻는 바람직한 지름길도 아니다. 하지만 단축형은 청소년이 보이는 정신병리가 임상 수준에 달하고 있는가의 여부를 결정하는 데 제한적이나마 유용할 수 있다. 따라서 전체 검사나 축약형 검사가 가능하지 않은 드문 경우라면 단축형의 사용을 고려할 수 있다. **빠른 참조 2.1**에 MMPI-A의 단축형과 축약형을 이용한 평가에서의 핵심적인 쟁점이 요약되어 있다.

읽기 장애를 가진 청소년 검사

MMPI-A는 읽기 능력이 충분하고 문항에 제시된 단어와 문항이 묻는 요지를 이해할 수 있는 청소년에게 가장 적합하다. 하지만 임상 장면에서는 학업 성취도가 낮았다거나 또래에 비해 독해력이 떨어졌다는 등의 과거력를 지닌 청소년이 제법 많다. 이들 중 상당수는 실제로 읽기 장애, 수용성 언어 장애, 또는 다른 형태의 학습 장애로 진단된다. 유능한 임상가라면 청소년이 책자로 된 MMPI-A에 의미 있게 응답할 수 있는지 판단해야 한다. 그렇다고 책자로 된 MMPI-A의 사용을 자동적으로 배제할 필요는 없다. 청소년의 읽기 성취에 대한 점수가 있다면 이를 바탕으로 검사에 필요한 읽기 능력이 있는지 판단한다. 또한 청소년에게 선택된 문항을 읽고 그 의미를 설명해 달라고 요청함으로써 청소년의 읽기 능력과 독해력을 비공식적으로 평가할 수도 있다. 읽기 능력에 문제가 있다면 오디오 테이프 버전의 MMPI-A를 사용한다. 읽기 능력으로 인한 문제를 피하여 유용한 결과를 얻을 수 있다. 오디오 테이프 버전에서는 검사 문항을 반복해서 들려줄 수 있으므로 읽기 문제를 지닌 청소년에게 더욱 적합할 수 있다. 임상가는 표준 오디오 테이프 버전을 사용하지 않고 직접 청소년에게 문항을 읽어 주지 말아야 한다. 임상가가 읽어 주는 것은 청소년의 자기개방 수준이나 노출 수준에 잠재적으로 역효과를 가져올 수 있기 때문이다.

외국어 번역

MMPI가 출판된 이후 수십 년 내에 세계 각국에서 사용 요청이 쇄도했다. 따라서 MMPI를 외국어로 번역하고, 검사 해석을 위해 문화적으로 적절한 규준을 수집하고, 번역된 검사 도구의 심리측정적 측면과 응용적 측면을 연구하는 데 상당한 노력을 들였다. 이런 추세는 MMPI-2와 MMPI-A에도 이어졌다. 예로, MMPI-2는 이미 여러 언어(네덜란드어/플라망어, 프랑스어, 프랑스계 캐나다어, 히브리어, 몽족어, 이탈리아어 등)로 번역되었다. 스페인어 번역은 미국, 멕시코, 스페인에서 사용하는 세 가지가 있다. 그리고 현재 일본어, 한국어, 중국어, 태국어, 베트남어, 칠레어, 노르웨이어, 아이슬란드어, 러시아어, 그리스어, 아랍어, 페르시아어로 MMPI-2를 번역하고 표준화하는 작업이 진행 중이다. MMPI-A도 비슷한 과정을 밟고 있다. 현재 미국에서 사용 가능한 스페인어 버전이 만들어졌고, 프랑스어, 네덜란드어/플라망어, 이탈리아어를 포함한 몇 개의 번역 프로젝트가 진행 중이다.

✲ 실시 고려 사항

검사자의 자격

MMPI-A와 같은 자기보고형 검사의 실시는 겉으로 보기에는 쉬워 보인다. 하지만 MMPI-A 검사자는 정확한 채점, 결과 해석, 보고서를 통한 수검자의 성격 기술 등을 책임져야 하므로 기본적인 자격을 빈드시 갖추어야 한다. 무엇보다도 검사자는 검사 이론, 검사 제작 방법, 심리측정 개념에 대해 충분한 지식을 갖추어야 한다. 여기에는 규준 사용에 대한 이해, 원점수에서 표준점수로의 변환, 측정오차의 문제, 기저율, 절단점 등이 포함된다. 더욱이 청소년의 성격을 평가하려면 청소년기 발달, 성격 이론과 개념, 정신병리학, 심리진단에 대한 지식이 필요하다. MMPI-A 검사에 요구되는 배경지식을 갖추려면 대학원 과정에서 발달심리, 성격 이론, 성격평가, 정신병리학 과정을 이수하는 것이 전형이다. 이 지침은 MMPI-A 매뉴얼(Bucher et al., 1992)과 Archer(1997)의 교재에도 기술되어 있다. NCS 또한 MMPI-A 도구를 구매하는 데 요구되는 사용자의 자격 요건을 명시하고 있으므로 검사자는 이를 참조할 수도 있다. 최소한 검사와 측정에서 대학원 수준의 수련을 요구하는 것이 NCS 자격 요건의 핵심이다. 마지막 단계로 MMPI-A 사용자는 Society for Personality Assessment(SPA)가 제공하는 성격평가 수련 지침을 검토할 수 있다. SPA 웹사이트(http://www.personality.org)에서 이 지침을 찾아볼 수 있으며, 중앙사무국과 접촉해서 얻을 수도 있다.

경우에 따라 심리 전문가는 MMPI-A를 실시하고 채점하는 절차를 심리측정가나 수련생에게 위임할 수 있다. 하지만 검사 절차를 주의 깊게 감독할 책임은 여전히 심리 전문가에게 있다. 심리 전문가는 통제 가능한 오류가 있는지,

특히 결과를 무효화할 수 있는 오류가 있는지 확인해야 한다. 또한 윤리적/전문가적 기준이 준수되고 있는지 확인해야 한다. 검사자는 궁극적으로 결과의 정확성에 책임이 있다.

연령 기준

MMPI-A는 14~18세(한국의 경우 13~18세) 연령의 청소년을 평가하려고 고안되었다. 검사 문항은 이 연령대의 청소년들이 흔히 겪는 경험이나 행동, 정서적 반응 등을 포괄적으로 담고 있다. 따라서 십대 이전의 아동이나 청년기 이후의 성인에게 적용할 수 있는 여지가 작다. 하지만 발달적 진전을 보이는 12~13세의 청소년들에게 선택적으로 사용할 수는 있다. 이들이 인지나 대인관계에서 청소년 수준의 성숙을 보이고, MMPI-A 문항과 관련된 삶의 경험이 있다고 판단되는 경우이다. Archer(1992, 1997)는 별도의 12~13세용 규준을 자신의 교재에 제시했다. 이 규준은 3장에 기술되어 있다.

MMPI-A와 MMPI-2에 공통되는 연령대인 18세 수검자의 경우, 검사자는 두 검사 중 하나를 선택하여 실시한다(한국의 경우 MMPI-2 규준이 19세부터 시작되므로 선택의 여지가 없다). 선택을 결정하는 표준 지침은 수검자가 청소년에 가까운지, 성인에 가까운지 고려하는 것이다. 의존적인 청소년으로 집에서 부모님과 함께 살며 고등학교에 다니고 있다면 MMPI-A를 선택하고, 독립해서 살고 대학을 다니거나 직장에서 경제 활동을 하고 있다면 MMPI-2를 선택한다. 어떤 규준을 선택하건 검사자는 규준 선택에 중요한 현실적 함의가 있음을 유념해야 한다. 최근 연구(Shaevel & Archer, 1996)에 의하면 18세 청소년에게 사용된 검사 종류에 따라 *T*-점수 상승에 큰 차이가 있다. MMPI-2 규준을 사용하면 MMPI-A 규준을 사용하는 경우에 비해 일반적으로 타당도 척도의 점수가 낮고, 임상 척도의 점수는 높다. 높은 범위의 점수는 편차가 15*T*에 이를 수 있다. 이러한 편차는 다른 프로파일로 분류되는 결과를 초래한다. 관련된 사항으로 MMPI-2는 정신병리를 과대평가할 수 있고 MMPI-A는 실제 심리적 장애의 수준을 과소평가할 수 있다. 주어진 사례에 대해 적절한 도구를 선택할 때 이러한 문제가 있음을 유념해야 한다. 19세 이상의 성인은 성인 규준에 맞는 MMPI-2로 평가해야 한다. 발달지연이 있어 보이거나 성숙해 보이는 이 연령대 청년의 경우도 그렇다. 마찬가지로, 17세 이하의 청소년은 성숙해 보이는 정도와 상관없이 항상 MMPI-A로 검사를 받아야 한다.

읽기 수준

검사자는 MMPI-A를 실시하면서 이 검사에 대한 청소년의 읽기 능력과 독해력을 고려해야 한다. 낮은 읽기 능력이나 독해력은 무선반응이나 일관성이 없는 반응을 낳고, 이는 검사를 무효화할 수 있기 때문이다. MMPI-A 검사 문항은 읽기 난이도 수준이나 복합성 수준에서 1~15등급에 이를 정도로 차이가 크다. 일부 문항은 16등급으로 분류된다. 읽기 난이도는 읽기에 용이한 정도와 곤란한 정도, 문장 구조 등에 대한 지표를 바탕으로 한다. 각 문항의 읽기 난이도 수준을 분석한 결과가 MMPI-A 검사 매뉴얼에 제시되어 있다. 매뉴얼에 의하면 대부분의 검사 문항은 5~7등급 수준이다. 보수적으로 추정할 경우, MMPI-A를 실시하기 위해 권장되는 읽기 수준은 7등급이다.

청소년의 읽기 수준이 의문시된다면, 검사자는 수검자가 MMPI-A 문항을 충분히 읽고 이해할 수 있는 능력이 있는지 결정하기 위해 표준화된 읽기 검사를 실시하는 것이 유용하다. 광범위 성취검사 개정판(WRAT-3), Woodcock-Johnson 심리교육 배터리, 성취검사 개정판(WJ-R), Wechsler 개인 성취검사(WIAT), Kaufman 교육 성취검사(K-TEA), Peabody 개인 성취검사 개정판(PIAT-R) 등 표준화된 성취검사에는 이 목적에 적합한 읽기 소검사가 있다. 앞서 언급했듯이, 검사자는 청소년으로 하여금 선정된 MMPI-A 문항을 읽고 설명하게 하여 비공식적으로 읽기 수준을 평가할 수도 있다. Archer(1992, 1997)는 8등급 수준의 문항이 이러한 평가에 가장 유용하다고 제안했다. 문항의 예는 다음과 같다.

5번 문항: 나는 작은 소리에도 쉽게 잠을 깬다.
17번 문항: 나는 갑자기 속이 메스껍거나 구토가 나서 고생한다.
18번 문항: 나는 변비로 고생하지는 않는다.

25번 문항: 나는 1주일에 몇 번 위산과다나 소화불량으로 고생한다.

29번 문항: 나는 아주 기이하고 이상한 경험을 한 적이 있다.

일부 MMPI-A 문항은 요구되는 읽기 능력을 갖춘 청소년에게도 익숙지 않은 단어가 들어 있다. 청소년이 그 뜻을 물어보면 단어의 사전적 의미를 설명해 준다. 예로, '불운'은 '운이 없다'로, '성마른'은 '쉽게 화가 나거나 욱하는'이라고 정의할 수 있다. '곱씹다'라는 단어는 MMPI-A 203번 문항에서 "나는 고민을 털어 버리지 못하고 곱씹는다."에 나온다. 현 세대 청소년은 이 단어를 이해하지 못하는 경우가 많다. 검사자는 그 뜻이 '어떤 일을 괴로워하면서 계속 생각하다'라고 사전적으로 설명하면 된다. 검사자는 예를 들어 가며 단어나 구를 설명해서는 안 된다. 그 문항에 대한 수검자의 반응을 편향시키거나 왜곡시킬 수 있기 때문이다. 또한 '종종', '전반적으로', '규칙적으로', '때때로'와 같은 단어를 검사자가 추정하는 빈도에 근거하여 정의해서도 안 된다. 검사자의 주관적인 판단이 검사 과정에 개입될 수 있기 때문이다. 끝으로, 임상가는 수검자의 모국어가 영어가 아닐 경우 영어로 된 MMPI-A를 사용해도 괜찮은지 검토해야 한다. 미국의 많은 지역에서는 스페인어로 된 MMPI-A를 사용한다.

정신상태 고려 사항

임상 장면, 특히 급성 환자를 위한 입원 시설에서 평가받는 청소년의 경우, 정신 기능이 MMPI-A 검사를 실시하기에 부적절한 상태에서 검사를 받으러 올 수 있다. 청소년이 안정될 때까지 검사를 연기해야 하는 대표적인 예로, 정신병적 조건과 관련된 급성 혼란 상태나 간질과 관련하여 지남력을 상실한 경우를 들 수 있다. 또한 검사자는 외래 및 입원 장면에서 물질과 관련하여 변화된 정신상태의 징후나 심각한 행동 문제의 징후를 예의 주시해야 한다. 이 역시 검사 순응을 방해하기 때문이다.

명심할 점

능숙한 검사 실시의 핵심

- 청소년을 공동 참여자로 검사 과정에 개입시킨다.
- 수검자가 검사 문항을 읽고 이해할 수 있는지 확인한다.
- 중독, 지남력 상실 및 혼란 상태 등 적절한 답변을 방해하는 장애 요인이 존재할 가능성을 배제한다.
- 편안하고 소음이나 기타 집중을 방해하는 요소가 없는 검사 환경을 제공한다.
- 검사 회기를 감독한다.
- 타당한 검사 자료를 얻는 데 방해가 되는 피로와 주의산만을 예방하기 위해 필요한 만큼의 휴식 시간을 제공한다.
- 시각 장애나 읽기 문제가 있는 청소년을 위해 오디오 테이프 버전을 이용한다.
- 청소년이 검사실을 나가기 전에 누락된 문항이 있는지 검토한다.

✲ 요약

MMPI-A를 실시한 후, 검사자의 마지막 과제는 MMPI-A 응답지에 누락된 문항이 있는지 확인하는 것이다. 누락된 문항이 있으면 검사실을 나가기 전에 이를 완성하도록 청소년에게 요구한다. 누락된 문항이 많으면 프로파일의 정확성이 떨어지고 검사 결과를 해석할 수 없게 된다. 검사자는 수검자가 핵심 단어를 이해하지 못해서 특정 문항을 누락하지 않았는지, 청소년이 답변을 꺼려 하지 않았는지 고려할 필요가 있다. 수검자가 단어를 이해하지 못하는 경우, 검사자는 제한된 범위(사전적 수준)의 도움을 줄 수 있다. 답변을 꺼려 하는 경우라면 검사자는 특정 문항에 대한 응답이 해석의 주된 관심사가 아니라는 점을 지적하고, 청소년에게 검사 목적을 상기시킴으로써 문항 내용에 대한 불편함을 다룰 수 있다.

요약하면, MMPI-A 평가에서 가장 중요한 첫 단계는 적절한 검사 실시이다.

검사가 제대로 실시되어야 임상가는 검사 결과가 유용하다는 확신을 가질 수 있고, 채점하고 해석하는 다음 단계로 나아갈 수 있다.

셀프 테스트

1. 청소년에게 읽기 곤란이 있을 때 검사자는?

(a) MMPI-A를 실시할 수 없다.

(b) 오디오 테이프 버전 사용을 고려할 수 있다.

(c) 온라인 실시 절차 이용을 고려할 수 있다.

(d) 단축형 사용을 고려할 수 있다.

2. 검사에 앞서 좋은 라포르를 형성하면?

(a) 일관성이 없는 응답의 가능성을 줄일 수 있다.

(b) 정직한 응답의 가능성을 높일 수 있다.

(c) 의미 있는 검사 과정과 피드백 과정을 촉진할 수 있다.

(d) 위의 보기 모두

3. MMPI-A 검사자가 제공해야 하는 검사 환경은?

(a) 집중을 방해하는 것을 최소화하고 쉽게 집중할 수 있는 환경

(b) 감독된 환경

(c) (a)와 (b)

(d) 어떤 특별한 사항을 요구하지 않는 환경

4. 축약형으로 얻을 수 있는 점수는?

(a) 비일관성의 측정치를 얻을 수 있지만 부정확성의 측정치를 얻지 못한다.

(b) 타당성 척도 *L*, *F1*, K와 기본 임상 척도의 점수

(c) 내용 소척도의 점수를 얻을 수 있지만 내용 척도의 점수를 얻지 못한다.

(d) *VRIN*, *TRIN*의 점수를 얻을 수 있지만 *F*, *F2*의 점수를 얻지 못한다.

(다음 쪽에 계속)

5. MMPI-A 검사자는?

(a) 청소년 발달, 정신병리학, 심리측정에 대한 지식이 있어야 한다.

(b) 평가위원회의 공인을 받아야 한다.

(c) MMPI-2에 대한 경험이 있어야 한다.

(d) 위의 보기 모두

정답: 1. (b) 2. (d) 3. (c) 4. (b) 5. (a)

CHAPTER 3

MMPI-A 채점 방법

MMPI-A의 채점은 각 척도의 원점수를 구하는 것부터 시작된다. 수기나 컴퓨터 채점 방식으로 타당도 척도, 임상 척도, Harris-Lingoes 소척도와 *Si* 소척도, 내용 척도, 보충 척도 등 모든 척도 원점수를 채점할 수 있다. 그다음 성별에 따라 각 척도 원점수에 대응하는 *T*-점수를 산출한다. *T*-점수를 토대로 프로파일을 작성한 후 Welsh 코드를 사용하여 기본 척도 프로파일의 결과 패턴을 요약할 수 있다. 마지막 단계에서 MMPI-A 구조적 요약의 요인별 비율을 산출하게 된다. 컴퓨터 채점을 통해 다른 추가적인 지표도 얻을 수 있다. 이는 4장에서 다룰 것이다.

MMPI-A를 정확하게 채점하는 것은 두말할 나위 없이 매우 중요하다. 비교적 경미한 실수라 하더라도 그 척도에 따라 원점수에서 *T*-점수로 변환되는 과정에서 프로파일에 많은 영향을 미치기 때문이다. 예로, 알코올/약물 문제 인정 척도(*ACK*)와 같이 비교적 문항 수가 적은 척도에서 여성인 경우, 원점수 4점은 *T*-점수 51로 평균 범위에 속한다. 하지만 오채점으로 2점이 가산되어 6점이 되면 *T*-점수는 60으로 상승하고 이는 임상적 상승의 경계 범위에 해당된다. 이러한 오류로 임상가는 수검 청소년이 약물 남용의 문제가 있다고 잘못된 결론을 내릴 수 있다. 정확하게 채점되었다면 결과는 다르게 나타났을 것이다. 또 다른 오류는 성별 규준을 정확하게 적용하지 않는 경우이다. 이런 오류도 척도 상승에 영향을 줄 수 있다. 예로, 남자 청소년의 경우 척도 *4*에서 원점수 25점을 *T*-점수로 변환하면 경계 범위인 60*T*가 되지만, 여자 청소년의 경우는 정상 범위인 57*T*로 산출된다. 따라서 임상가들은 MMPI-A를 채점할 때 조금이라도 실수하지 않도록 많은 주의를 기울여야 한다. 특히 수기 채점 시 여러 단계에서 신중을 기해야 한다.*

✲ MMPI-A 채점

수기 채점을 위한 도구

MMPI-A의 수기 채점을 하려면 각 척도의 채점판, *VRIN/TRIN* 격자, 프로파일 양식이 구비되어야 한다. 이 채점 도구들은 NCS에서 판매된다. 또한 척도 수준의 요인에 근거한 MMPI-A 구조적 요약 양식은 Psychological Assessment Resources, Inc.(PAR)에서 구매할 수 있다. 소프트커버용과 하드커버용 검사책자의 응답지가 다르므로 이를 고려하여 적절한 도구를 준비해야 한다. 또한 프로파일 용지가 여성용, 남성용의 양면으로 되어 있으므로 이에 대한 주의도 필요하다. 프로파일은 항상 성별 규준에 맞게 표시되어야 한다.

수기 채점 절차

*VRIN*과 *TRIN*을 제외한 다른 모든 척도는 다음과 같은 절차로 원점수를 얻게 된다. 2장에서 언급했듯이, 임상가는 응답지를 보고 누락되거나 중복 표시된 문항이 있는지 확인해야 한다. 중복 표시된 응답 부분('그렇다', '아니다'가 적힌 원)에 빨간 줄을 그어 두면 중복 표시된 문항을 채점하는 오류를 피할 수 있다. 검사자는 누락된 반응이나 중복 표시된 문항의 수를 세고, 이 값을 MMPI-A 기본 척도 프로파일 용지의 좌측 하단에 있는 (*?*) 원점수란에 표기한다. 다음으로 각 척도를 채점하기 위해 채점판을 사용한다. 채점판은 반투명한 플라스틱으로 되어 있다. 채점판을 응답지 위에 놓고, 채점판의 오른쪽 상

---

* 역주: 한국판 MMPI-A를 출판한 (주)마음사랑에서는 전산화된 채점 절차만 제공하고 있다.

하 가장자리에 있는 검은 선이 응답지의 검은 선과 일치하도록 맞춘다. 채점판을 응답지에 맞게 놓아야 채점되는 방향으로 응답한 반응 수를 정확하게 얻을 수 있다. 검사자는 채점판의 투명한 원에 표시된 반응 수를 세어 프로파일 용지 하단에 있는 각 척도의 원점수란에 기록한다.

수기 채점 과정에서 주의해야 할 몇 가지 지침이 있다. 먼저 각 척도별로 채점판이 마련되어 있다는 점이다. 각 척도 세트마다 채점판을 순서에 맞게 정렬해 두고 순차적으로 채점해 나가면 오류를 최소화할 수 있다. 임상 척도를 수기 채점할 경우, 척도 5에 남자용, 여자용 두 개의 채점판이 있으므로 성별에 맞는 채점판을 사용하도록 한다.

수기 채점판으로는 최근 개발된 MMPI-A의 내용 척도를 채점할 수 없다. 내용 척도를 산출하여 해석하려면 Sherwood, Ben-Porath와 Williams(1997)의 논문에 제시된 지침을 참고하여 수기로 채점한다.

*VRIN*과 *TRIN* 척도의 수기 채점

*VRIN*과 *TRIN* 타당도 척도의 채점은 일반적인 절차와 달리 진행된다. 우선 검사자는 이 척도에 대한 문항의 반응을 응답지에서 *VRIN*, *TRIN* 기록 격자에 옮겨 적어야 한다. *VRIN* 기록 격자에는 42개 문항 쌍의 응답란이, 그리고 *TRIN* 기록 격자에는 21개 문항 쌍의 응답란이 두 개의 열에 나란히 제시되어 있다. 검사자는 기록 격자 위에 채점판을 올려놓는다. 이 두 타당도 척도는 다른 척도와 달리 응답지에 올려놓고 채점하지 않는다. *VRIN*(*VRIN-1*, *VRIN-2*)과 *TRIN*(*TRIN-1*, *TRIN-2*) 모두 채점판이 두 개씩 있다. 채점 지침이 기록 격자에 인쇄되어 있으므로 이를 참고하면 된다. 검사자는 *VRIN* 격자 위에 *VRIN-1* 채점판을 올려놓고 줄을 맞춘다. 그리고 채점판의 두 공란이 모두 검게 채워지면 문항의 우측 칸에 + 표시를 한다. *VRIN-2* 채점판도 같은 방법을 따른다. +의 총점을 산출하여 *VRIN*의 원점수를 구하고 이를 기본 척도 프로파일 용지의 하단에 있는 해당 칸에 옮겨 적는다. *TRIN*을 채점하는 절차는 조금 다르다. *TRIN-1* 채점판을 이용하여 + 표시를 하는 것은 *VRIN*의 경우와 같다. 하지만 *TRIN-2*로 채점된 경우에는 −를 기록한다. 이 −의 총합이

MMPI-A
Minnesota Multiphasic Personality Inventory— ADOLESCENT™

RECORDING GRID
***TRIN* Scale**
(True Response Inconsistency)

The TRIN scale is made up of 21 items that are opposite in content. If a subject responds inconsistently by answering True to both items of certain pairs, one point is added to the TRIN score; if the subject responds inconsistently by answering False to certain item pairs, one point is subtracted. (Refer to the *MMPI-A Manual for Administration, Scoring, and Interpretation* for directions on interpreting scores.)

Directions for scoring:

1. Transfer responses to the item pairs from the answer sheet to the recording grid on the right by blackening in the appropriate circle:
   Example: If response to item 14 was False: 14 Ⓣ ●
2. Place the scoring template TRIN-1 over the grid; in the blank provided in the third column, enter a "+" (plus sign) for each item pair in which both template boxes show a blackened response.
   Example: the response 14 ● Ⓕ 424 ● Ⓕ would receive a "+" because both template boxes show a blackened response.
3. Count the number of "+"s and enter the TRIN-1 total.
4. Place the TRIN-2 scoring template over the grid; in the blank provided in the third column, enter a "–" (minus sign) for each item pair in which both template boxes show a blackened response.
5. Count the number of "–"s and enter the TRIN-2 total.
6. Subtract the TRIN-2 total from the TRIN-1 total and enter the result.
7. Add 9 points to obtain the TRIN total.
   Example: TRIN-1 total 2
   TRIN-2 total –1
   1
   +9
   TRIN Total 10

14 Ⓣ Ⓕ	424 Ⓣ Ⓕ	____
37 Ⓣ Ⓕ	168 Ⓣ Ⓕ	____
46 Ⓣ Ⓕ	475 Ⓣ Ⓕ	____
53 Ⓣ Ⓕ	91 Ⓣ Ⓕ	____
60 Ⓣ Ⓕ	121 Ⓣ Ⓕ	____
62 Ⓣ Ⓕ	360 Ⓣ Ⓕ	____
63 Ⓣ Ⓕ	120 Ⓣ Ⓕ	____
70 Ⓣ Ⓕ	223 Ⓣ Ⓕ	____
71 Ⓣ Ⓕ	283 Ⓣ Ⓕ	____
82 Ⓣ Ⓕ	316 Ⓣ Ⓕ	____
95 Ⓣ Ⓕ	294 Ⓣ Ⓕ	____
119 Ⓣ Ⓕ	184 Ⓣ Ⓕ	____
128 Ⓣ Ⓕ	465 Ⓣ Ⓕ	____
146 Ⓣ Ⓕ	167 Ⓣ Ⓕ	____
158 Ⓣ Ⓕ	288 Ⓣ Ⓕ	____
242 Ⓣ Ⓕ	260 Ⓣ Ⓕ	____
245 Ⓣ Ⓕ	257 Ⓣ Ⓕ	____
264 Ⓣ Ⓕ	331 Ⓣ Ⓕ	____
304 Ⓣ Ⓕ	335 Ⓣ Ⓕ	____
355 Ⓣ Ⓕ	367 Ⓣ Ⓕ	____
463 Ⓣ Ⓕ	476 Ⓣ Ⓕ	____
	TRIN-1	____
	– TRIN-2	____
	=	____
		+9
	TRIN TOTAL	____

그림 3.1 ***TRIN* 척도 기록 격자**

*TRIN-2*의 총점이다. *TRIN-1* 총점에서 *TRIN-2* 총점을 빼고 여기에 상수 9를 더하면 *TRIN* 점수가 산출된다. 이렇게 산출된 *TRIN* 원점수를 기본 척도 프로파일의 하단에 기재한다. 그림 3.1은 *TRIN* 척도 기록 격자의 예를 제시한 것

> **명심할 점**
>
> **MMPI-A 수기 채점 시 기억해야 할 사항**
>
> - 프로파일이 해석할 만한 타당도가 있는지를 결정하기 위해 우선 타당도 척도(*VRIN*, *TRIN*, *F*, *F1*, *F2*, *L*, *K*)를 채점하라.
> - 응답지에서 다음의 척도에 대해 MMPI-A 문항 반응을 채점하라.
>   (1) 기본 척도
>   (2) Harris-Lingoes 소척도, *Si* 소척도
>   (3) 내용 척도와 보충 척도
> - *VRIN*과 *TRIN* 척도를 채점하는 경우, 먼저 해당되는 문항에 대한 반응을 기록 격자로 옮겨 적고 이후에는 격자에 있는 지침에 따라 진행하라.
> - 모든 척도에서 성별에 맞는 채점판을 사용하라. 특히 척도 5번(*Mf*)의 채점판 사용에 각별히 유의하라.

이다.

요약하면, 표준 MMPI-A의 모든 척도를 수기로 채점할 수 있다. 임상가는 다른 척도를 채점하기 전에 타당도 척도인 *VRIN*, *TRIN*, *F*, *F1*, *F2*, *L*, *K* 척도를 채점해서 프로파일 해석이 타당한지를 결정한다. 이렇게 하면 결국 해석에 사용하지도 못할 62개가 넘는 척도를 채점하느라 시간을 허비하지 않을 수 있다.

컴퓨터를 이용한 채점 절차

Microtest Q 평가 시스템 소프트웨어를 사용하는지, 메일용 채점 방식을 사용하는지에 따라 컴퓨터 채점 방법이 달라진다. 흔히 Microtest Q 평가 시스템에 근거한 방식을 사용한다. 검사자는 각 문항에 대한 청소년의 '그렇다' 혹은 '아니다' 반응을 PC 키보드로 입력한다. 대안적으로 내담자가 지필 형식 대신 직접 컴퓨터에 응답을 입력할 수도 있다. 이 두 가지 입력 방식 모두 입력

주의

MMPI-A를 채점할 때 범하기 쉬운 오류 피하기

수기로 채점할 때

- 답안지와 채점판을 일치시킨다.
- 원점수를 셀 때 중복 마크된 문항을 제외한다.
- 원점수의 수를 재확인한다.

컴퓨터를 이용하여 채점할 때

- 각 문항에 정확한 반응('그렇다' 혹은 '아니다')이 컴퓨터에 입력되었는지 확인한다. 필요하다면 재확인한다.

우편으로 답안지를 보내어 채점할 때

- 광학 스캐너 전용의 응답지를 사용한다.

후 즉시 원점수와 *T*-점수 결과를 볼 수 있다. Microtest Q 시스템을 사용하려면 IBM 호환용 PC, 소프트웨어를 설치할 수 있는 CD-롬 드라이버, 최신 버전의 펜티엄 프로세서, 마이크로소프트 윈도, 최소한의 RAM과 적절한 용량의 하드디스크가 필요하다. 상세한 내용이 NCS 카탈로그나 홈페이지에 나와 있다(2장 참조). 키보드 입력 방식의 대안으로 NCS Opscan 스캐너를 사용하여 응답지에 마크된 문항 반응을 스캔할 수도 있다. 스캐너용 응답지를 사용하여 MMPI-A를 완료한 후 NCS Assessments에 우편이나 팩스로 발송하면 보통 우편으로 결과를 받을 수 있다. 다음 날 배송 옵션을 선택하면 그다음 날 속달로 결과가 전해진다.

검사자가 얻고자 하는 정보량에 따라 컴퓨터 채점을 통해 **기본 척도 프로파일 보고서**나 **확장된 점수 보고서**를 받을 수 있다. 기본 척도 프로파일 보고서는 타당도 척도와 임상 척도의 프로파일을 한 장으로 보여 준다. 그리고 각 척도 원점수 및 *T*-점수와 함께 전체 프로파일을 요약하는 Welsh 코드(간략히 기술하기 위해)가 제공된다. 이 보고서는 또한 각 척도에 대한 반응 백분율(%)과 '그렇다/아니다' 반응 백분율 등의 추가적인 정보도 제공한다. 이러한 정보는 문항 내용에 건성으로 응답하는 수검자의 반응 양식을 탐지하는 보조 지표가 된다. 한편, 확장된 점수 보고서는 기본 척도 프로파일에 더해 별도의 내용 척도 프로파일을 제공한다. 이어서 보충 점수 보고서가 제공되는데, 여기에는 보충 척도 및 Harris-Lingoes 소척도와 *Si* 소척도의 원점수와 *T*-점수가 들어 있다. 각 문항에 대한 반응을 인쇄한 결과도 응답지 형식으로 제공된다. 임상가가 컴퓨터 채점 방식을 채택할 경우, 통상적으로 확장된 점수 보고서가 권유된다. 해석 과정에서 핵심적인 내용 척도, 보충 척도, Harris-Lingoes 소척도에 대한 자료를 얻을 수 있기 때문이다. 컴퓨터를 이용한 채점 방식에서 유의할 점은 인구 통계학적 영역에서 14~18세 연령 범위를 벗어날 경우 프로파일이 출력되지 않는다는 것이다.

✲ MMPI-A 규준

표준 청소년 규준

1장에서 언급했듯이 MMPI-A 규준은 14~18세 연령대에 속하는 규준표집 청소년 1,620명(소년 805명, 소녀 815명)의 반응을 근거로 했다. Marks와 Briggs (1972)는 MMPI에서 연령에 따라 4개의 규준으로 나누어 MMPI의 청소년 규준을 제공한 바 있다. 반면, MMPI-A 규준은 Marks와 Briggs의 규준과 달리 전체 연령 범위에 적용이 가능한 단일 규준 세트로 구성되어 있다. 검사 개발 과정에서 수행된 연구 결과, 척도 점수의 평균에서 연령에 따른 유의한 차이가 없었기 때문이다. 연령에 따른 규준은 없으나 MMPI나 MMPI-2와 같이 성별에 따라 별도의 규준이 마련되어 있다. 이는 성별에 따라 상이한 문항 반응 패턴이 나타난다는 연구 결과에 근거한다. 즉 MMPI-A 규준표집이나 임상표집의 소년과 소녀 간의 문항 시인 빈도에 상당한 차이가 있었다. 예로, MMPI-A 매뉴얼(Butcher et al., 1992)에 있는 표 E-2의 일부 내용은 다음과 같다.

- 규준표집 소녀의 63.8%, 소년의 30.2%가 21번 문항("때때로 나는 도저히 참을 수 없는 웃음이나 울음이 터져 나오곤 한다.")에 시인했다.
- 반면 60번 문항("나는 감정이 쉽게 상하지 않는다.")의 경우 소년의 시인율이 높았다. 소녀의 시인율은 23.4%였고, 소년의 시인율은 49.6%였다.

검사 개발 과정 중 소년 420명과 소녀 293명의 임상표집이 수집되었다.

- 146번 문항("나는 쉽게 피곤해지지 않는다.")에 대해 소년의 62.9%가 시인한 반면, 소녀의 경우 48.8%만이 시인했다.

MMPI-A의 척도 5는 여성적인 흥미나 남성적인 흥미와 직접적으로 관련이 있다. 예로, 척도 5에는 "나는 연애 소설을 즐겨 읽는다.", "나는 사냥을 무척 좋아한다.", "나는 일기를 쓴다.", "나는 건축업자가 하는 일을 좋아할 것 같다."와 같은 문항이 있다. 예상할 수 있듯이 소년과 소녀는 이러한 문항에 대해 서로 다른 반응 패턴을 보인다. 이상의 이유로 MMPI-A 규준은 성별에 근거한 규준이 되었다. 즉 *T*-점수 변환이 남녀별로 따로 개발되었다.

주목할 점은 여기에 설명된 MMPI-A 규준이 전국 규준이라는 것이다. 지리학적 영역, 인종, 사회경제적 지표 등에서 대표적인 청소년 표집에 근거하여 규준이 마련되었다. 구체적으로, 규준표집은 미국의 네 지형학적 지역을 가로지르는 8개의 주에서 수집되었다. 표집은 백인, 흑인, 아시아인, 북미 원주민, 히스패닉, 그리고 '기타' 인종 집단을 대표한다. 청소년 부모의 교육 수준은 초등학교에서 대학원까지이다. 부모의 직업은 높은 수준의 전문직에서부터 무직까지의 범위로 9개 범주를 대표한다. MMPI-A 규준은 기존의 여러 MMPI 청소년 규준을 대신하며, 북미 청소년을 평가하는 공통된 척도로 자리매김한다. 성인 규준(MMPI-2)을 17세 이하의 청소년에게 사용해서는 안 된다. 많은 연구(이를테면 Archer, 1984; Ehrenworth & Archer, 1985)에서 명백히 나타났듯이, 성인 규준을 사용하면 연령에 맞는 규준을 적용할 때보다 점수가 높아져서 청소년의 장애 정도가 더 심각하다고 평가되기 때문이다.

원점수를 *T*-점수로 변환하는 것도 전국 규준 개발의 한 부분이다. *T*-점수는 평균이 50이고 표준편차가 10인 표준점수이다. MMPI에 사용된 선형 *T*-점수 변환 절차와 달리 MMPI-A 기본 척도(타당도 척도와 비임상 척도 *5*, *0* 제외)와 내용 척도는 동형 *T*-점수 변환 방식을 사용하여 개발되었다. 이러한 변화는 MMPI의 임상 척도와 내용 척도가 정상 분포보다 정적으로 편포되는 경향이 있고, 편포된 정도가 척도마다 다르다는 관찰에 근거했다. 선형 *T*-점수 변환에서는 편포된 속성이 그대로 유지되므로 특정 *T*-점수의 백분율이 척도에 따라 다르게 나온다. 동형 *T*-점수 변환은 척도에 따른 백분위 동질성을 유지하도록 한다. 따라서 임상가는 척도 분포의 기저에 있는 편향을 보정하지 않고서도 각 척도의 점수를 직접 서로 비교할 수 있다. 그러나 MMPI-A의 보충 척도와 Harris-Lingoes 소척도, *Si* 소척도에서는 여전히 선형 *T*-점수 변환이 유지되었다.

12세와 13세를 위한 규준

2장에 기술된 MMPI-A의 연령 준거는 명석하면서 발달적으로 14세나 그 이상의 청소년과 대등한 12, 13세 청소년의 경우 조심스럽게 이 검사를 사용할 수 있음을 시사한다. 핵심적인 사안은 검사 문항이 그들의 삶의 경험과 관련 있는지, 그들이 검사 문항을 이해할 수 있고, 타당하게 검사 문항에 반응할 수 있는지의 여부이다. Archer(1992)는 13세 청소년(소년 81명, 소녀 144명)에 대해 별도의 규준 세트를 수집했다. 이 규준은 원점수를 선형 *T*-점수로 변환하는 방식을 쓰고 있으며, 1992년과 1997년에 출판된 Archer의 교재 부록에 제시되어 있다. 저자는 이 규준이 일상적으로 사용되어서는 안 되고, 나이 어린 청소년을 평가하는 임상가가 그 청소년의 기능을 또래나 일반 청소년과 비교하려는 특정한 경우에 한해 사용해야 한다고 경고했다. Archer(1992, 1997), Archer와 Krishnamurthy(1996)는 13세 규준이 표준화된 MMPI-A 규준을 대신하지 않는다고 덧붙였다. 그보다는 표준 규준(컴퓨터 채점을 위해 14세로 입력하여)에 근거한 프로파일 세트를 얻고, 이를 13세 연령 규준에 따른 프로파일과 견주어 보도록 조언한다. 이러한 절차는 임상가가 두 프로파일의 차이점을 검토하여 해석을 개선하도록 도와준다.

✲ MMPI-A 프로파일 구성

기본 척도 프로파일

MMPI-A 기본 척도 프로파일은 프로파일을 얻는 출발점이다. 수검자 신상 정보(이름, 주소, 학년, 나이)와 검사 관련 정보(검사 일시, 실시 장소, 의뢰 기관, 채점자 확인)가 프로파일 용지의 우측 상단에 기입된다. **그림 3.2**에 여성용 MMPI-A 기본 척도 프로파일 용지가 제시되어 있다. 다시금 검사자는 기본 척도 프로파일 용지가 각각 남성용, 여성용 규준을 나타내는 양면으로 되어 있음을 주의해야 한다. MMPI-A를 수기로 채점한 경우, 검사자는 타당도 척도와 기본 임상 척도의 원점수를 프로파일 용지 하단의 해당 칸에 기입한다. 프로파일 용지에는 각 척도의 모든 원점수 값이 세로로 기록되어 있다. 검사자는 얻은 원점수에 해당되는 원점수 값을 찾아 그 위치에 'X'나 점으로 표기한다. 프로파일 용지의 좌우 끝에는 각 원점수 값에 해당되는 *T*-점수가 세로축을 따라 제시되어 있어, 얻은 원점수에 해당되는 *T*-점수를 쉽게 확인할 수 있다. *TRIN* 타당도 척도의 경우, '그렇다' 혹은 '아니다' 방향의 반응 편향과 관련된 원점수 칸이 두 줄로 나란히 있음을 주의해야 한다. 원점수 옆에 T(그렇다)나 F(아니다)를 적어 두면 반응 양식이 묵종적인지 비순응적인지 명확히 할 수 있다.

여성용 프로파일 양식에서 척도 *5*의 원점수 값이 오름차순이 아니라 내림차순으로 정렬되어 있음을 명심하라. 척도 *5*가 양극 척도로 개발되었기 때문이다. 여성용 MMPI-A에서 척도 *5*의 낮은 점수는 여성적 지향을, 남성용 MMPI-A에서 척도 *5*의 낮은 점수는 남성적 지향을 나타낸다. 원점수의 방향을 간과하면, 여성 원점수 27점을 정상 범위 내의 53*T* 대신에 평균보다 1 표준편차 이상인 64*T*로 전환하게 된다. 이는 척도 점수 해석에 영향을 미친다. 타당도 척도와 임상 척도에 대해 개별적으로 표기된 점수 값을 연결하면 기본 척도 프로파일이 완성된다.

성인 내담자를 평가하기 위해 MMPI-2를 사용해 본 검사자라면 척도 *1*, *4*, *7*, *8*, *9*의 원점수에 *K* 척도 원점수 값이나 그 일부를 더하여 최종 원점수와 *T*-점수를 계산하는 *K*-교정 절차에 익숙할 것이다. 그러나 MMPI-A에서는 *K*-교정

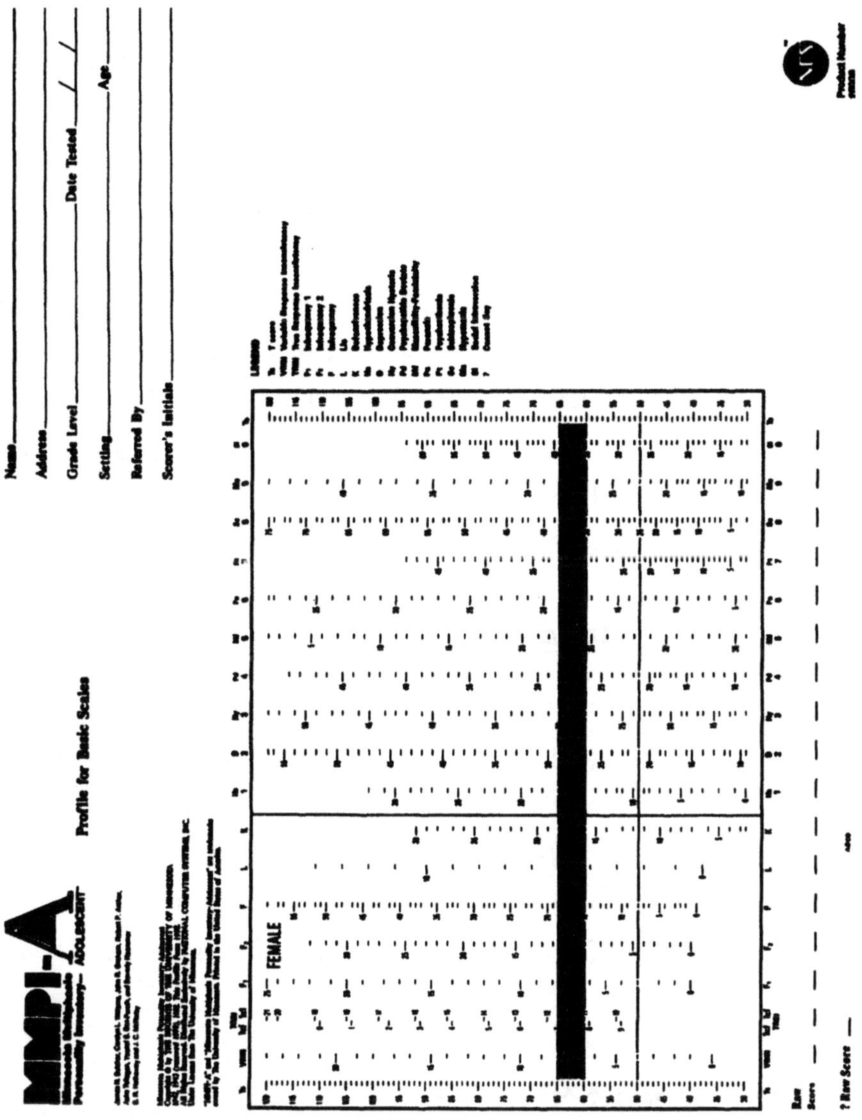

그림 3.2 기본 척도 프로파일

Minnesota Multiphasic Personality Inventory—Adolescent (MMPI-A). Copyright © the Rugents of the University of Minnesota 1942, 1943 (renewed 1970), 1992. 출판업자의 허락하에 복제됨. 'Minnesota Multiphasic Personality Inventory—Adolescent'와 'MMPI-A'는 미네소타대학교가 소유한 등록상표임.

절차를 사용하지 않는다. MMPI-A는 청소년에게 *K*-교정 절차를 시도하지 않았던 MMPI의 접근을 따른다. MMPI로 청소년을 평가할 때 *K*-교정 절차를 사용한다고 해서 청소년 프로파일의 정확성이 향상되지 않는다는 연구 결과가 있기 때문이다(Alperin, Archer, & Coates, 1996).

MMPI-A 기본 척도 프로파일 용지(내용 척도 및 보충 척도 프로파일 용지 역시)의 50*T* 수준에 가로선이 있다. 이 선은 MMPI-A 규준표집에서 각 척도의 평균 점수를 의미한다. 60*T*에 있는 또 다른 선은 평균에서 1 표준편차(SD) 높은 지점을 나타낸다. 이 지점이 경계 범위 상승의 시작점이다. 60*T*~65*T*의 음영 부분은 MMPI-A에서 새로 선보인 특징으로, 경계 범위 상승에 해당되는 부분이다. 65*T*에 그어진 선은 척도가 임상적으로 상승했다고 간주되는 수준을 나타낸다. 4장에 이러한 점수의 상승이 무엇을 의미하는지 기술되어 있으며, 또한 경계 범위와 임상 범위로 상승한 점수를 해석하는 전략이 제시되어 있다.

내용 척도 및 보충 척도 프로파일

MMPI-A 내용 척도 및 보충 척도 프로파일도 기본 척도 프로파일과 같은 방식으로 구성되어 있다. 우측 상단에 신상 정보 칸이 있고, 프로파일 용지 하단에 원점수 값을 기입하는 공란이 있다. 척도별로 원점수 범위가 오름차순으로 정렬되어 있으며, 원점수에 해당하는 *T*-점수는 프로파일 오른쪽과 왼쪽 끝에 제시되어 있다. 검사자는 내용 척도와 보충 척도의 원점수를 해당 자료에 점으로 표시하고 각각의 점을 연결한다. 그림 3.3에 남성용 프로파일이 예시되어 있다.

Harris-Lingoes 소척도와 *Si* 소척도 프로파일

MMPI-A에는 다양한 소척도가 기재된 세 번째 프로파일 용지가 있다. 이 프로파일에는 MMPI에서 개발된 Harris-Lingoes 소척도와 최근에 개발된 *Si* 소척도가 제시된다. 소척도는 일부 기본 척도의 내용 영역을 알려 준다. 프로파일 용지 오른쪽에는 내용 척도 및 보충 척도 프로파일과 마찬가지로 척도의 약어와 전체 척도명이 나란히 기재되어 있다. 이는 검사자가 프로파일을 작성할 때

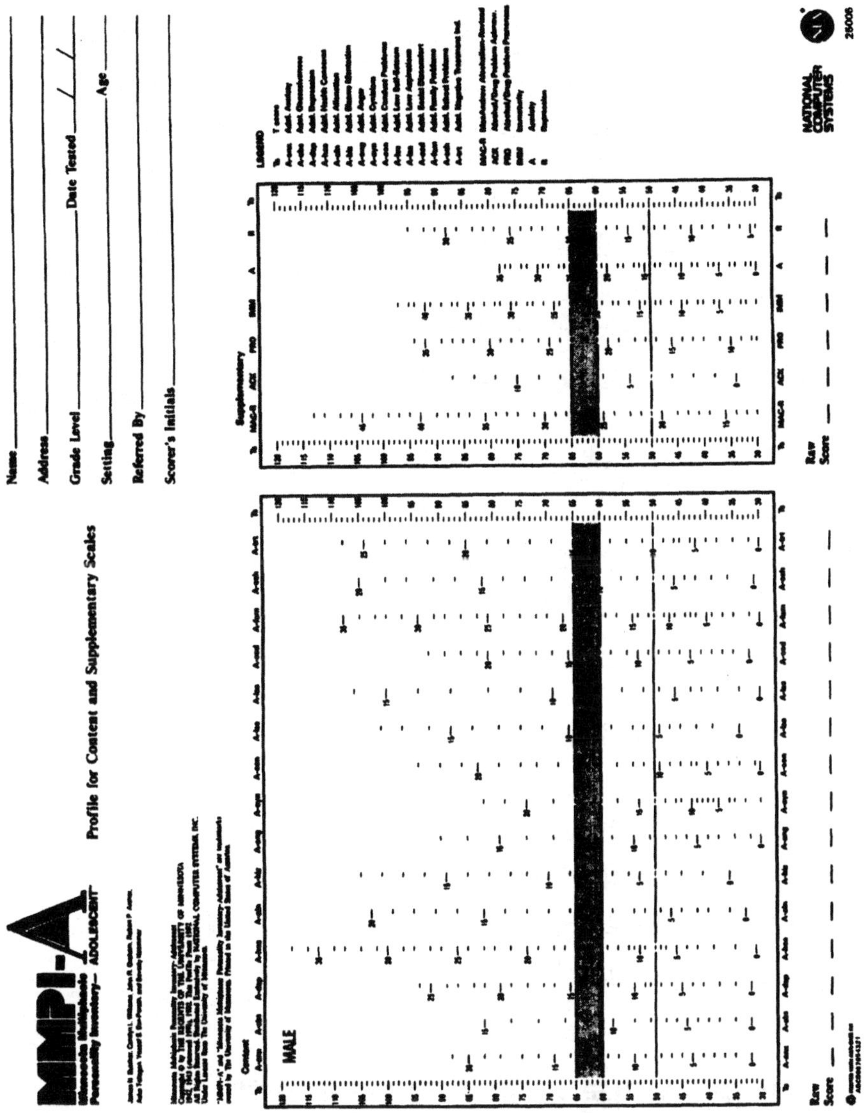

그림 3.3 내용 척도 및 보충 척도 프로파일

Minnesota Multiphasic Personality Inventory—Adolescent (MMPI-A). Copyright © the Rugents of the University of Minnesota 1942, 1943 (renewed 1970), 1992. 출판업자의 허락하에 복제됨. 'Minnesota Multiphasic Personality Inventory—Adolescent'와 'MMPI-A'는 미네소타대학교가 소유한 등록상표임.

> **명심할 점**
>
> **MMPI-A 프로파일 작성 시 명심할 사항**
>
> - 기본 척도 프로파일의 좌측 하단에 무응답(?) 원점수를 기입하라.
> - 성별에 맞게 프로파일 양식을 선택하라. (예: 남성용 프로파일 용지, 여성용 프로파일 용지)
> - 기본 척도 프로파일 용지에서 여성용 척도 5의 경우 원점수가 내림차순으로 기재되어 있고, 그 외 다른 모든 척도의 원점수는 남성용과 여성용 모두 오름차순으로 표기되어 있다.
> - 기본 척도 프로파일 용지의 타당도 척도 부분에 있는 *TRIN*의 원점수 옆 적절한 곳에 T나 F라고 써라.
> - MMPI-A에서는 *K*-교정 절차를 사용하지 않는다는 것을 유념하라.
> - 기본 척도에는 Welsh 코드를 제공하라.

혼동하지 않도록 도움을 주기 위함이다. 그림 3.4는 여성용 프로파일의 예시이다.

기본 척도 프로파일이나 내용 척도 및 보충 척도 프로파일과는 달리 Harris-Lingoes 소척도와 *Si* 소척도 프로파일에는 *60T*~*65T*에 음영 부분이 없다. 이는 임상가가 *65T* 이상으로 상승한 척도만을 해석하도록 일깨워 주기 위함이다. 이와 관련된 쟁점은 4장에서 다룰 것이다.

MMPI-A 기본 척도 프로파일 부호화

Welsh 부호화 절차의 적용

MMPI에는 기본 척도의 프로파일 상승 특징을 요약하는 프로파일 부호화 절차가 있다. 이 절차는 1947년 Hathaway가 처음 개발하고, 이후 1948년 Welsh가 수정했다. Welsh 코드는 타당도 척도 *L*, *F*, *K*와 임상 척도 *1*에서 척도 *0*까

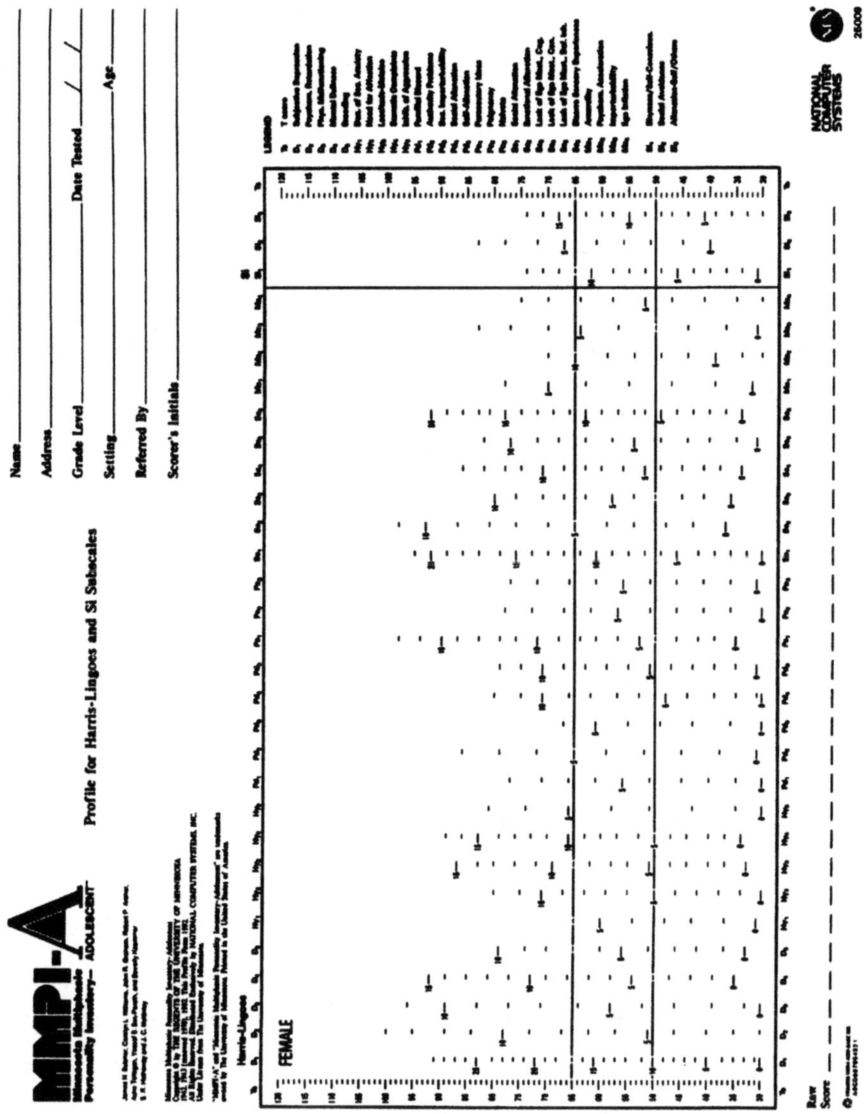

그림 3.4 Harris-Lingoes와 *Si* 소척도 프로파일

Minnesota Multiphasic Personality Inventory—Adolescent (MMPI-A). Copyright © the Rugents of the University of Minnesota 1942, 1943 (renewed 1970), 1992. 출판업자의 허락하에 복제됨. 'Minnesota Multiphasic Personality Inventory—Adolescent'와 'MMPI-A'는 미네소타대학교가 소유한 등록상표임.

지의 패턴을 뚜렷하게 그려 내는 표준적인 접근이 되었다. 특히 Welsh 코드를 이용하면 프로파일에서 상승 척도나 코드유형을 쉽게 확인할 수 있다. 약 20년 전만 해도 심리학자가 Welsh 코드를 심리평가 보고서에 기록하는 것이 관행이었다. 보고서를 읽는 사람은 기본 척도 프로파일 양식을 보지 않더라도 Welsh 코드만으로 기본 척도 프로파일을 재현할 수 있었다. 지금은 예전처럼 Welsh 코드를 흔하게 사용하지 않지만, 여전히 MMPI-A와 MMPI-2에 Welsh 코드를 계속 사용하는 검사자가 있다. 이 두 검사에 대한 활용도를 높이기 위해 Welsh 코드가 다소 개정되었다. 구체적으로, Welsh 코드는 전통적으로 *T*-점수 10점 간격을 표기하는 기호로 이루어져 있다. 하지만 임상적 상승을 결정하는 65*T* 수준의 중요성을 고려하여 현재는 60*T*~64*T*, 65*T*~69*T*의 5*T* 간격에 새로운 기호가 부여되어 있다. 새로운 타당도 척도가 개발되었지만 Welsh 코드에서 표시되는 타당도 척도는 여전히 *F*, *L*, *K* 척도에 한정된다.

Welsh 코드를 작성하려면 우선 숫자로 표기된 기본 임상 척도를 *T*-점수가 가장 높은 척도에서 가장 낮은 척도로 내림차순으로 정렬한다. 다음은 기본 임상 척도를 내림차순으로 정렬한 예이다.

최고점 ← *4* *9* *6* *8* *3* *1* *2* *5* *7* *0* → 최저점

임상 척도를 정렬한 다음, 타당도 척도를 최고점에서 최저점 순서로 정렬한다. 둘 이상의 척도에서 *T*-점수가 동일할 경우, 대개 더 낮은 번호의 척도를 먼저 기록한다. 예컨대, 척도 *3*과 척도 *1*의 점수가 동일하면 척도 *1*을 척도 *3*보다 앞에 쓴다. **빠른 참조 3.1**에 Welsh 코드에 사용되는 기호가 제시되어 있다. 척도의 점수가 특정 *T*-점수 범위에 해당되면 척도 번호 우측에 기호를 표시한다. 예로, 척도 *4*가 75*T*이고 척도 *9*가 66*T*라면 Welsh 코드 첫 부분은 4'9+가 된다. 만약 척도 *4*와 척도 *9* 모두 70*T*~79*T* 범위에 속하고, 다음으로 점수가 높은 척도 *6*이 68*T*라면 Welsh 코드는 49'6+로 시작된다. 몇 가지 추가적 규칙이 있다. 척도들의 *T*-점수가 같거나 차이가 1점 이내인 경우에는 밑줄을 그어 묶는다. 특정 *T*-점수 범위 안에 해당하는 척도가 없더라도 그 범위의 기호는 앞에 나온 기호 다음에 기록하여 어떤 기호도 생략되지 않도록 한다. 그러나 전체 범위의 상단과 하단에 있는 기호는 불필요한 경우 생략할 수 있다.

빠른 참조 3.1

Welsh 코드 기호

기호	*T*-점수 범위
**	100 이상
*	90~99
"	80~89
'	70~79
+	65~69
–	60~64
/	50~59
:	40~49
#	30~39

주의: 29*T* 이하에 해당되는 기호가 없으므로 척도 번호 오른쪽에 # 기호를 적는다.

더 높은 점수 범위를 위한 새로운 기호(선택 사항)

기호	*T*-점수 범위
!	110~119
!!	120 이상

그림 3.5에 나와 있는 모든 기본 임상 척도와 기본 타당도 척도를 순서대로 정렬하고 각 척도에 해당하는 *T*-점수를 기재했다. 전술한 바에 따라 **빠른 참조 3.1**의 기호를 해당하는 범위의 척도 오른쪽에 표기하면 Welsh 코드가 완성된다.

척도:	*4*	*9*	*6*	*8*	*3*	*1*	*2*	*5*	*7*	*0*	*K*	*L*	*F*
T-점수:	85	75	69	67	66	60	60	54	51	46	63	46	42

완성된 Welsh 코드는 다음과 같다.

4"9'683+12–57/0: K–/LF:

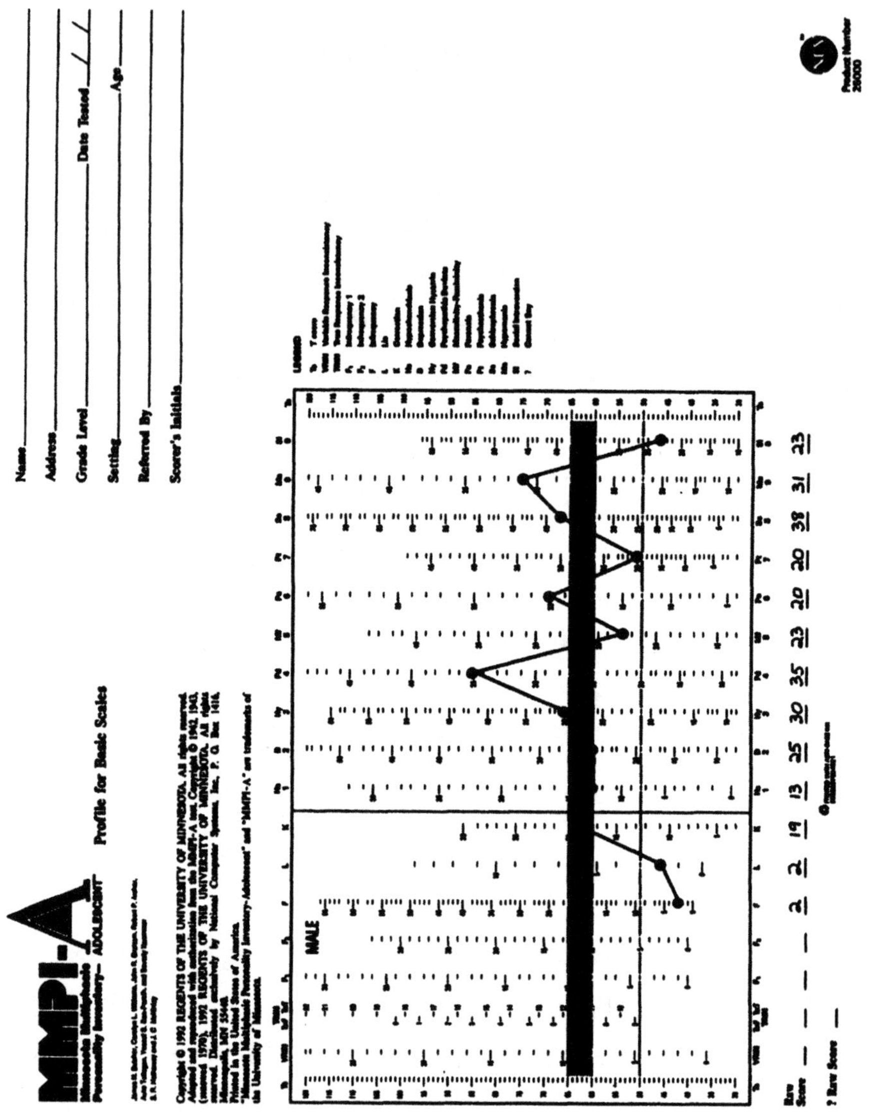

그림 3.5 기본 척도 프로파일: Welsh Coding

✻ MMPI-A 구조적 요약

Archer와 Krishnamurthy(1994)가 개발한 MMPI-A **구조적 요약** 양식을 이용하면 MMPI-A 프로파일 점수를 더욱 체계화할 수 있게 된다. 구조적 요약 양식은 **그림 3.6**에 제시되어 있다. 프로파일 해석에 영향을 주는 일탈된 수검 태도를 비교적 빠르고 쉽게 파악할 수 있도록 양식의 상단부에는 수검 태도에 관한 자료가 제시되어 있다. 반면, 구조적 요약 양식의 주요 구성요소는 요인에 근거한 8개의 MMPI-A 척도 집단 중 어떤 집단이 수검 청소년의 기능을 설명하는데 가장 중요한지 결정하는 방법을 제공한다.

MMPI-A 구조적 요약의 수검 태도 영역은 반응 누락, 반응의 일관성, 과대보고나 과소 보고가 없는 반응의 정확성 등 검사 타당도와 관련된 쟁점을 주로 다룬다. 검사자는 요인 패턴을 해석하기에 앞서 MMPI-A 프로파일의 타당도를 확인해야 하므로, 이 부분이 구조적 요약의 핵심 부분에 앞서 상단에 제시되었다. 타당도와 관련된 쟁점은 4장에서 자세하게 다룰 것이다. 이 장에서는 이러한 자료를 구조적 요약 양식에 기입하는 방법에 한하여 설명하겠다. 검사자는 기본 척도 프로파일에서 기록되었던 누락된 문항 수를 해당 칸에 기입한다. 그다음에 *VRIN*, *TRIN*, *F1*, *F2*의 원점수를 *T*-점수로 변환하여 옮겨 적는다. 끝으로 정확성의 조건에 해당되는 사항이 없는지 살펴보고 해당 사항이 있으면 기입한다. 이로써 프로파일 타당도 해석을 위한 정보가 완성된다.

구조적 요약 양식의 주요 부분은 8개의 요인으로 정리된 MMPI-A 척도 및 소척도의 집단이다. 각 집단 내의 척도는 특정 요인과의 상관이 가장 높은 순서에서 낮은(그러나 여전히 상당히 상관이 있는) 순서로 내림차순으로 나열되어 있다. 예로, 첫 번째 요인인 일반적 부적응에는 Welsh의 *A* 척도에서 *A-trt* 내용 척도에까지 이르는 23개 척도가 있다. Welsh의 *A* 척도는 이 요인과 가장 상관이 높은 지표이고, *A-trt* 내용 척도는 비교적 상관이 낮은 척도이다. 이 양식을 사용하는 검사자는 *60T* 이상으로 상승한 해당 척도에 표시하면 된다(사전에 해당 척도의 *T*-점수가 산출되어야 한다). 이러한 절차는 Krishnamurthy와 Archer의 최근 연구(1999)에서 지지되었다. 이들의 연구는 특정 차원 내에서 결정 기준을 충족하는 척도와 소척도의 수를 단순히 합하는 것이 각 차원

MMPI-A Structural Summary

Robert P. Archer and Radhika Krishnamurthy

Name: ______________________ Date: ______________________

Age: ______________________ Grade: ______________________

Gender: ______________________ School: ______________________

Test Taking Attitudes

1. Omissions (raw score total)

______ ? (Cannot Say scale)

2. Consistency (T-score values)

______ VRIN

______ TRIN

______ F_1 vs. ______ F_2

3. Accuracy (check if condition present)

Overreport

______ F scale *T* score ≥ 90

______ All clinical scales except 5 and 0 ≥ 60

Underreport

______ High L ($T \geq 65$)

______ High K ($T \geq 65$)

______ All clinical scales except 5 and 0 < 60

Factor Groupings
(enter T-score data)

1. General Maladjustment

______ Welsh's A
______ Scale 7
______ Scale 8
______ Scale 2
______ Scale 4
______ D_1 (Subjective Depression)
______ D_4 (Mental Dullness)
______ D_5 (Brooding)
______ Hy_3 (Lassitude-Malaise)
______ Sc_1 (Social Alienation)
______ Sc_2 (Emotional Alienation)
______ Sc_3 (Lack of Ego Mastery - Cognitive)
______ Sc_4 (Lack of Ego Mastery - Conative)
______ Si_3 (Alienation)
______ Pd_4 (Social Alienation)
______ Pd_5 (Self-Alienation)
______ Pa_2 (Poignancy)
______ A-dep
______ A-anx
______ A-lse
______ A-aln
______ A-obs
______ A-trt

___/23 Number of scales with $T \geq 60$

2. Immaturity

______ IMM
______ Scale F
______ Scale 8
______ Scale 6
______ ACK
______ MAC-R
______ Pa_1 (Persecutory Ideas)
______ Sc_2 (Emotional Alienation)
______ Sc_6 (Bizarre Sensory Experiences)
______ A-sch
______ A-biz
______ A-aln
______ A-con
______ A-fam
______ A-trt

___/15 Number of scales with $T \geq 60$

그림 3.6 MMPI-A 구조적 요약

Psychological Assessment Resources, Inc.의 특별 허락하에 Robert P. Archer 박사의 MMPI-A 구조적 요약을 복제함.

3. Disinhibition/Excitatory Potential

_____ Scale 9
_____ Ma_2 (Psychomotor Acceleration)
_____ Ma_4 (Ego Inflation)
_____ Sc_5 (Lack of Ego Mastery, Defective Inhibition)
_____ D_2 (Psychomotor Retardation) (low score)*
_____ Welsh's R (low score)*
_____ Scale K (low score)*
_____ Scale L (low score)*
_____ A-ang
_____ A-cyn
_____ A-con
_____ MAC-R

_____/12 Number of scales with $T \geq 60$ or ≤ 40 for scales with asterisk

4. Social Discomfort

_____ Scale 0
_____ Si_1 (Shyness/Self-Consciousness)
_____ Hy_1 (Denial of Social Anxiety) (low score)*
_____ Pd_3 (Social Imperturbability) (low score)*
_____ Ma_3 (Imperturbability) (low scores)*
_____ A-sod
_____ A-lse
_____ Scale 7

_____/8 Number of scales with $T \geq 60$ or $T \leq 40$ for scales with asterisk

5. Health Concerns

_____ Scale 1
_____ Scale 3
_____ A-hea
_____ Hy_4 (Somatic Complaints)
_____ Hy_3 (Lassitude-Malaise)
_____ D_3 (Physical Malfunctioning)

_____/6 Number of scales with $T \geq 60$

6. Naivete

_____ A-cyn (low score)*
_____ Pa_3 (Naivete)
_____ Hy_2 (Need for Affection)
_____ Si_3 (Alienation–Self and Others) (low score)*
_____ Scale K

_____/5 Number of scales with $T \geq 60$ or $T \leq 40$ for scales with asterisk

7. Familial Alienation

_____ Pd_1 (Familial Discord)
_____ A-fam
_____ Scale 4
_____ PRO

_____/4 Number of scales with $T \geq 60$

8. Psychoticism

_____ Pa_1 (Persecutory Ideas)
_____ Scale 6
_____ A-biz
_____ Sc_6 (Bizarre Sensory Experiences)

_____/4 Number of scales with $T \geq 60$

Note. The presentation of scales under each factor label is generally organized in a descending order from the best to the least effective marker. Within this overall approach, scales are grouped logically in terms of basic clinical scales, Harris-Lingoes and Si subscales, and content scales. The majority of scales included in this summary sheet were correlated ≥ .60 or ≤ -.60 with the relevant factor for the MMPI-A normative sample.

PAR Psychological Assessment Resources, Inc.
P.O. Box 998/Odessa, Florida 33556/Toll-Free 1-800-331-TEST

그림 3.6 MMPI–A 구조적 요약(계속)

의 T-점수 평균을 계산한 결과와 거의 비슷하다는 결과를 보여 준다. 4장에서 살펴보겠지만, 이렇게 체크하면 특정 요인 내 척도와 소척도의 상당수(50% 이상)가 결정 기준 범위의 T-점수를 산출하는지를 쉽게 결정할 수 있다. 결정 기준을 충족하는 척도나 소척도의 비율이 50%를 상회하는 요인은 수검 청소년의 심리를 기술하는 데 매우 중요한 역할을 하게 된다. 탈억제/흥분 가능성 차원 내에서 Welsh의 R, K, L 척도와 같이 일부 척도의 경우 결정 기준이 40T 이하(60T 이상이 아니라)임을 유념해야 한다. 이런 예외는 탈억제/흥분 가능성, 사회적 불편감, 순진성 세 요인에만 있으므로 임상가는 더욱 주의를 기울여야 한다.

요약하면, MMPI-A의 채점은 다소 복잡한 여러 단계와 절차를 필요로 한다. 수기 채점 방법을 사용할 때 특히 그렇다. 컴퓨터 채점 방법은 더 쉽고 시간 효율적이지만 세부 사항에 대한 주의가 많이 필요하다. 그리고 일반적으로 수기 채점에 비해 가격이 비싸다. 두 방법 모두 여러 번 하다 보면 비교적 수월해진다. MMPI-A를 채점하여 프로파일을 작성하면 검사 해석이라는 중요한 단계에 필요한 자료를 갖추게 된다.

셀프 테스트

1. 표준 MMPI-A 규준이 개별적으로 제공되는 대상은?

   (a) 14세, 15세, 16세, 17세, 18세

   (b) 소년과 소녀

   (C) 입원 환자와 외래 환자

   (d) 소수 민족 집단

2. MMPI에 비해 MMPI-A 프로파일 용지의 독특한 특징은?

   (a) 문항 누락 원점수가 척도 점수로 변환된다는 점

   (b) 새로운 *K*-교정 절차가 개발된 점

   (c) 척도 상승의 한계 범위를 나타내는 음영 영역이 있다는 점

   (d) 임상적 상승을 보여 주는 *T*-점수 70점이 사용된다는 점

3. 원점수가 동형 *T*-점수로 변환되는 척도는?

   (a) 척도 *5*, *0*을 제외한 MMPI-A 임상 척도

   (b) MMPI-A 내용 척도

   (c) MMPI-A 보충 척도

   (d) (a)와 (b)

4. MMPI-A Harris-Lingoes 소척도에 가중치를 적용한 새로운 채점 절차가 사용된다.

   그렇다. ( ) 아니다. ( )

5. 19세 청소년은 이 연령 집단에 해당되는 별도의 규준 세트를 사용한 MMPI-A로 검사받을 수 있다.

   그렇다. ( ) 아니다. ( )

정답: 1. (b) 2. (c) 3. (d) 4. 아니다. 5. 아니다.

CHAPTER 4

MMPI-A 해석 방법

✲ 서론

MMPI-A는 복합적인 도구이다. 이 검사의 용이한 해석을 위해, MMPI-A 매뉴얼(Butcher et al., 1992), Archer(1997)의 해석 교재, Butcher와 Williams(2000)의 해석 교재 등 다양한 지침서가 개발되었다. 이 장에서는 MMPI-A 기본적 해석에 대한 접근 방법을 간략하게 살펴보고, MMPI-A 척도 및 소척도에 대한 방대한 문헌을 개괄하고자 한다. 이 장을 시작하면서 MMPI-A가 검사를 받는 청소년의 개인력에 대한 정보, 임상적 면담 결과, 그리고 다른 심리검사 결과와의 맥락 안에서 해석되어야 한다는 점을 강조할 필요가 있다. 청소년에 대한 배경 자료 없이 '블라인드' 방식으로 MMPI-A를 해석할 수는 있다. 하지만 이런 접근은 바람직하지 않을뿐더러 배경 자료를 고려하지 않는 만큼 정확하지 않은 정보를 내놓게 된다. 반면, 청소년의 협동심이나 지적 능력의 수준을 고려하면 종종 MMPI-A 타당도 척도를 이해하고 해석하는 데 필요한 결정적인 정보를 얻을 수 있다. 또한 청소년의 학교생활 이력을 안다면 학업 수행 문제와 관련된 MMPI-A 척도를 보다 풍부한 맥락에서 해석할 수 있다. 병력에 대해 아는 것 역시 신체 건강이나 기능에 대한 측정치의 해석에 도움이 된다. 또 다른 예로, 신경심리적 병력이나 약물 및 알코올 사용에 대한 정보는 좀처럼 시인하지 않는 문항을 포함하는 척도를 해석하는 데 상당한 영향을 미친다. 또한 청소년의 가족 관계나 대인 관계의 내력을 이해하면 이러한 영역과 관련된 척도를 해석하는 데 결정적 단서를 얻을 수 있다. 요컨대, MMPI-A는 다양한 출처에서 얻은 정보와 자료를 포함하는 보다 폭넓은 맥락에서 해석되어야 한다.

다음 절에서는 MMPI-A 척도/소척도에 대한 기술과 해석에 대해 살펴보겠다. 이 척도들은 당연한 이유로 또는 논리적인 근거에 따라 묶였다. 먼저 타당도 척도를 살펴볼 것이다. 타당도 평가를 위한 모델을 제시한 다음, 각각의 타당도 지표가 이 모델에 어떻게 적용될 수 있는지 논의하겠다. 그 후 다시 MMPI 기본 척도와 소척도로 돌아와서 개별 척도의 해석이나 형태적 해석을 위한 지침을 제시할 것이다. 아울러 MMPI-A 해석적 결과를 내용 척도와 보충 척도를 통해 어떻게 가다듬을 수 있는지 제시하겠다. 이어서 MMPI-A 구조적 요약의 개발, 기술(記述) 및 적용에 대해 논의하겠다. 끝으로, 이와 같은 해석 단계를 '통합하기'라는 제목으로 요약하고, 전산화된 해석 보고서의 사용과 한계점에 대해 간략히 개괄하겠다.

✲ 프로파일 타당도 평가하기

타당도 척도

MMPI-A의 해석은 프로파일에 대한 타당도의 평가에서 시작된다. 청소년이 검사 문항에 대해 얼마나 일관성 있고 정확하게 응답했는지 평가할 수 있도록 고안된 몇 가지 중요한 측정치가 있다. 이 측정치들은 임상 척도를 의미 있게 해석할 수 있는지를 판단하는 데 도움을 준다. 각각의 타당도 척도와 소척도는 다음과 같다.

무응답(?) 지표

무응답(?) 지표는 청소년이 응답하지 않았거나, '그렇다'와 '아니다' 모두에 응답한 문항의 수를 합한 것이다. 무응답 측정치는 정해졌거나 일관된 문항 세트가 없으므로 엄밀한 의미에서는 척도가 아니다. 지적 기능이나 읽기 능력의 한계, 응답 시 부주의, 또는 반항적 경향의 표현 등 청소년은 다양한 이유로 MMPI-A 문항을 빠뜨린다. MMPI/MMPI-A에서 수검자들이 자주 빠뜨리는 문항의 내용에 대한 연구에 의하면, 청소년들은 보다 복잡하고 읽기 어려운 문항과 더불어 약물이나 알코올 사용 또는 성(性)과 같이 보다 민감한 범주의 문항을 빠뜨리는 경향이 있다.

일반적으로 무응답 문항이 많을수록 MMPI-A 척도의 점수도 낮아진다. 청소년이 무응답한 문항의 수는 대부분의 경우 10개 이하이다. 이 정도 수준의 무응답은 프로파일 왜곡이라는 심각한 결과를 초래하지 않을뿐더러 해석적 문제를 야기하지도 않는다. 11~30개 문항의 무응답은 흔히 예상할 수 있는 경우보다 더 자주 발생하고, 청소년의 심각한 읽기 장애나 우유부단 내지는 부주의함을 나타내기도 한다. 그러나 이 정도 수준의 무응답에서도 여전히 MMPI-A 프로토콜에 대한 타당한 해석이 가능하다. 무응답이 31개 이상인 경우는 매우 드물다. 이 경우 전반적인 프로파일이 타당하지 않거나 해석이 불가능해진다. 이런 상황이 발생할 경우 임상가는 심각한 읽기 장애나 지적 한계를 시사하는 경우가 아니라면, 무응답 문항에 마저 응답하도록 청소년에게 요청할 필요가 있다. 읽기 장애나 지적 장애는 타당한 검사 완료의 역지표이다.

반응 일관성 척도

무선반응 비일관성 척도(*VRIN*)와 고정반응 비일관성 척도(*TRIN*)는 청소년이 MMPI-A 검사지에 일관되게 반응한 정도를 측정하도록 고안된 타당도 척도이다. *VRIN*과 *TRIN* 척도는 특별히 선정된 문항 쌍으로 구성되어 있다. *VRIN*은 유사하거나 상반되는 내용의 문항 쌍으로 이루어져 있다. *VRIN*은 각 쌍의 두 문항에 대한 반응이 논리적으로 일치하지 않을 경우에 채점된다. 예로, 70번 문항("나는 확실히 자신감이 부족하다.")과 223번 문항("나는 아주 자신만만하다.") 모두에 '그렇다'라고 응답한 경우 *VRIN* 척도에 1점을 더한다. *VRIN*의 원점수는 일관되지 않게 응답한 문항 쌍의 총개수이다. 청소년이 무선적으로 응답한 경우 *VRIN* 점수가 현저하게($T \geq 80$) 상승하고, MMPI-A 프로토콜은 타당하지 않게 되어 해석이 불가능해진다.

*VRIN*과 달리 *TRIN*은 상반되는 내용의 문항 쌍으로만 구성되어 있다. 따라서 수검자가 의미나 내용에서 상반되는 두 문항 모두에 '그렇다'라고 일관성이 없이 응답할 경우 *TRIN* 점수에 1점이 추가된다. 수검자가 상반되는 두 문항 모두에 '아니다'로 응답한 경우에는 총점에서 1점을 감한다. 이런 채점 방식에 따라 높은 *TRIN* 점수는 수검자가 문항에 무분별하게 '그렇다'로 응답하는 경향을 나타내며, 이는 묵종적인 반응 양식을 반영한다. 반면, 매우 낮은 *TRIN* 원점수는 청소년이 무분별하게 '아니다'로 응답하는 경향을 나타내고, 이는 거부적인 반응 양식을 반영한다. *TRIN T*-점수는 평균을 중심으로 양방향 어느 쪽으로 벗어난 만큼 증가하도록 되어 있다. 묵종적 반응 양식이나 거부적 반응 양식 모두 *T*-점수의 상승으로 이어진다. 어떤 반응 양식에 의해 *T*-점수가 상승했는지는 T(그렇다)나 F(아니다)의 표시로 알 수 있다. *VRIN*의 경우와 마찬가지로, *80T* 이상의 *TRIN* 점수는 청소년이 MMPI-A 프로토콜을 무효화할 만큼 묵종적이거나 거부적으로 응답했음을 나타낸다.

비전형성 측정

MMPI *F* 척도는 미네소타 정상표집의 10% 정도가 정상에서 벗어난 쪽으로 응답한 기준을 근거로 선정된 64문항으로 구성되었다. 개발 과정을 반영하여 *F* 척도는 종종 빈도(Frequency) 혹은 저빈도(Infrequency) 척도로 지칭되었다. *F* 척도는 이상하고 비일상적인 경험, 편집증적이거나 정신병적인 증상, 반사회적인 태도나 행동과 관련된 다양한 문항을 포함한다.

MMPI-A가 개발되기 전, 청소년들은 명백하게 MMPI *F* 척도에서 현저한 상승을 보였다. 이러한 결과는 *F* 척도의 많은 문항이 청소년 집단에 대해 효과적으로 기능하지 못했음을 시사한다. 사실, 일부 *F* 척도의 문항에 대해 청소년의 시인율이 10%를 훨씬 상회했다. MMPI-A가 개발되면서 *F* 척도는 대대적인 개정을 거쳐 66문항으로 다시 만들어졌다. MMPI-A의 *F* 척도는 1,620명의 소년, 소녀로 구성된 규준표집에서 일탈된 쪽으로 시인하는 비율이 20% 이내인 문항을 선별하여 만들어졌다. *F* 척도에는 검사 전반부의 33문항으로 구성된 *F1*

소척도와 검사 후반부의 33문항으로 구성된 *F2* 소척도가 있다.

*F*나 그 소척도의 상승은 청소년이 상당수의 비일상적이거나 비전형적인 증상에 대해 시인하고 있음을 나타낸다. 현저하게 혹은 극단적으로 상승한 *F*는 '부정 왜곡'이나 증상의 '과대 보고', 무선반응, 읽기 능력이나 검사 문항 이해의 문제, 또는 매우 심한 정신과적 장애의 가능성을 시사한다. 이러한 경우에는 다른 타당도 척도가 *F* 척도 상승의 이유를 밝히는 데 도움이 된다. 예로, *F*와 *VRIN*의 동반 상승은 부적절한 읽기 능력이나 무선반응으로 인한 타당하지 않은 반응 양식을 시사한다. 반면, *VRIN*이 정상 범위에 있고 *F*만 현저히 상승했다면, 반응의 일관성이 있지만 증상을 과장하여 보고하는 과대 보고의 경향을 나타낸다. 척도 *F*가 90*T* 이상인 MMPI-A 프로파일은 전형적으로 무효가 된다. 프로토콜의 임상적 해석이 타당성을 보장받지 못하기 때문이다. *F1*, *F2* 소척도가 MMPI-A의 전반부와 후반부의 문항으로 이루어졌음을 이용하는 것도 해석 전략의 하나이다. 예로, 정상 범위의 *F1*에 비해 상승한 *F2*는 청소년이 검사의 후반부에 수검 태도를 바꾸어 부주의하고 무작위로 응답했음을 시사한다. *F* 소척도의 상승 수준이 본질적으로 다르다고 간주하기 위해서는 *F1*, *F2*의 차이가 적어도 20*T*는 되어야 한다(Archer, 1997).

방어 또는 증상의 과소 보고 측정: *L* 척도와 *K* 척도

부인(*L*) 척도는 14문항으로 구성되어 있다. 이 척도는 적대감이나 공격적 충동을 부인하고, 사소한 결함이나 약점을 인정하지 않으며, 도덕적 · 윤리적 행동에 대해 지나치게 높은 기준을 주장하는 문항을 포함하는 다양한 내용 영역으로 이루어져 있다. 이 척도는 자신을 좋게 보이려 하고, 흔히 볼 수 있는 인간적인 약점과 결점을 부인하려는 세련되지 못한 혹은 순진한 시도를 하는 청소년을 식별해 준다. 의식적이건 무의식적이건 사소한 결함이나 약점을 부인하고 미덕을 지나치게 강조하는 방식으로 반응한 청소년의 경우 이 척도의 점수가 상승한다. 중등도(60*T*~65*T*)의 상승은 청소년의 동조 및 거부 욕구와 관련이 있다. 현저한 상승($T \geq 65$)은 프로토콜의 타당도과 관련하여 심각한 문제를 야기한다. 방어성(*K*) 척도가 비슷한 높이로 동반 상승한 경우 특히 그렇다. 14문항 모두 '아니다' 쪽으로 채점되므로, 이 척도는 *TRIN* 척도와 더불어 '모두 그렇다' 또는 '모두 아니다'의 반응 양식을 탐지하는 데 매우 유용한 지표가 된다.

K 척도는 30문항으로 구성되어 있다. 이 문항들은 심각한 수준의 정신병리를 공공연히 드러내면서도 정상 범위의 MMPI 프로파일을 보이는 사람들을 확인하기 위해 경험적으로 선정되었다. 문항의 내용은 아주 다양하며 대인 관계, 가족 관계에서 자기통제에 이르는 문제를 포함하고 있다. 이 척도의 상승은 정신병리를 부인하고 방어적으로 자신을 내보이려는 보다 미묘한 노력을 반영한다. 한 문항을 제외하고는 모두 '그렇다' 쪽으로 채점되므로, 이 척도는 *TRIN*과 더불어 '모두 그렇다' 혹은 '모두 아니다' 반응 양식 여부에 대해 유용한 정보를 제공한다. 방어와 관련된 타당도 척도로서의 역할과 더불어 다섯 개의 기본 척도에 대해 *K*-교정 절차를 적용하는 것은 성인 수검자의 경우 표준적인 절차가 되었다. 하지만 3장에서 언급했듯이 청소년의 MMPI/MMPI-A 프로파일에서는 *K*-교정 절차가 적용되지 않는다.

방어적인 청소년, 그리고 의식적 · 무의식적으로 심리적인 증상이나 문제를 과소 보고하는 청소년의 경우 종종 MMPI-A의 *K* 척도가 상승한다. 게다가 이들은 심리치료의 필요성을 인지하지 못할뿐더러, 겉으로 적절히 적응하고 대처하는 모습을 보이면서 자신의 진면목을 감춘다. 청소년과 성인의 MMPI 문헌에서 나타나듯이 65*T* 이상의 *K*는 변화에 대한 더 나쁜 예후와 더 긴 치료 기간을 의미한다.

타당도 평가를 위한 개념적 모델

Greene(2000)은 타당도 평가와 관련한 문제를 이해하기 위한 개념적 모델(또는 개념적 접근)을 제시했다. 이 모델은 타당도 평가 절차에서 순차적 단계의 사용을 강조한다. 첫 번째 단계는 무응답 문항의 수를 알아내는 것이다. 무응답이 31문항 이상이면 검사를 재실시해야 한다. 반응의 타당도를 평가하는 다음 단계는 문항 시인의 비일관성을 평가하는 것이다. 즉 청소년이 자신의 기능을 얼마나 논리적으로 일관성 있게 기술했는지를 평가한다. 반응의 비일관성은 *VRIN*이나 *TRIN*의 상승 또는 *F1*, *F2*의 현저한 차이로 드러난다. 이는 부주의, 지나친 우유부단, 손상된 읽기 능력 등 다양한 처리 과정의 결과이기도 하다. 이유가 무엇이건 간에 상당한 정도의 비일관성은 MMPI-A 프로파일을 무효화하면서 프로파일을 의미 있게 해석하지 못하도록 한다.

개념적 모델의 마지막 단계는 청소년이 MMPI-A 문항에 얼마나 정확하게 반응했는지 평가하는 것이다. 즉 청소년이 자신의 심리적 기능이나 증상의 수준에 대해 왜곡하지 않고 의미 있게 보고한 정도를 평가한다. 이 모델에서 증상의 과대 보고나 과소 보고는 연속선상의 어떤 지점에 표상된다. 그리고 특정 수검자는 반응 정확성 차원의 어느 한 지점에 위치하게 된다. 반응 정확성을 결정하는 가장 유용한 방법은 청소년이 보이는 타당도 척도 *F*, *L*, *K*의 형태 패턴을 살펴보는 것이다. 다음 절에서 보겠지만, 몇몇 중요한 반응 양식은 *L*, *K*의 *T*-점수 상승에 대비되는 *F*에 대한 상대적 평가에 반영된다.

타당도 척도에 미치는 반응 양식의 효과

일부 청소년들은 MMPI-A 문항에 의식적·무의식적으로 왜곡하여 반응한 나머지 임상 프로파일의 의미 있는 해석이 무효화된다. 현저히 드러나는 특성이나 특징을 통해 비교적 쉽게 알아볼 수 있는 반응 양식도 있지만 타당도 척도를 통해 탐지하기 어려운 반응 양식도 있다. 다음은 다양한 반응 양식이 MMPI-A에 미치는 효과를 요약한 것이다.

모두 그렇다

'모두 그렇다' 반응 양식은 지나치게 낮은 *L*, *K*와 현저히 상승한 *F*, *F1*, *F2* 점수로 나타난다. **그림 4.1**은 '모두 그렇다' 반응에 여자 청소년 규준을 적용한 기본 척도 프로파일이다. 극단적으로 상승한 *TRIN* 척도는 90*T*를 훨씬 상회하는 *F*, *F1*, *F2*와 더불어 묵종적인 또는 '무조건 그렇다(yea-saying)' 방향의 비일관적인 반응 양식을 명백히 나타내고 있다. 편집증(*6*), 강박증(*7*), 정신분열증(*8*), 경조증(*9*)을 측정하는 기본 척도가 임상 범위의 현저한 상승을 보이고 있다. 또한 프로파일은 두드러지게 정적·정신병적 기울기를 보이고 있다.

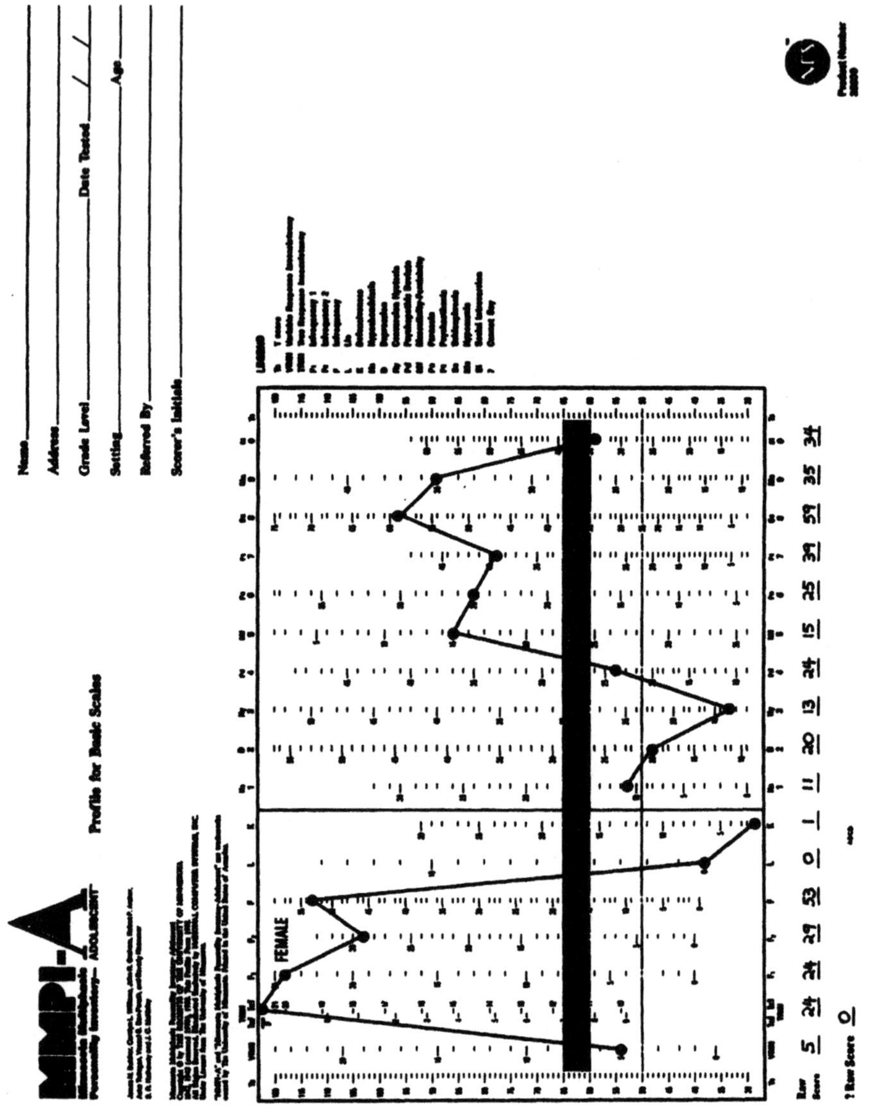

그림 4.1 '모두 그렇다' 반응 양식

Minnesota Multiphasic Personality Inventory—Adolescent (MMPI-A). Copyright © the Rugents of the University of Minnesota 1942, 1943 (renewed 1970), 1992. 출판업자의 허락하에 복제됨. 'Minnesota Multiphasic Personality Inventory—Adolescent'와 'MMPI-A'는 미네소타대학교가 소유한 등록상표임.

모두 아니다

그림 4.2는 청소년이 MMPI-A 모든 문항에 '아니다'라고 응답했을 때 얻어지는 프로파일이다. **그림 4.2**의 프로파일은 '모두 아니다' 응답에 남자 청소년 규준을 적용한 예이지만, 여자 청소년의 경우도 일반적인 형태가 같다. *TRIN* 척도가 다시금 현저히 상승했는데, 이번에는 '모두 아니다' 쪽으로 극단적으로 응답한 결과이다. 아울러 MMPI-A의 타당도 척도인 *L*, *K* 모두 극단적으로 상승되어 있다. 이는 두 척도가 주로 '아니다' 방향으로 채점되는 문항으로 구성되었기 때문이다. 모두 '아니다' 반응 양식의 경우 임상 프로파일의 왼쪽 부분, 특히 척도 *1*, *2*, *3*이 상승한다. '모두 그렇다' 프로파일과 마찬가지로 '모두 아니다' 프로파일도 극적으로 상승하는 특성을 통해 비교적 쉽게 탐지된다.

무선적인 반응 양식

MMPI-A에 청소년이 무선적으로 반응하는 방식이나 패턴은 다양하다. 따라서 청소년의 원형적인 무선반응 양식을 특징짓는 것은 어려운 일이다. 하지만 상당수의 무선반응 프로파일에서 도출된 평균치는 **그림 4.3**과 매우 유사하다. *VRIN*의 평균치는 소년, 소녀 모두에서 70*T*~80*T* 범위이다. 이 척도는 극단적으로 상승하지는 않지만 MMPI-A에서 무선반응 양식을 감지할 수 있는 가장 유용한 도구이다. 다른 타당도 척도도 흔치 않은 양상을 보인다. 특히 *L*과 더불어 *F*, *F1*, *F2*가 임상 범위로 상승한다. 거듭 말하지만, 특정한 무선반응 양식에 의해 생성되는 실제 프로파일의 특성은 무선화에 사용된 접근 방식에 따라 매우 다양하다. 청소년이 MMPI-A를 마치는 데 예상되는 시간은 60~90분이다. 이보다 빨리 끝낸 경우, 특히 45분 이내에 끝냈다면 무선반응 양식의 가능성을 항상 유념해야 한다.

과대 보고와 과소 보고

MMPI-A에서 찾아볼 수 있는 또 다른 반응 양식은 반응의 정확성을 왜곡하는 것이다. 이러한 반응 양식은 MMPI-A에 의식적으로 혹은 무의식적으로 문제를 과소 보고하거나 과대 보고하는 청소년에 의해 이루어진다. '과소 보고'나 '과대 보고'라는 용어 외에 '긍정 왜곡'이나 '부정 왜곡'으로 기술하는 저자도 있

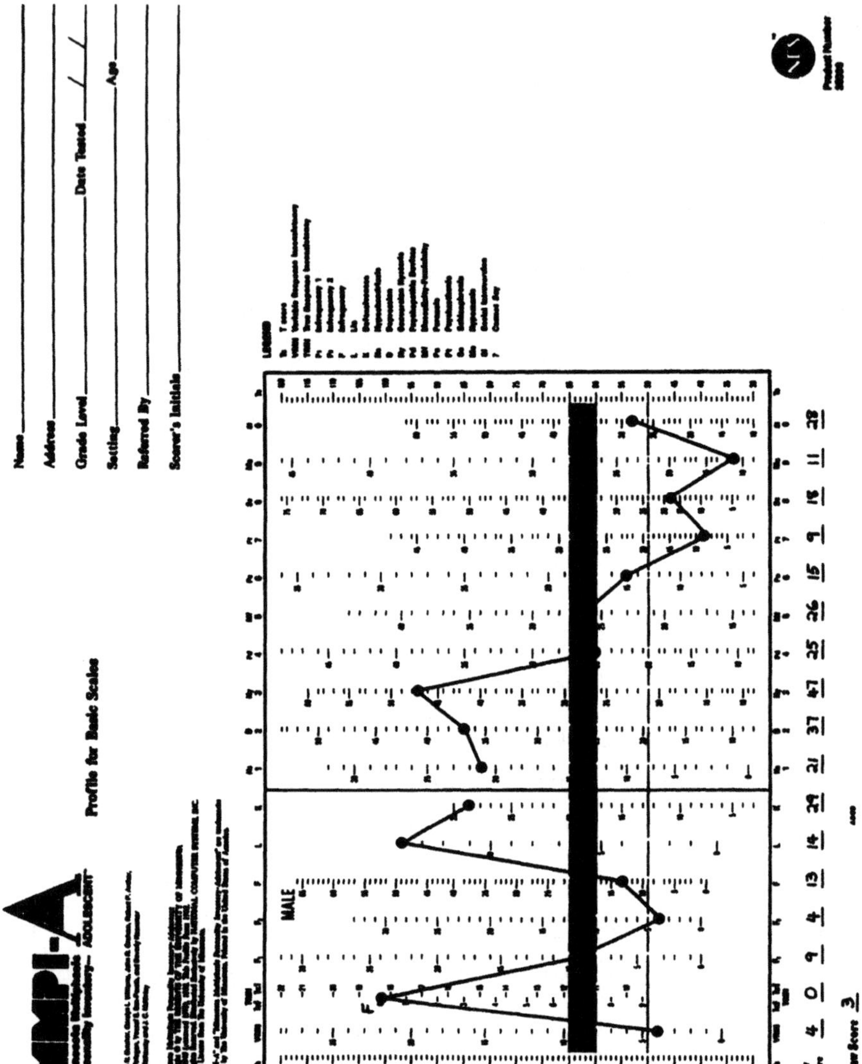

그림 4.2 '모두 아니다' 반응 양식

Minnesota Multiphasic Personality Inventory—Adolescent (MMPI-A). Copyright © the Rugents of the University of Minnesota 1942, 1943 (renewed 1970), 1992. 출판업자의 허락하에 복제됨. 'Minnesota Multiphasic Personality Inventory—Adolescent'와 'MMPI-A'는 미네소타대학교가 소유한 등록상표임.

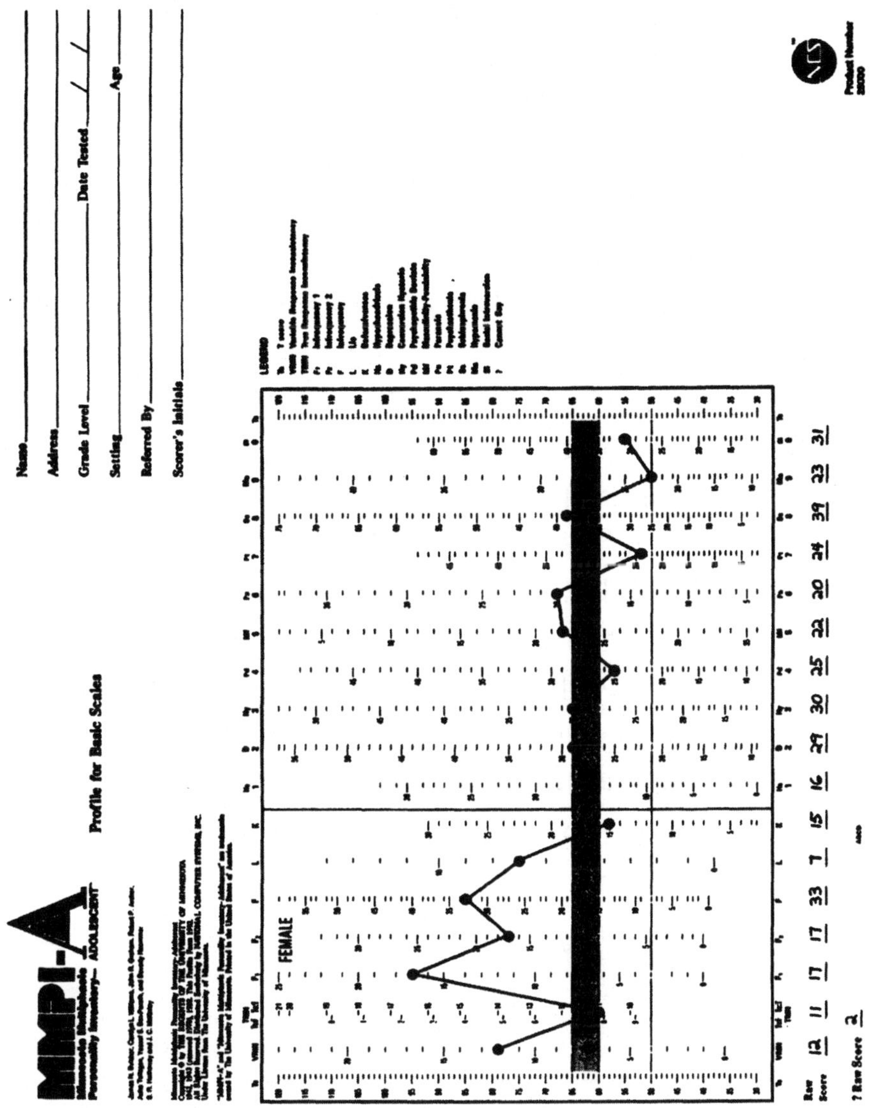

그림 4.3 무선반응 양식

Minnesota Multiphasic Personality Inventory—Adolescent (MMPI-A). Copyright © the Rugents of the University of Minnesota 1942, 1943 (renewed 1970), 1992. 출판업자의 허락하에 복제됨. 'Minnesota Multiphasic Personality Inventory—Adolescent'와 'MMPI-A'는 미네소타대학교가 소유한 등록상표임.

다. 일반적으로 청소년이나 성인에 대한 문헌은 증상을 과소 보고하려는 시도보다 과대 보고하려는 시도를 더 쉽게 탐지할 수 있음을 강하게 시사한다. 과대 보고를 시도하는 많은 수검자들이 비교적 상투적이고 세련되지 못한 방식으로 반응하기 때문이다. 결과적으로 *F*가 현저히 상승한다. 일반적으로 *F*가 90*T* 이상으로 상승하는 모든 프로토콜은 과대 보고 반응 양식을 시사한다. 고전적인 과대 보고 반응 양식은 극단적인 낮은 범위의 *L*, *K*와 조합을 이룬 *F*의 극단적인 상승을 포함한다. **그림 4.4**는 치료 센터에 입원 중인 16세 소년의 임상사례이다.

한편, 과소 보고 반응 양식을 탐지하는 것은 보다 어렵다. 전형적으로 과소 보고 반응 양식은 비교적 낮은 *F*와 조합을 이룬 *L*, *K*의 상승으로 나타난다. **그림 4.5**는 입원치료 장면에서 평가를 받고 있는 15세 소녀의 임상사례이다.

하지만 **그림 4.5**에서 볼 수 있는 *L*, *K*의 상승이 증상의 과소 보고를 시도하는 모든 청소년에게 나타나지는 않는다. 따라서 유의한 정신건강의학적인 문제 없이 다소 조심스럽고 방어적으로 MMPI-A 문항에 응답한 청소년과 아주 혼란스러우면서 의식적 · 무의식적으로 정상으로 보이려고 응답한 청소년을 구분하는 것은 어려운 과제이다. 보다 민감한 지표가 개발되기까지, 과소 보고 반응 양식을 탐지하는 최선의 접근은 타당도 척도 *L*과 *K*의 상승을 검토하는 것이다. MMPI-A 프로파일의 타당도를 결정하는 지침이 **빠른 참조 4.1**에 제시되어 있다.

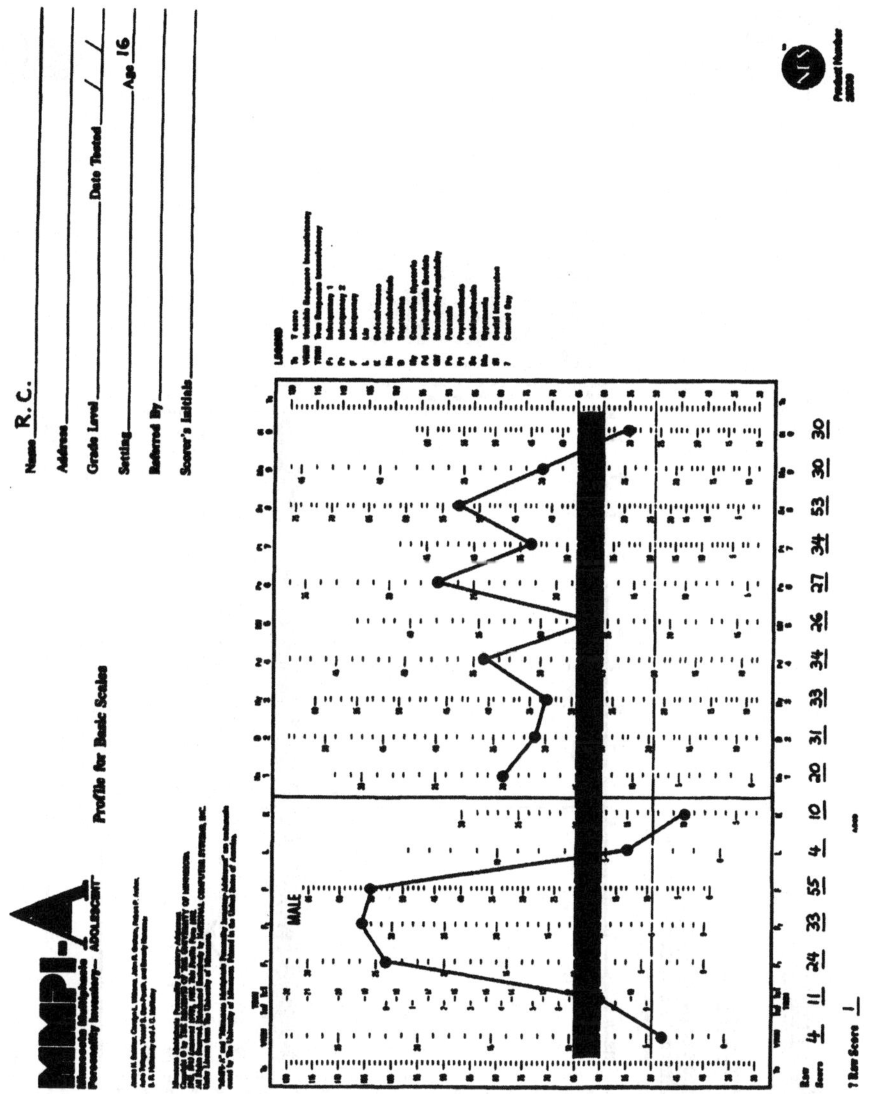

그림 4.4 과대 보고 프로파일

Minnesota Multiphasic Personality Inventory—Adolescent (MMPI-A). Copyright © the Rugents of the University of Minnesota 1942, 1943 (renewed 1970), 1992. 출판업자의 허락하에 복제됨. 'Minnesota Multiphasic Personality Inventory—Adolescent'와 'MMPI-A'는 미네소타대학교가 소유한 등록상표임.

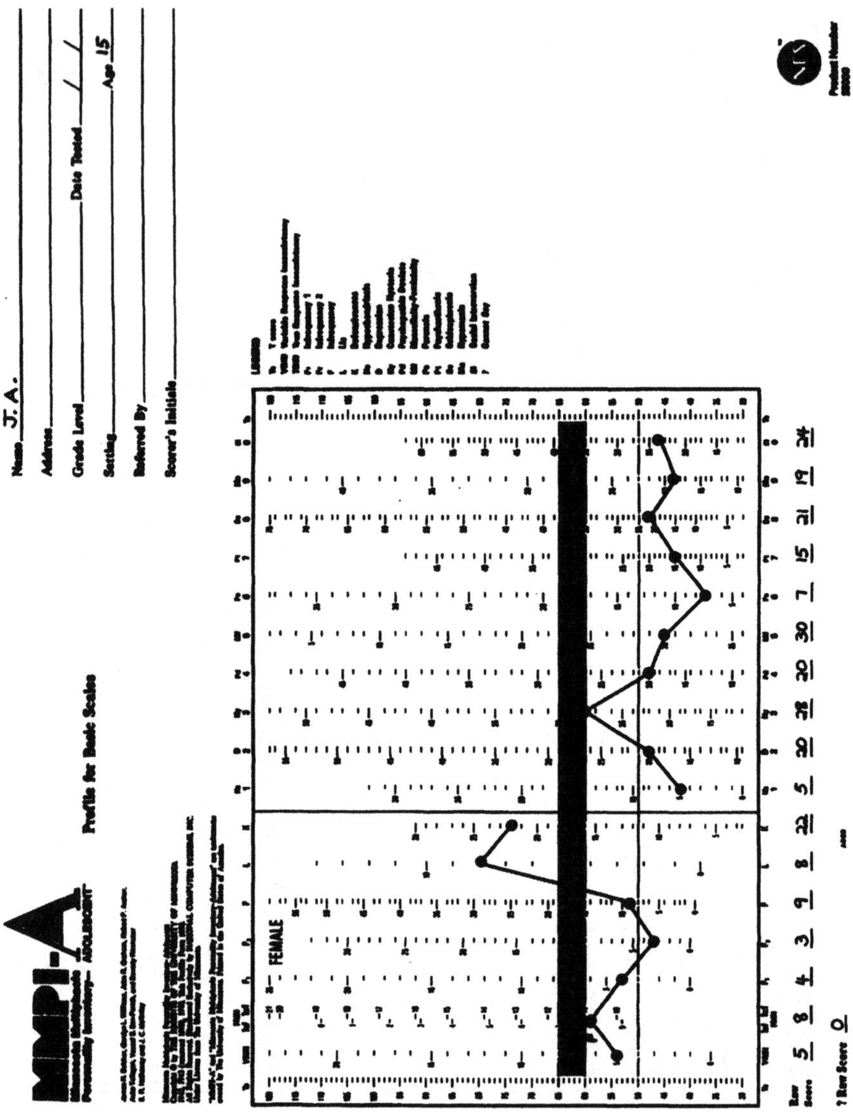

그림 4.5 과소 보고 프로파일

빠른 참조 4.1

타당도 평가 지침

다음의 경우 프로파일이 해석하기에 의심스럽거나 타당하지 않다고 간주하라.

- 무응답(?)의 원점수 > 30.
- *VRIN* 또는 *TRIN* 척도 > *80T*.
- *F* 척도 ≥ 90*T*.
- *L*, *K* 척도 > 65*T*.
- '모두 그렇다' 반응 양식은 현저히 상승한 *F*와 극단적으로 낮은 *L*, *K*, 그리고 '그렇다(T)' 방향으로 상승한 *TRIN*으로 드러난다.
- '모두 아니다' 반응 양식은 극단적으로 상승한 *L*, *K*와 정상 범위의 *F*, 그리고 '아니다(F)' 방향으로 상승한 *TRIN*으로 드러난다.
- 무선적인 반응 양식은 *F*, *L*과 *VRIN*의 상승으로 드러난다.
- 과소 보고 편향은 낮은 *F*에 비해 상대적으로 상승한 *L*과 *K* 모두 60*T* 이하의 임상 척도로 드러난다.
- 과대 보고 편향은 90*T*를 넘는 *F*와 정상 범위 이하의 낮은 *L*과 *K* 그리고 붕 뜬 임상 프로파일로 드러난다.

✲ 기본 임상 척도 이해하기

MMPI-A 프로파일이 타당하다고 판단되면 해석의 다음 단계는 임상 프로파일에 나타난 청소년의 점수를 이해하는 것이다. 이 단계는 프로파일에 나타난 각 척도의 *T*-점수를 검토하여 규준 집단에 비해 특정 청소년의 점수가 얼마나 상승했는가를 평가하고, 임상 범위의 *T*-점수를 보이는 척도에 대해 적절하거나 상관된 서술을 적용하는 것을 포함한다. MMPI-A 기본 임상 척도의 평균이 50*T*이고 표준편차가 10*T*라는 점을 상기하라. 41*T*~59*T* 범위의 점수는 규준표집이 보이는 점수와 비슷하고 정상 범위로 간주된다. 음영으로 표시된

60*T*~64*T* 범위의 점수는 해석이 가능하지만 해석을 확신할 수 없는 범위의 점수로, 극단적이지 않은 서술을 반영한다. 65*T* 이상이면 임상적으로 유의하게 상승했다고 판단할 수 있다. 몇몇 연구(이를테면 Fontain, Archer, Elkins, & Johansen, 2001)는 청소년 응답자의 경우에 모든 범위의 임상적 기술(記述)을 적용하려면 척도의 점수가 65*T* 이상이어야 한다는 견해를 지지했다.

아래에 10개의 MMPI-A 기본 임상 척도를 간략하게 기술했다.

척도 *1*(*Hs*): 건강염려증

원래 33문항으로 구성된 척도 *1*(건강염려증)은 건강염려증과 관련된 증상을 보이는 사람들을 선별하기 위해 만들어졌다. 전형적으로 증상은 모호한 신체적 호소와 고통, 그리고 신체 기능과 질병에 대한 뚜렷한 집착을 포함한다. MMPI-A를 만들면서 청소년에게 부적절한 내용의 한 문항이 제외되어 MMPI-A 척도 *1*은 32문항으로 구성되어 있다.

척도 *1*은 MMPI-A의 기본 임상 척도 중 가장 동질적이고 단일 차원적인 척도에 속한다. 척도 *1*의 구성요소와 내용은 주로 신체적 호소와 염려에 초점이 맞춰져 있다. 성인 표집을 대상으로 한 연구에 의하면, 이 척도가 상승하는 사람들은 전형적으로 신체 기능에 대한 과장된 호소와 다양한 신체 증상을 보고한다. 아울러 문헌들은 이들이 전형적으로 심리적 통찰이나 '심리적 사고방식'이 거의 없다는 견해를 지지했다. 청소년이나 성인에 대한 연구에 의하면 실제의 신체적 장애가 이 척도에 미치는 영향은 제한적이다. 만성적인 신체 질환이 있는 청소년의 경우 예상되는 점수는 60*T*~64*T*이다. 이러한 연구 결과로 미루어 임상가는 이 척도의 상승을 해석할 때 유의한 신체적 장애가 실제로 존재할 수 있음을 유념해야 한다.

몇몇 연구자는 청소년에게 척도 *1*이 상승하는 경우가 드물다고 보고했다. 임상 장면에서 이 척도가 상승한 소년들은 수많은 신체적 호소와 더불어 두려움, 죄책감, 걱정, 사회적 소외 등의 다양한 내재화 문제를 보인다. 한편, 임상 장면에서 이 척도가 상승한 소녀들은 섭식 장애를 포함하여 신체적 문제와 호소를 더 많이 보인다는 일부 증거가 있다.

다음은 척도 *1*의 점수가 높은(65*T* 이상) 경우의 기술을 요약한 것이다.

- 종종 그 성격이 모호한, 과도한 신체적 관심
- 죄책감, 두려움, 사회적 철수, 완벽주의, 의존성, 불안 등 내재화 문제의 가능성이 높다.
- 학업 성취와 적응의 어려움을 포함한 학교 문제를 보고할 가능성이 높다.
- 청소년 비행을 보일 가능성이 낮다.
- 의존적이고 매달리는 대인 관계

또한 척도 *1*의 낮은 점수(40*T* 이하)는 다음의 특성과 관련이 있다.

- 신체적 호소나 증상이 별로 없다.
- 심리적으로 세련되고 통찰력이 높다.

척도 *2*(*D*): 우울

척도 *2*(우울)는 원래 60문항으로 구성되었는데, 이 중 57문항이 MMPI-A에 사용되었다. 원래 Hathaway와 McKinley(1943)는 이 척도를 일반적인 불만족에 대한 측정치로 기술했다. 이 차원의 핵심적인 특징은 낮은 사기, 사회적 철수, 지나친 사회적 민감성, 미래에 대한 희망의 결여, 다양한 신체적 문제와 호소, 좌절, 삶에서의 전반적인 불만을 포함한다. 청소년과 성인을 표집으로 한 많은 연구는 이 척도의 해석적 상관요인을 확립했다. 일반적으로 죄책감이나 우울, 수치심을 쉽게 느끼는 자기비판적이고 자기성찰적인 사람의 경우 척도 *2*가 상승한다. 흥미롭게도 정신건강의학적인 치료를 받는 청소년의 경우 이 척도의 상승과 관련된 몇 가지 긍정적인 특징이 있었다. 특히 임상가나 정신건강의학과 치료진은 이 척도가 상승한 청소년들이 심리치료에 참여하려는 동기가 높고 자신의 감정이나 문제에 대해 더 기꺼이 의논하려 한다고 평정했다. 일반적으로 우울은 청소년들로 하여금 심리치료적인 노력에 적극적으로 참여하도록 하는 강력한 자극이 되는 것 같다. 아울러 임상가들은 이들이 다른 청소년들에 비해 반항적이거나 품행 장애적인 행동을 할 가능성이 낮다고 보았다.

척도 *2*가 상승한 치료 장면의 소년과 소녀에 대한 정신건강의학적 기록들은 자살 사고나 자살 행동의 과거력을 포함하는 높은 빈도의 우울 증상을 보여 준다. 특히 소녀들의 경우 사회적 철수, 섭식 문제, 낮은 자존감, 심한 사회적 고립, 보다 빈번한 신체적 호소를 보였다. 흥미롭게도 소녀들은 무단결석이나 등교 기피, 비행, 외재화나 행동화의 과거력이 적었다. 척도 *2*는 본질적으로 다차원적이고 이질적이다. 다음 절에서 다룰 Harris–Lingoes 소척도는 청소년과 성인에서 상승한 척도 *2*의 의미를 명확히 하는 데 종종 유용하다.

다음은 척도 *2*의 점수가 높은(65*T* 이상) 경우의 기술을 요약한 것이다.

- 불행감, 불만감, 무망감
- 무감동, 활동에 대한 흥미 결여
- 죄책감, 수치감, 의기소침
- 사회적 고립 및 철수
- 부적감, 비관주의, 낮은 자존감

또한 척도 *2*의 낮은 점수(40*T* 이하)는 다음의 특성과 관련이 있다.

- 우울, 죄책감, 불안으로부터 비교적 자유로움
- 자신감과 높은 수준의 자존감
- 정서적 안정성 및 스트레스에 대한 높은 내성

척도 *3*(*Hy*): 히스테리

척도 *3*(히스테리)은 원래 스트레스 상황에 히스테리 반응을 보이는 사람들을 확인하기 위해 선정된 60문항으로 구성되었다. 척도의 문항에 반영되었듯이, 히스테리 증후군은 기질적인 근거가 없는 신체적 · 감각적 장애와 사회적 수용이나 승인에 대한 강한 욕구를 포함한다. 성인에 대한 문헌에 의하면, 척도 *3*의 현저한 상승은 전형적으로 신체적 증상과 호소를 포함하는 보다 고전적인 히스테리 장애의 특징과 관련이 있다. 반면 중등도의 상승은 종종 사회적 외향성, 과시적 행동, 피상적 대인 관계, 자기중심성이 특징인 연극적인 성격 양식과 관련이 있다. 수많은 MMPI 저자와 연구자들은 척도 *3*이 상승하는 청소년이 성취 지향적이고 사회적인 기대와 요구에 부응하는 경향이 있다고 언급했다. 높은 점수는 또한 높은 수준의 지능이나 사회경제적인 지위와도 관련이 있어 보인다. 척도 *3*의 상승은 소년보다 소녀에게서 더 빈번히 나타나는 것으로 보이며, 이 척도가 상승한 여자 청소년들은 다양한 신체적 호소와 염려를 보고한다.

다음은 척도 *3*의 점수가 높은(65*T* 이상) 경우의 특성을 요약한 것이다.

- 신체적 몰두와 염려
- 사회적 참여와 성취 지향
- 신체 증상의 발현이 수반된 스트레스에 대한 과잉 반응 패턴
- 자기중심적이고, 이기적이고, 미숙한 행동
- 관심, 애정, 사회적 승인에 대한 강한 욕구

또한 척도 *3*의 낮은 점수(40*T* 이하)는 다음의 특성과 관련이 있다.

- 비우호적이고, 냉정하고, 현실적인 지향
- 제한된 사회적 참여와 리더 역할 회피
- 신체적 호소나 불편감이 없음

척도 *4*(*Pd*): 반사회성

척도 *4*(반사회성)는 49문항으로 구성되어 있다. 이 척도는 거짓말, 절도, 무단결석, 알코올 남용, 위조, 성적 문란 등의 범법 행위로 인해 법정에서 정신건강의학적 평가가 의뢰된 임상표집을 근거로 개발되었다. 척도 *4*의 문항은 권위상과의 문제, 가족 갈등, 사회적 고립, 비행, 일상생활에서의 불만족 등 광범위한 내용 영역을 포함하고 있다. 비행의 심각성은 *T*-점수의 상승과 관련이 있다. 또한 이 척도의 상승은 높은 빈도의 품행 장애 진단과 아울러 학교에서의 적응이나 품행 문제와 관련이 있다.

척도 *4*가 상승하는 청소년들은 반항적이고, 적대적이고, 심리치료에서 다루기 어려우며, 알코올이나 약물 남용의 문제에 연루될 가능성이 높다. 척도 *4*는 임상치료 장면에 있는 청소년들에게서 자주 높게 상승하는 기본 척도이다.

정신건강의학과 청소년 환자 거의 절반이 기본 임상 척도 가운데 이 척도에서 가장 높거나 두 번째로 높은 상승을 보인다. MMPI-A 규준 집단의 소년과 소녀들의 경우 척도 *4*의 상승은 학업 실패, 징계 조치, 정학을 포함한 학교 문제의 높은 발생을 반영한다. 또한 이들은 부모와 의견 충돌을 보이거나 논쟁을 벌이는 비율이 높고, 약물이나 알코올을 사용할 가능성이 높았다. 검사 매뉴얼에 보고된 MMPI-A 임상표집의 경우, 척도 *4*의 높은 점수는 소년, 소녀 모두 높은 수준의 비행 및 외재화 행동이나 공격적인 행동과 관련이 있었다. 특히 소년의 경우 행동화를 더 많이 하고, 가출 빈도가 더 높았으며, 신체적 학대가 더 자주 발생했다. 다른 연구자들은 이 척도가 상승한 청소년들이 높은 빈도의 거짓말, 속임수, 절도, 공격성, 성질 폭발과 관련이 있음을 보여 주었다.

다음은 척도 *4*의 점수가 높은(65*T* 이상) 경우의 특성을 요약한 것이다.

- 비행, 반대적이고 공격적인 행동, 전반적인 외재화 행동 문제의 가능성이 높다.
- 권위상에 대한 적대감과 반항
- 빈약한 학교 적응의 과거력
- 품행 장애로 진단될 가능성이 높음
- 빈약한 계획 능력, 낮은 욕구 좌절 인내력, 충동성
- 행동화를 일차적인 방어기제로 사용
- 위험을 감수하는 행동이나 감각 추구적인 행동을 할 가능성이 높음
- 알코올이나 약물을 사용하고 남용할 가능성이 높음
- 잘못된 행동에 대한 죄책감이나 후회의 상대적인 부재

또한 척도 *4*의 낮은 점수(40*T* 이하)는 다음의 특성과 관련이 있다.

- 관습 존중, 순응, 동조
- 비행을 저지르거나 품행 장애로 진단될 가능성이 낮음
- 지배나 경쟁보다 안전과 지위에 대해 관심을 둠

척도 *5*(*Mf*): 남성성/여성성

척도 *5*(남성성/여성성)는 원래 동성애를 보이는 성인 남성 표집의 반응을 근거로 개발되었다. 이 척도는 MMPI-A가 개발되면서 상당히 수정되었다. 구체적으로, 16개의 문항이 제외되어 MMPI-A의 척도 *5*는 44문항으로 구성되어 있다. 척도 *5*의 내용 영역은 이질적이다. 이 척도는 가족 관계, 선호하는 일이나 레크리에이션 활동, 신체적 · 정신적 증상을 흔쾌히 보고하는 경향 등의 내용을 포함하고 있다. 이 척도의 44문항 중 41문항은 소년, 소녀 모두 같은 방향으로 채점된다. 성적인 문제를 명백하게 나타내는 나머지 3문항은 반대 방향으로 채점된다. *T*-점수는 성에 따라 역으로 환산된다. 소년의 높은 원점수는 높은 *T*-점수로 환산되고, 소녀의 높은 원점수는 낮은 *T*-점수로 환산된다. 그래서 척도 *5*는 성 역할 정체감의 양극적인 측정치를 나타낸다. 이 척도가 상승한 소년은 평균적인 소년에 비해 더 여성적인 흥미를 나타내고, 이 척도가 상승한 소녀는 더 남성적인 흥미를 나타낸다.

척도 *5* 점수의 의미와 해석을 둘러싼 상당한 논란이 있다. 이 척도가 전형적인 성 특성을 측정한다고 생각하고, 정상 범위의 상승은 남성성과 여성성 특성 간의 상대적인 균형을 나타낸다고 보는 것이 최선일 것이다. 척도 *5*의 점수가 현저히 낮은 소녀의 경우, 전통적인 여성 역할에 대한 동일시를 시사한다. 이들은 수동적이며, 비행을 저지르거나 공격적인 행동을 보일 가능성이 낮다. 척도 *5*의 점수가 현저히 낮은 소년의 경우에는 전통적인 남성 역할에 대한 동일시와 관련이 있다. 이들은 힘과 활동을 강조하며 행동 문제나 학교 품행 문제의 빈도가 높다. 반면, 높은 점수를 보이는 소년은 보다 지적이며 학교 성적이나 적응에서 보다 나은 과거력을 보인다. 또한 최근의 몇몇 연구는 소년의 높은 점수는 두려움과, 소녀의 높은 점수는 공격성과 관련이 있음을 보여 주었다. 척도 *5*가 10개의 기본 척도 중에서 '비임상적' 차원을 나타내는 두 척도의 하나임을 유념할 필요가 있다. 일반적으로 비임상적 척도의 경우 높고 낮은 점수가 반드시 정신병리와 연관되지는 않는다. 또 다른 비임상적 척도는 척도 *0*이다.

소년의 경우, 척도 *5*의 높은 점수(65*T* 이상)는 다음의 특성과 관련이 있다.

- 지능과 심미적 관심
- 높은 수준의 학업 성취
- 대인 관계에서 수동적이고 복종적임
- 비행을 저지르거나 반사회적 행동을 가능성이 낮음

소녀의 경우, 척도 5의 높은 점수(65*T* 이상)는 다음의 특성과 관련이 있다.

- 자기주장이 강하고 경쟁적임
- 공격적이며 학교 품행 문제를 보일 가능성이 높음
- 학업 영역이나 스포츠에서 남성적인 취향을 보일 가능성이 높음

소년의 경우, 척도 5의 낮은 점수(40*T* 이하)는 다음의 특성과 관련이 있다.

- 고정관념적이고 극단적인 남성성을 강조하는 자기제시
- 학교 품행 문제와 비행의 빈도가 높음
- 전통적인 남성 고정관념에 의해 정의되는 비교적 좁은 범위의 흥미

소녀의 경우, 척도 5의 낮은 점수(40*T* 이하)는 다음의 특성과 관련이 있다.

- 대인 관계에서 수동적이고 복종적임
- 고정관념적으로 여성적인 방식의 자기제시
- 높은 수준의 학업 성취와 낮은 수준의 행동 문제

척도 *6*(*Pa*): 편집증

척도 *6*(편집증)은 의심, 관계 관념, 박해받는다는 느낌, 도덕적 독선, 신념과 지각에서의 경직성 등의 편집증적 증상을 측정하기 위해 만들어진 40문항으로 구성되어 있다.

극단적으로 상승한 척도 *6*은 망상형 조현병 환자나 망상적 상태의 환자에게서 볼 수 있는 정신병적 수준의 편집 증상과 전형적으로 관련이 있다. 중등도(60*T*~69*T*)의 상승은 종종 정신병적이지는 않으나 타인의 의견과 행동에 지나치게 민감하며, 대인 관계에서 의심이 많고 조심스러운 사람들에게서 볼 수

있다. 전통적으로 청소년은 성인에 비해 척도 6의 문항에 더 잘 시인한다. 다른 사람들로부터 오해받는다거나 부당하게 처벌받거나 비난받는다는 믿음과 관련된 문항의 경우 특히 그렇다. 일반적으로 척도 6의 상승은 공격적인 행동화나 논쟁적인 행동과 관련 있어 보이며, 십대 소년의 경우 특히 그렇다. 소년, 소녀 모두에서 척도 6의 상승은 학교 문제의 잦은 발생 및 낮은 성적과 관련이 있었다. 또한 소녀의 경우 이 척도의 상승은 부모와의 갈등이나 의견 충돌의 증가와 관련 있어 보인다.

다음은 척도 6의 점수가 현저히 높은(70*T* 이상) 청소년들의 특성을 요약한 것이다.

- 일차적 방어기제로 투사를 사용함
- 적대감, 분노, 원망
- 현실 검증 장해의 가능성
- 피해망상이나 과대망상
- 관계망상

다음은 척도 6이 중등도(60*T*~69*T*)로 상승할 경우 흔히 볼 수 있는 특징이다.

- 대인 관계에서의 지나친 예민성
- 대인 관계에서의 불신과 의심
- 논쟁적인 경향

다음은 척도 6의 낮은 점수(40*T* 이하)와 관련된 특성이다.

- 사려 깊고, 관습적이고, 쾌활한 태도
- 다른 사람의 느낌이나 동기에 대한 자각이 없음

척도 7(*Pt*): 강박증

척도 7(강박증)은 정신쇠약(psychasthenia)을 측정하기 위해 고안된 48문항으로 구성되어 있다. 정신쇠약은 이후 강박신경증으로, 그리고 최근에는 강박 장애로 개념화되었다. 척도 7은 주의집중의 문제, 강박 사고, 불안과 긴장, 불행감과 일반적인 정서적 고통, 신체적 호소 등 다양한 내용 영역을 포함하고 있다. 척도 7은 내적 합치도가 비교적 높은 척도이다. 이는 척도 7의 다양한 내용 영역이 일반적인 부적응이나 정서적 고통을 반영한다는 측면에서 동질적이기 때문이다.

척도 7이 상승한 청소년은 불안하고, 우유부단하고, 긴장되어 있으며, 완벽주의적이고 자기비판적인 사람으로 기술된다. 극단적으로 상승할 경우, 청소년은 강박 사고나 극심한 반추 등 보다 무능력하게 만드는 증상을 보일 수 있다. 척도 7의 점수가 높은 소년과 소녀는 악몽에 시달리는 빈도가 높았다. 아울러 십대 소녀의 경우에는 높은 수준의 우울과 부모와의 언쟁, 십대 소년의 경우에는 성적 학대의 과거력과 관련이 있었다.

다음은 척도 7의 점수가 높은(65*T* 이상) 경우의 특성을 요약한 것이다.

- 완벽주의적이고 자기비판적인 성향
- 긴장, 근심, 불안
- 부적감, 열등감, 불안전감
- 자기성찰적이고 반추적인 경향과 자신감 결여
- 현저한 상승(70*T* 이상)에서 강박적이고 반추적인 사고 패턴

다음은 척도 7의 낮은 점수(40*T* 이하)와 관련된 특징이다.

- 정서적인 고통과 불안이 없음
- 유능하고 자신감이 있는 태도
- 유연성, 효율성, 적응성

척도 *8*(*Sc*): 정신분열증

척도 *8*(정신분열증)은 기본 임상 척도 중에서 가장 많은 77문항으로 구성되어 있다. 척도 *8*은 원래 성인 조현병 환자를 선별하기 위해 만들어졌으며, 청소년 조현병 환자를 선별하는 데도 유용한 것으로 밝혀졌다. 이 척도는 특이한 생각, 괴이한 사고 과정, 사회적 철수와 고립, 주의집중의 어려움, 충동 조절의

결함, 기분과 행동에서의 장해를 포함하는 다양한 내용 영역을 다룬다. 척도 8에 대한 청소년 대상의 초기 연구에 의하면, 이 척도에서의 상승은 낮은 지능, 학업 문제의 과거력, 고등학교 중퇴의 높은 가능성을 포함한 많은 부정적인 특징과 관련 있었다. 청소년 입원 환자를 대상으로 한 다른 연구에서는 이 척도의 상승이 의심이 많고, 철수되어 있고, 대인 관계에서 고립되어 있으며, 스트레스에 매우 취약한 특성과 관련 있었다. 청소년 입원 환자는 또한 현실 검증력의 손상과 관련된 문제를 가지고 있는 경우가 많았고, 조현병과 관련된 진단을 받을 가능성이 더 높았다. 척도 8의 상승으로 이어지는 또 다른 요인은 청소년의 약물 남용이나 환각제 사용이다. 따라서 청소년의 약물 사용 과거력에 대한 임상가의 관심은 척도 8의 상승을 해석할 때 종종 유용하다. 소년과 소녀 모두 척도 8의 상승은 많은 학교 문제 및 낮은 학업 성취와 관련이 있다. 또한 임상 장면에서 척도 8이 상승한 소년은 신체적 호소를 더 많이 하고, 문제를 내재화하는 경향이 있었으며, 자기 존중감이 낮고, 분열성적이고 정신병적인 행동을 더 많이 보였다.

다음은 척도 8의 상승(65*T* 이상)과 관련된 특성이다.

- 혼란스럽고 무질서한 생각
- 철수되고 은둔적인 행동
- 열등감, 낮은 자존감, 무능감
- 불행하고 좌절된 느낌
- 사회적 거부와 또래에 의한 괴롭힘을 당한 과거력
- 스트레스에 취약하고 쉽게 속상해하는 경향
- 손상된 현실 검증력의 가능성
- 이상하고, 비관습적이고, 사회적으로 벗어나 있는 것으로 보임

다음은 척도 8의 점수가 낮은 범위(40*T* 이하)에 있을 때의 특성이다.

- 관습적이고, 동조적이고, 보수적인 처신
- 현실적이고, 논리적이고, 성취 지향적인 접근
- 협조적이고 순응적인 행동

척도 9(*Ma*): 경조증

척도 9(경조증)는 46문항으로 구성되어 있다. 이 척도는 과대성, 사고의 비약, 성마름, 자기중심성, 고양된 기분, 인지적 · 행동적 과잉 활동성 등의 내용 영역을 포함한다. 정상적인 청소년들은 잘 기능하는 성인에 비해 전형적으로 척도 9의 문항에 더 많이 시인한다. 행동을 선호하고 활동에 참여하려는 욕구가 있는 청소년의 경우 특히 그렇다. 정신건강의학과 청소년 환자들의 경우에 척도 9의 상승은 분노 발작, 적대적이거나 논쟁적인 행동, 빠른 기분 변화와 관련이 있었다. 다른 연구자들은 척도 9가 상승한 청소년이 충동적이고, 비현실적이며, 비판에 둔감하다고 기술했다. 정신건강의학적 치료 장면에 있는 청소년을 대상으로 한 최근의 연구는 척도 9가 상승한 소년의 경우 암페타민 남용과, 소녀의 경우 정학당한 과거력과 관련 있음을 보여 주었다. 임상 장면에서 이 척도가 상승한 소년, 소녀 모두 비행을 잘 저지르고, 외재화하는 행동 문제의 과거력이 있으며, 공격적으로 보인다고 기술되었다. 척도 9가 상승한 소년은 가출과 신체적 학대의 과거력이 있을 가능성이 높고, 소녀의 경우에는 성적인 학대와 성적으로 문란한 과거력이 있을 가능성이 높다. 소년, 소녀 모두에 대해 척도 9의 상승은 학교에서의 징계 문제 및 부모와의 의견 충돌 증가나 갈등의 과거력과 관련 있어 보인다.

다음은 척도 9의 상승(65*T* 이상)과 관련된 특성이다.

- 말이 많고, 힘이 넘치며, 외향적임
- 템포가 빠르고, 지나치게 활동적임
- 사고나 반추보다 행동을 선호
- 차분하지 못함, 주의산만, 충동성
- 과대하고 비현실적인 목표 설정
- 이기적인, 자기중심적이고, 자기탐닉적인 행동
- 사고의 비약, 과대성, 다행감

다음은 척도 9의 낮은 점수(40*T* 이하)와 관련된 특성이다.

- 낮은 에너지 수준

- 은둔적이고, 철수되어 있으며, 조용한 모습
- 억제, 지나치게 통제된 행동
- 비행을 저지르거나 행동화할 가능성이 낮음
- 무기력하고, 무감동적이며, 우울한 모습

척도 *0*(*Si*) : 내향성

척도 *0*(내향성)은 62문항으로 구성되어 있다. 원래 척도 *0*은 내향적이거나 외향적인 대학생의 반응을 근거로 1940년대에 만들어졌다. 이 척도에서 높은 범위의 *T*-점수는 높은 수준의 사회적 내향성을 반영한다. 척도 5와 같이 척도 *0*은 근본적으로 '비임상적인' 또는 '비병리적인' 차원을 측정한다. 이 척도가 측정하는 차원은 정신병리나 병리적 증상 혹은 특성과 반드시 관련 있지는 않다. Ben-Porath, Hostetler, Butcher와 Graham(1989)은 MMPI-2와 MMPI-A에 대해 3개의 *Si* 소척도를 만들었다. 이 소척도에 대해서는 이 장의 뒤에서 논의할 것이다.

청소년의 척도 *0* 상승은 사회적 내향성, 불안전감, 사회적 상황에서의 불편감과 관련이 있다. 이 척도의 점수가 높은 청소년은 소심하고 수줍어하고, 복종적이고, 자존감이 부족한 경향이 있다. 척도 *0*의 상승은 충동적인 행동과 행동화의 가능성이 감소되었거나 억제되었음을 어느 정도 시사한다. 반면, 이 척도의 점수가 낮은 청소년은 사회적으로 외향적이고, 어울리기 좋아하고, 자신감이 있으며, 친절하고, 사교적이다. 이들은 척도 *0*이 높은 청소년에 비해 친애 욕구가 강하며, 보다 행동적이고 충동적인 경향이 있다. 임상 장면에 있는 소년의 경우 높은 점수는 높은 사회적 철수와 낮은 자아존중감과 관련이 있다. 치료 장면에 있는 소녀의 경우 척도 *0*의 상승은 사회적 철수와 우울, 섭식 문제, 사살 사고와 자실 행동, 지나친 체중 증가 등의 높은 발생과 관련이 있다. 또한 이 척도가 상승한 소녀는 비행, 행동화, 약물 남용의 비율이 낮았다.

다음은 척도 *0*의 점수가 높은(65*T* 이상) 청소년과 관련된 특성이다.

- 사회적 내향성과 사회적 불편감
- 낮은 자아존중감

주의

기본 임상 척도의 해석에서 기억해야 할 사항

- 척도의 상승과 진단의 관계는 단순하지 않다(예로, 척도 *8*의 상승이 반드시 조현병의 진단을 의미하지 않는다).
- 많은 척도에서 낮은 점수에 대한 해석은 높은 점수에 대한 해석에 비해 덜 신뢰롭다.
- 척도 *Mf*(척도 *5*)와 *Si*(척도 *0*)는 '비임상적인' 척도로서 본질적으로 병리적이지 않은 특징이나 특성을 측정한다.

- 소심하고, 철수되어 있으며, 주저하는 모습
- 비행을 저지르거나 행동화할 가능성이 낮음
- 복종적이고, 수동적이며, 순응적인 태도
- 낮은 자신감과 높은 수준의 불안전감

다음은 척도 *0*에서 낮은 점수(40*T* 이하)를 보이는 청소년의 특성이다.

- 외향성, 군집성, 사교성
- 힘이 넘치고, 말이 많으며, 활동적임
- 자신감 있고, 유능하며, 사회적으로 민감한 태도

Harris-Lingoes 소척도와 *Si* 소척도

Harris-Lingoes 소척도

Hathaway와 McKinley(1943)는 MMPI 기본 임상 척도를 구성하면서 '집단 대조' 혹은 '경험적' 접근 방법을 사용했다. 예비검사 문항이 특정한 진단(예로, 조현병)을 나타내는 환자 준거 집단과 이들의 증상을 보이지 않는 정상 대조

집단에 실시되었다. 두 집단이 차별적으로 반응한 문항은 척도에 남게 되었고, 유사하게 반응한 문항은 척도 구성에서 제외되었다. 기본 임상 척도를 만들면서 Hathaway와 McKinley가 사용한 경험적인 방법의 결과로, 척도들은 본질적으로 이질적인 다양한 내용 영역을 포함하게 되었다. 예로, 척도 *4*의 내용은 가정환경의 따뜻함과 지지에 대한 지각, 권위상과 문제, 사회적 상황에서의 편안함과 자신감, 자신이나 타인으로부터의 소외나 소원함 등과 관련된 다양한 문항으로 되어 있다. 척도 *4*의 경계 범위 상승은 청소년이 이러한 내용 영역의 일부에 시인한 결과일 수 있다. 이런 경우 척도의 상승에서 특정한 상관요인에 대한 추론을 이끌어 내기가 어렵고 문제가 된다.

척도의 상승과 관련된 내용 영역에 대한 임상가의 결정을 돕기 위해, Harris와 Lingoes(1955)는 6개의 기본 척도에 대한 소척도를 만들었다. 소척도가 만들어진 6개의 기본 척도는 척도 *2(D)*, *3(Hy)*, *4(Pd)*, *6(Pa)*, *8(Sc)*, *9(Ma)*이다. Harris와 Lingoes는 기본 척도 *1*과 *7*의 소척도를 개발하는 데에는 흥미를 느끼지 못했다. 이 두 측정치는 문항 구성에서 동질적이라고 간주되었기 때문이다. 또한 그들은 척도 *5*와 *0*의 소척도도 만들지 않았다. 이 두 척도는 다른 기본 척도들과 근본적으로 다른 비임상적인 차원을 포함하고 있기 때문이다. MMPI에 대해 개발된 Harris- Lingoes 소척도는 MMPI-2와 MMPI-A의 검사 재료와 채점 프로그램에 이어졌다. Harris-Lingoes 소척도는 상승된 임상 척도의 해석을 가다듬는 데 사용되며, 척도의 점수가 60*T* 이상, 80*T*~90*T* 이하의 중등도 상승을 보일 때 가장 유용하다. 예로, 70*T*에 이르는 척도 *4*는 청소년의 소외감, 가족 구성원과의 상당한 갈등에 대한 지각 혹은 반항적인 경향과 권위상과의 갈등을 반영할 수 있다. 사회적 소외(*Pd4*), 가정 불화(*Pd1*), 권위 불화(*Pd2*) 등 Harris-Lingoes 소척도의 상대적인 상승 패턴을 살펴보면 척도 *4*의 상승에 영향을 끼친 내용 영역을 확인할 수 있다. 60*T* 미만의 기본 척도를 해석할 때 Harris-Lingoes 소척도를 사용해서는 안 된다. 또한 극단적으로 상승한 임상 척도를 해석할 때도 일반적으로 덜 유용하다. 기본 임상 척도가 현저히 상승한 경우에는 모든 내용 영역이 과도하게 시인되는 경향이 있기 때문이다. 나아가서 해석이 가능하다고 여겨지는 소척도의 상승 범위는 65*T* 이상이다. MMPI-A와 MMPI-2의 Harris-Lingoes 소척도는 일반적으로 문항 내용이 동일하지만, MMPI-A의 Harris-Lingoes 소척도를 해석할 때 적절한 청소년 규준을 적용하는 것이 매우 중요하다. 특정 내용 영역의 문항에 시인하는 데 청소년과 성인 간에 잘 확립된 커다란 차이가 있기 때문이다. 또한 6문항으로 구성된 소척도가 있을 만큼 아주 짧은 Harris-Lingoes 소척도가 많다는 점도 유념해야 한다. 상당수의 Harris-Lingoes 소척도는 일반적으로 신뢰도가 낮다. 신뢰도가 낮은, 적은 문항의 소척도를 청소년에 대한 독립적인 정보의 원천으로 사용하면 안 된다. 기본 임상 척도에 대한 해석을 통해 유도된 청소년에 대한 결과를 가다듬고 이해하는 데 그 사용이 제한되어야 한다.

65*T* 이상의 MMPI-A Harris-Lingoes 소척도에 대한 해석적 제안이 아래에 척도별로 제시되어 있다.

척도 *2*(우울증) 소척도

주관적 우울감(*D1*)

높은 점수의 *D1* 소척도의 함의는 아래와 같다.

- 죄책감, 불행감, 우울
- 무감동, 무기력
- 주의와 집중의 어려움
- 자기비판적인 경향과 낮은 자신감

정신운동 지체(*D2*)

높은 점수의 *D2* 소척도의 함의는 아래와 같다.

- 에너지 고갈, 자원 동원 능력의 부재
- 사회적인 철수와 회피
- 공격적 · 적대적 감정이나 충동의 부인

신체적 기능 장애(*D3*)

높은 점수의 *D3* 소척도의 함의는 아래와 같다.

- 신체 기능이나 건강에 대한 몰두

- 변비, 경련, 체중의 증가나 감소, 피로나 허약함, 천식 등 다양한 신체적 호소

둔감성(*D4*)
높은 점수의 *D4* 소척도의 함의는 아래와 같다.

- 주의와 집중의 어려움
- 무감동, 에너지 고갈
- 빈약한 자기개념, 낮은 자신감
- 의사결정의 어려움

깊은 근심(*D5*)
높은 점수의 *D5* 소척도의 함의는 아래와 같다.

- 음울함, 반추
- 에너지 고갈
- 비판에 대한 과도한 민감성
- 의기소침하고, 슬프고, 쓸모없다는 느낌

척도 *3*(히스테리) 소척도

사회적 불안 부인(*Hy1*)
Hy1 소척도의 점수가 높은 경우는 아주 드물다. 65*T* 이상의 점수를 얻으려면 청소년이 6문항 모두에 채점되는 방향으로 시인해야 하기 때문이다. *Hy1* 소척도를 해석할 때는 이를 유념해야 한다. 높은 점수의 *Hy1* 소척도의 함의는 아래와 같다.

- 사회적 외향성
- 다른 사람과 쉽고 편안하게 관계를 맺음

애정 욕구(*Hy2*)
높은 점수의 *Hy2* 소척도의 함의는 아래와 같다.

- 애정과 관심에 대한 강한 욕구
- 대인 관계에서 신뢰와 낙관주의
- 다른 사람에 대한 적대감이나 부정적 감정의 부인

권태–무기력(*Hy3*)

높은 점수의 *Hy3* 소척도의 함의는 아래와 같다.

- 피로, 피곤, 허약
- 식욕 저하와 수면 장애
- 슬픔, 낙담
- 불행감과 신체적 불편

신체 증상 호소(*Hy4*)

높은 점수의 *Hy4* 소척도의 함의는 아래와 같다.

- 다양한 신체적 호소와 문제
- 오심, 구토 및 소화기 계통의 문제
- 졸도, 어지럼증, 신체적 균형 유지의 어려움

공격성의 억제(*Hy5*)

높은 점수의 *Hy5* 소척도의 함의는 아래와 같다.

- 공격적 · 적대적 충동의 부인
- 자신이 결단력 있고 사회적으로 민감하다고 여김

척도 *4*(반사회성) 소척도

가정 불화(*Pd1*)

높은 점수의 *Pd1* 소척도의 함의는 아래와 같다.

- 적대적 · 거부적이며 불쾌한 가족 관계
- 가족을 비판적이고 통제적이라 여김
- 가족 구성원 간의 빈번한 갈등과 싸움

권위 불화(*Pd2*)

높은 점수의 *Pd2* 척도의 함의는 아래와 같다.

- 권위상에 대한 분개
- 독선적이고 반항적인 태도
- 사회적 기준, 규범, 기대와 갈등이 있던 과거력

사회적 침착성(*Pd3*)

*Pd3*은 6문항으로 구성되어 있다. 65*T* 이상의 점수를 얻으려면 청소년이 6문항 모두에 일탈된 방향으로 시인해야 한다. *Pd3* 소척도를 해석할 때 이 점을 유념해야 한다. 높은 점수의 *Pd3* 소척도의 함의는 아래와 같다.

- 사회적인 외향성, 편안함, 자신감
- 독선적이고 과시적인 경향

사회적 소외(*Pd4*)

높은 점수의 *Pd4* 소척도의 함의는 아래와 같다.

- 외로움, 소외감, 사회적 고립감
- 불행감
- 갈등이나 문제를 다른 사람의 탓으로 돌리는 경향

내적 소외(*Pd5*)

높은 점수의 *Pd5* 소척도의 함의는 아래와 같다.

- 정서적인 불편감과 불행감
- 주의와 집중의 어려움
- 회한, 죄책감, 애석한 느낌
- 일상생활이 재미도, 보람도 없다고 여김

척도 *6*(편집증) 소척도

피해의식(*Pa1*)

높은 점수의 *Pa1* 소척도의 함의는 아래와 같다.

- 세상이 위협적이거나 적대적이라는 인식
- 좌절과 문제를 외부의 탓으로 돌림
- 다른 사람에게 오해를 받는다거나 부당한 대우를 받는다는 느낌
- 편집증적 망상이나 사고의 가능성

예민성(*Pa2*)

높은 점수의 *Pa2* 소척도의 함의는 아래와 같다.

- 자신을 예민하고, 쉽게 흥분하며, 격렬하다고 여김
- 외로움, 슬픔, 다른 사람과의 거리감
- 다른 사람들보다 격하게 감정을 느낀다는 믿음

도덕적 미덕(*Pa3*)

높은 점수의 *Pa3* 소척도 함의는 아래와 같다.

- 순진하고 낙관적인 태도
- 냉소적 · 적대적 감정의 부인
- 높은 수준의 도덕적 · 윤리적 기준을 보고

척도 *8*(정신분열증) 소척도

사회적 소외(*Sc1*)

높은 점수의 *Sc1* 소척도의 함의는 아래와 같다.

- 오해를 받고 있고 부당하게 비난이나 처벌을 받고 있다는 느낌
- 가정생활에 사랑과 지지가 결핍되었다는 인식
- 외로움과 공허감
- 가족 구성원을 향한 적대감과 분노

정서적 소외(*Sc2*)

높은 점수의 *Sc2* 소척도의 함의는 아래와 같다.

- 무망감, 우울, 절망감
- 자기비판적인 느낌
- 무감동, 비관주의, 불안
- 자살 사고의 가능성

자아통합 결여-인지적(*Sc3*)

높은 점수의 *Sc3* 소척도의 함의는 아래와 같다.

- 비현실감과 제정신을 잃을 것에 대한 두려움
- 이상하거나 특이한 사고 과정의 존재
- 주의와 집중의 어려움

자아통합 결여-동기적(*Sc4*)

높은 점수의 *Sc4* 소척도의 함의는 아래와 같다.

- 취약하고 압도되는 느낌
- 주의와 집중의 어려움
- 무감동과 무기력
- 죄의식, 낙담, 우울

자아통합 결여-억제부전(*Sc5*)

높은 점수의 *Sc5* 소척도의 함의는 아래와 같다.

- 충동성, 안절부절못함, 성마름
- 웃음이나 울음을 터뜨리는 등 감정 조절을 못함
- 해리적 경험이나 증상

기태적 감각 경험(*Sc6*)

높은 점수의 *Sc6* 소척도의 함의는 아래와 같다.

- 환청을 동반할 수 있는 이상하거나 특이한 생각
- 감각과 운동의 장해를 포함하는 특이한 신체적 감각

척도 *9*(경조증) 소척도

비도덕성(*Ma1*)

높은 점수의 *Ma1* 소척도의 함의는 아래와 같다.

- 반사회적 또는 비사회적인 신념, 행동 및 태도
- 다른 사람들을 이기적이고 정직하지 못하며 자기 이득에 의해 움직인다고 보는 경향
- 충동성 및 행동 통제의 부족

심신운동 항진(*Ma2*)

높은 점수의 *Ma2* 소척도의 함의는 아래와 같다.

- 위험을 감수하는 행위나 감각 추구적인 행위에 끌림
- 흥분과 자극에 대한 높은 욕구
- 안절부절못하고 과잉 활동적임
- 말이나 사고 과정이 지나치게 빠름

냉정함(*Ma3*)

높은 점수의 *Ma3* 소척도의 함의는 아래와 같다.

- 사회적 불안 부인
- 다른 사람의 영향을 받지 않고 독립적임
- 흥겨운 일을 찾아내는 경향

자아 팽창(*Ma4*)

높은 점수의 *Ma4* 소척도의 함의는 아래와 같다.

- 다른 사람에 의해 주어지는 기대나 강요에 대한 분개
- 자신을 과대평가하는 경향, 과대성 및 자기중요성의 느낌

Si 소척도

앞서 언급했듯이 Harris와 Lingoes는 척도 *0*을 포함하여 일부 MMPI 기본 척도의 소척도를 개발하지 않았다. Ben-Porath와 동료들(1989)은 정상 남녀 대학생들의 반응을 분석하고 이를 근거로 MMPI-2의 *Si* 소척도를 개발했다. 이 소척도는 애초에 척도 *0*의 요인 구조에 근거하여 개발되었으며, 소척도의 내적 합치도를 최대화하는 문항 선별 과정을 통해 가다듬어졌다. MMPI-2의 *Si* 소척도는 별도의 수정 없이 MMPI-A로 넘어왔다. 세 개의 *Si* 소척도는 Harris-Lingoes 소척도 프로파일과 같은 용지에 제시된다. 이 소척도는 MMPI-A 기본 척도 *0*에 대한 해석을 가다듬는 데 사용된다.

수줍음/자의식(*Si1*)

높은 점수의 *Si1* 소척도의 함의는 아래와 같다.

- 대인 관계 상황에서의 수줍음
- 새로운 상황에서의 불편함

사회적 회피(*Si2*)

높은 점수의 *Si2* 소척도의 함의는 아래와 같다.

- 사회적 상황을 회피하거나 싫어함
- 대인 관계에서 철수 및 다른 사람과의 접촉 회피

내적/외적 소외(*Si3*)

높은 점수의 *Si3* 소척도 함의는 아래와 같다.

- 공포, 걱정, 다른 사람들에 대한 불신
- 낮은 자존감과 빈약한 자기상
- 자신감 결여
- 자기비판

✲ MMPI-A 기본 척도 해석에 대한 접근

개별 임상 척도의 해석

임상표집을 대상으로 MMPI 기본 임상 척도의 상관요인이나 기술어를 살펴본 연구는 엄청나게 많다. MMPI-A로 변환되는 과정에서 기본 척도에 대한 변화가 거의 없는 만큼, MMPI에 근거한 연구 결과를 MMPI-A에도 적용할 수 있다. 연구들은 MMPI에서 특정한 기본 척도 패턴을 나타낸 청소년이 MMPI-A에서도 동일한 패턴을 나타냄을 보여 준다. 더욱이 MMPI-A로 개정하는 과정에서 어구를 바꾼 문항이 반응 빈도의 면에서 MMPI와 심리측정적으로 등가적임을 보여 주는 연구가 적어도 두 편이 있다(예로, Archer & Gordon, 1994). 보다 낙관적인 점은, MMPI의 상관요인을 살펴본 문헌에 더해 MMPI-A 자체에 대한 연구문헌도 상당히 많다는 것이다. MMPI-A에 대한 상당수의 문헌이 MMPI-A 검사 매뉴얼이나 Archer(1997)에 기술되어 있다. 예로, MMPI-A 매뉴얼은 정상표집과 임상표집을 대상으로 수행된 연구에 근거하여 MMPI-A 임상 척도의 상관요인에 대한 광범위한 기술을 제공하고 있다. 따라서 MMPI-A 기본 척도의 상관 패턴과 의미는 정상표집과 임상표집 모두에 있어 MMPI와 아울러 MMPI-A에 대한 연구에 뿌리를 두고 있다. 일반적으로 MMPI-A 기본 척도에 대해 발견된 상관요인은 이 검사 도구에 대한 모든 해석적 접근에 탄탄한 기반을 제공한다.

개별적인 MMPI-A 기본 임상 척도에 대한 해석은 특정 기본 척도가 상승한 정도와 그 척도에서 볼 수 있는 선명도와 관련이 있다. 일반적으로 상승이란 특정 척도에서 얻은 *T*-점수에 반영되었듯이 그 점수가 매우 드물게 나타남을 의미한다. 앞서 언급했듯이 60*T*~64*T*는 경계 범위의 상승에 해당된다. 이 범위의 상승은 그 척도가 임상 범위로 상승했을 때 흔히 볼 수 있는 일부의 특성과 관련이 있다. 이는 모든 특성과 관련 있지는 않다는 뜻이다. 예로, MMPI-A 척도 *4*에서 63*T*의 점수는 충동적이거나 좌절에 대한 인내력이 낮은 청소년에서 볼 수 있다. 그러나 이 범위 내의 점수를 보이는 청소년은 이보다 상승된 *T*-점수를 보이는 청소년과 관련된 극단적인 품행 문제나 비행의 과거력을 보일 가능성이 낮다. 선명도란 기본 프로파일에서 가장 상승한 임상 척도와 두 번째로 상승한 임상 척도 간의 *T*-점수 차이를 말한다. 예로, 가장 높이 상승한 MMPI-A 척도 *2*가 68*T*이고 두 번째로 상승한 척도 *4*가 63*T*라면, 그 MMPI-A 프로파일은 가장 상승한 척도와 두 번째로 상승한 척도 간에 5*T*의 선명도를 보인다고 말할 수 있다. 특정 기본 척도에서 *T*-점수가 상승할수록, 그리고 상승과 관련하여 선명도가 클수록, 그 척도와 관련된 상관요인이나 기술어가 수검 청소년에게 적용될 가능성이 높아진다. 앞서 언급했듯이, Harris-Lingoes 소척도와 *Si* 소척도를 이용하면 경계 범위나 중등도의 상승을 보이는 기본 척도를 보다 용이하게 해석할 수 있다. 개별 기본 척도와의 상관요인을 이용한 해석적 접근은 단 하나의 척도가 임상 범위로 상승한 청소년 프로파일(이를 '스파이크' 프로파일 또는 '단독 상승' 프로파일이라고 함)을 해석할 때뿐만 아니라 여러 개의 임상 척도가 상승한 프로파일을 해석할 때도 적용된다. 후자의 경우, 상승된 척도로부터 얻은 상관요인이 같이 보고서에 통합된다. 일반적으로 보다 상승한 임상 척도에서 유도된 상관요인이 더욱 강조된다.

코드유형 해석

MMPI-A 코드유형의 분류는 일반적으로 기본 척도 프로파일에서 가장 높게 임상적 상승을 보인 두 개의 임상 척도에 근거를 두고 있다. 해석 가능한 코드유형으로 분류되려면 각각의 척도가 적어도 60*T* 이상이어야 한다는 제한을 두는 것이 보통이다. 청소년에 대한 MMPI 코드유형의 문헌은 Marks, Seeman과 Haller(1974)의 저서에서 볼 수 있다. Archer(1997)는 외삽법을 적용하여 이 문헌을 MMPI-A로 확장했다. 성인의 경우와 달리 청소년의 코드유형 해석에 대한 문헌은 상대적으로 수가 적을뿐더러 논란의 여지가 있다. 이러한 이유로, MMPI-A 매뉴얼은 임상가들에게 청소년이 보이는 코드유형을 조심스럽게 해석할 것을 권하고 있다. 매뉴얼은 또한 MMPI-A 코드유형에 대한 경험적 연구의 필요성을 강조한다. 그럼에도 불구하고 MMPI-A 매뉴얼은 많은 전문가들이 MMPI-A 코드유형 해석을 통해 유용한 정보를 얻는다고 언급하고 있다. 그리고 매뉴얼에 제시된 두 개의 임상사례 중 한 사례에 대해 이러한 접근을 예시하고 있다. MMPI-A 코드유형 해석에 대한 다른 예는 Archer(1997), Archer, Krishnamurthy와 Jacobson(1994)에서 찾을 수 있다.

MMPI-A 코드유형을 구성하는 두 척도는 대개 호환적으로 사용된다. 예로, *4-9* 코드유형은 해석적 상관요인과 관련하여 *9-4* 코드유형과 등가적이라고 볼 수 있다. 단독 상승한 척도를 해석할 때와 마찬가지로, 코드유형 해석에서 얻어진 기술어에 대한 확신은 상승과 선명도의 문제와 관련이 있다. 일반적으로 코드유형을 구성하는 두 척도의 *T*-점수가 상승할수록 그 코드유형에서 상승과 관련된 상관요인이 해당 청소년을 더 잘 기술하게 된다. 아울러 코드유형이 나타내는 선명도 또한 평가되어야 한다. 코드유형의 선명도란 기본 임상 척도 프로파일에서 두 번째로 상승한 척도와 세 번째로 상승한 척도 간의 *T*-점수 차이를 말한다. 코드유형의 선명도가 높을수록 그 코드유형과 관련된 상관요인이나 기술어가 해당 청소년에 대해 보다 정확한 기술을 제공한다. MMPI-A 검사 매뉴얼은 특정 코드유형과 관련된 상관요인을 적용하려면 코드유형의 선명도가 적어도 5*T* 이상은 되어야 한다고 제안한다. 하지만 MMPI-A로 평가를 받는 대부분의 청소년들이 이러한 준거에 부합되는 코드유형을 내놓지 않을뿐더러, 그럼에도 불구하고 임상가들에 의해 코드유형으로 해석되고 있음을 주목할 필요가 있다. 이 책에서는 흔히 볼 수 있는 9개의 코드유형에 대한 기술을 예로 제시했다. Archer(1997)는 청소년의 코드유형 상관요인에 관한 문헌을 바탕으로 29개의 코드유형에 대해 보다 자세한 자료를 제시했다.

✻ MMPI-A 코드유형

MMPI-A에 대한 해석적 접근은 성인 대상의 MMPI나 MMPI-2에 대한 해석적 접근과 마찬가지로 기본 임상 척도의 프로파일 패턴에 대한 검토를 포함한다. MMPI-A 프로파일의 가장 높은 두 임상 척도에 근거하여 집단화하는 것을 코드유형 해석이라고 한다. 코드유형에 대한 상관요인은 유사한 코드유형을 보이는 청소년 집단이나 성인 집단을 모으고 이들의 행동 특성을 연구함으로써 얻을 수 있다. 행동 특성은 다른 검사 도구에서의 자기보고, 치료자나 교사, 치료 장면에 있는 직원이나 가족 구성원 등의 평정에서 드러난다. 청소년에게 MMPI를 사용하는 경우, 코드유형 해석과 관련된 경험적 자료의 으뜸가는 출처는 Marks, Seeman과 Haller(1974)에 의해 제공되었다. 이 책은 또한 임상 치료 장면에 있는 청소년에 대한 그들의 방대한 연구에 근거를 두고 있다.

코드유형은 대개 프로파일에서 가장 높게 상승한 두 척도의 번호로 지칭된다. 관례상 가장 높게 상승한 척도의 번호가 먼저 나온다. 코드유형 분류에 포함되려면 코드유형에 들어 있는 두 척도 모두 임상 범위(65*T* 이상)로 상승해야 한다. 만약 청소년이 척도 *4*와 *9*에서 순서대로 임상 범위의 가장 높은 *T*-점수 상승을 보였다면 그 프로파일은 *4–9* 코드유형으로 분류될 것이다. 이러한 접근은 또한 척도명이나 약어 대신 척도 번호를 사용하는 임상실제를 따르고 있다. 임상실제에서는 척도명 대신 척도 번호의 사용이 광범위하게 받아들여지고 있다. 그 이유는 일부 기본 척도에 의해 측정된 증상이나 병리에 대한 이해가 시간이 지나면서 더 이상 원래의 척도명과 부합되지 않았기 때문이다. 예로, 척도 7에 대한 논의에서 언급했듯이 '정신쇠약'은 지금은 안 쓰이는 낡은 용어로 척도 7에 제시되는 증상에 대한 이해를 제대로 포괄하지 못한다. 그러므로 이 장에서는 코드유형 분류를 다루면서 척도 번호를 사용할 것이다. 이는 MMPI-2나 MMPI-A에 경험 있는 임상가들이 선호하는 방식이기도 하다.

개별 척도나 코드유형에서 유도된 임상적 상관요인을 청소년에게 적용할 때 필히 유념해야 할 점은 특정 청소년에 대한 임상적 상관요인의 정확성이 언제나 확률 추정을 내포한다는 것이다. 특정 상관요인이 특정 청소년에게 얼마나 정확하게 적용될 수 있는가에 대한 추정은 연령, 성별, 민족성, 평가 장면 등 평가받는 청소년의 특성과 아울러 기술적 진술이 유래된 출처와 그러한 진술을 일반화할 수 있는 범위(즉 연구 방법론의 타당성과 사용된 표집의 특성)에 달려 있다. 또한 관련된 척도가 상승한 정도(*T*-점수 상승)와 개별 척도나 코드유형이 임상 척도 프로파일에 있는 다른 척도와 차별화되는 정도(*T*-점수 선명도) 역시 이러한 정확성에 영향을 미치는 요인임을 강조할 필요가 있다. 단독 척도건 코드유형이건 상승한 정도가 높고 선명도가 클수록 출처로부터 유도된 상관요인이 개별 청소년을 정확하게 기술할 가능성이 높아진다. 이 장의 나머지 부분에는 가장 흔히 볼 수 있는 10개의 MMPI-A 코드유형에 대한 경험적 상관이 코드유형을 이용한 해석적 접근을 예시는 방식으로 제시되어 있다. 코드유형에 대한 보다 폭넓은 논의를 보려면 Archer(1997)를 참조하기 바란다.

코드 없음 혹은 정상 범위 내

'코드 없음' 혹은 '정상 범위 내(WNL)' 프로파일은 엄격한 의미에서 단독 상승 프로파일이나 코드유형이 아니다. 이 프로파일은 10개의 기본 척도에서 임상 범위의 상승을 보이는 척도가 하나도 없는 MMPI-A 기본 척도 프로파일을 말한다. 코드 없음 프로파일을 첫 번째로 소개하는 이유는 이 정상 범위 내 코드유형이 정신건강의학 장면에서 청소년에게 가장 흔히 나타나는 프로파일 유형이기 때문이다. 놀랍게도 연구들은 정신건강 서비스를 받는 청소년의 20~33%가 어떠한 척도에서도 임상 범위의 상승을 보이지 않는 MMPI-A 기본 척도 프로파일을 나타낸다는 결과를 지속적으로 내놓고 있다. 정신건강의학 장면에 있는 청소년들이 상대적으로 높은 빈도의 WNL 프로파일을 보이는 이유에 대해서는 잘 알려져 있지 않다. 아마도 유용한 *K*-교정을 MMPI-A에 적용하지 않는 점과 관련 있을 것이다. 다시 말해, 치료를 받고 있는 청소년은 대체로 MMPI-A 규준 집단의 청소년과 유사한 비율로 증상에 시인하고 있는 것으로 보인다. 그리고 현재로서는 문제의 과소 보고를 교정할 수 있는 방법이 없다. 정상적인 기능과 비정상적인 기능 간의 상대적인 차이를 구분하는 것은 성인에 비해 청소년의 경우에 더 어려워 보인다. 청소년의 경우 심리적 기능에서 정상과 이상이 중복되는 정도가 더 현저한 나머지 MMPI-A에서 정상 행동과 이상 행동으로 범주화하기가 더 어려운 것 같다. 이러한 현상의 원인이 무엇이든 MMPI-A를 해석하는 임상가는 외래와 심지어 입원 장면을 포함하는 다양한 임상 장면에서 청소년이 내놓는 정상 범위 내 프로파일의 빈도가 상대적으로 높다는 점을 유의해야 한다. 이러한 관찰은 임상심리학자가 청소년의 심리적 기능과 적응에 대해 전반적인 그림을 형성하는 데 있어, MMPI-A 외의 다양한 평가 도구와 아울러 정신건강의학적 병력, 임상면접 결과, 부모 및 교사와의 면담 등 독립적인 출처에서 나온 정보를 취합할 필요가 있음을 다시금 강조한다.

1-3/3-1

청소년과 성인 모두에서 *1-3/3-1* 코드유형은 전형적으로 신체 질환이나 좋지 않은 건강상태를 호소하는 사람들을 나타낸다. 이들은 종종 두통, 흉통, 복통, 어지러움, 오심, 불면, 흐린 시야, 섭식의 어려움 등 신체적 증상을 호소한다. 전형적으로 신체적 증상은 심리적인 스트레스가 있는 시기에 증가한다. 청소년 내담자가 이러한 증상으로 인해 원하는 결과(이차적 이득)를 얻는다는 증거가 있다. 이를테면 학교에 가기 싫은 청소년이 이러한 증상의 결과로 학교에 가지 않고 집에서 쉬도록 용인되는 경우이다.

이 유형과 관련된 일차적인 방어기제는 부인, 외재화, 신체화 등이다. 이 유형의 십대는 학교 장면에서의 문제나 걱정으로 인해 치료를 받게 되는 경우가 더 많다. 이 유형을 보이는 청소년 상당수가 낮은 성적을 받는 것에 대한 두려움이 있는 것으로 보인다. 또한 이들은 주의를 얻는 것에 대한 욕구가 강하고, 심리적인 문제에 대한 통찰력이 빈약하며, 신체적 호소 이면의 심리적인 요인에 대해 인정하기 꺼려 한다고 평가된다.

2-3/3-2

2-3/3-2 코드유형으로 분류된 청소년이나 성인은 종종 정서적으로 지나치게 통제하고, 수동적이며, 유순하고, 의존적이라고 기술된다. 그들은 또한 자기주장이 없고, 억제되어 있으며, 자기회의적이고, 자신감이 없다고 기술된다. 이 유형의 청소년은 자신의 수행과 성취에 대해 목표를 높게 설정하는 경향이 있다. 이러한 목표는 종종 비현실적이어서 열등감과 우울로 이어진다. 전형적인 방어기제는 신체화와 건강염려를 포함하며, 허약, 피로, 현기증 등의 신체적 호소가 흔하다. 이 유형의 청소년은 대부분 빈약한 또래 관계와 사회적 고립으로 인해 치료에 의뢰된다. 이들은 학교 장면을 떠나서는 친구가 거의 없으며, 다른 사람들에게 '외톨이'로 인식된다. 전형적으로, 이 유형의 청소년은

다른 유형에 비해 행동화의 문제를 보이지 않는다. 약물 남용이나 성적 행동화의 문제를 보이는 경우가 비교적 드물다.

2-4/4-2

2-4/4-2 코드유형의 청소년이나 성인은 충동 조절에 어려움이 있고, 사회적으로 부적절하게 행동한다고 기술된다. 전형적으로 이 유형의 청소년은 우울하고, 분노하고, 반항적이며, 종종 권위상과 문제가 있다고 기술된다. 행동화, 전위, 외재화가 일차적인 방어기제로 보인다. 이들이 보이는 충동성과 품행장애 행동은 종종 체포와 유죄 판결의 이력을 포함하는 법적인 문제로 이어진다. 또한 이들은 물질 남용이나 알코올 문제의 위험이 높다. 참으로 *2-4/4-2* 프로파일은 청소년, 성인 집단 모두에서 약물 또는 알코올 남용자의 특징적인 프로파일이다. 또한 이 유형의 청소년은 무단결석, 가출, 혼음에 이르는 행동화를 보인다. 이들은 종종 자신의 부모가 애정과 일관성이 없다고 지각하며, 가정생활이 갈등적이고 적대적이라고 느낀다.

3-4/4-3

3-4/4-3 코드유형의 청소년과 성인은 종종 피로, 허약, 식욕 상실, 두통을 포함하는 건강염려증적, 신체적 호소를 나타낸다. 전형적으로 이 유형의 청소년은 높은 수준의 정서적 스트레스를 보고하지는 않지만 충동 조절의 문제를 보이며, 종종 절도, 무단결석, 가출을 포함한 반사회적 행동의 과거력이 있다. 이들은 정신건강의학과 입원 장면에서 직원을 유혹하여 함께 병동을 탈출할 위험이 있으며, 상당수가 광범위한 약물 사용의 과거력을 보고한다. 이들은 화를 잘 내고 충동적이라고 기술된다. 이들은 전형적으로 수면 곤란, 자살 사고, 자살 제스처, 자살 시도의 문제로 치료에 의뢰된다. 치료자는 흔히 이들이 우울하다고 보고하며, 또한 충동 조절의 문제가 있다고 언급한다. 학교에서 이들은 종종 폭발적인 성질을 지닌, 사납고 약자를 괴롭히는 학생으로 지각된다.

4-6/6-4

4-6/6-4 코드유형의 청소년은 종종 불복종, 거부주의, 반항 등의 증상을 이유로 치료에 의뢰된다. 치료를 의뢰한 사람은 종종 법정 대리인이다. 이 유형의 청소년은 일반적으로 다른 사람의 동기를 의심하고, 다른 사람의 주의와 공감을 지나치게 요구한다. 전형적인 방어기제는 투사와 합리화를 포함하며, 자신의 문제나 행동의 책임을 외재화하는 경향이 있다. 이 유형은 흔히 강렬하고 만성적인 투쟁의 행태를 취하는 아동–부모 갈등과 관련이 있다. 초기 연구는 이 유형이 약물 남용과 관련 있다고 했으나, 최근의 연구에 의하면 성적 행동화를 포함한 행동화와 관련이 있다. 치료자는 이 유형의 청소년을 도발적이고, 공격적이고, 기만적이고, 적대적이며, 싸우기 좋아한다고 보는 경향이 있다.

4-8/8-4

4-8/8-4 코드유형은 종종 빈약한 사회적 적응을 보이는 청소년에게 나타난다. 이들은 흔히 특이하고, 기이하고, 미숙하다고 여겨지며, 대인 관계에서의 갈등이나 충동 조절의 문제를 가지고 있다. 이 유형의 청소년은 흔히 심리치료에서 회피적이라고 기술되며, 학업 성취가 낮고, 가정생활이 혼란스럽고 갈등적이다. 청소년에서는 드물게 나타나는 패턴으로, 두 척도의 상승 순서에 따라 상관요인에 약간의 차이가 있다. 구체적으로, *8–4* 유형의 청소년은 *4–8* 유형에 비해 심리적 기능이 퇴행되어 있고 원시적인 것으로 보인다.

4-9/9-4

4-9/9-4 코드유형은 정신건강의학과에 입원한 청소년, 특히 남자 청소년에게서 가장 흔히 볼 수 있다. 이들은 주로 반항, 불복종, 도발적인 행동, 충동성, 학교 무단결석 등의 이유로 치료에 의뢰된다. 이들의 비행은 부모와의 끊임없는 갈등으로 이어지는 경우가 많다. 이러한 유형을 보이는 청소년의 가정 중에 입양 가정이나 위탁 가정의 비율이 높다는 연구도 있다. 이들의 일차적인

방어기제는 행동화로, 청소년의 상당수가 보호감호 시설이나 소년원에 배치되어 있다. 치료자는 이 유형의 청소년을 사회적으로 외향적이고, 이기적이고, 자기애적이며, 요구가 많고, 권위상에게 분개한다고 기술한다. 또한 이들은 참을성이 없고, 충동적이고, 가만히 있지 못하고, 쾌락 추구적이고, 과소 통제적이라고 여겨진다. 이들은 사회적 외향성과 군집적인 특성을 거짓말, 절도, 기타 반사회적 행동을 포함하는 도발적이고 조작적인 행동과 결합하는 경향이 있다. 이처럼 사교적이고 반사회적인 특징의 결합을 보이는 *4–9/9–4* 유형의 청소년에 대해 Marks 등(1974)은 '아름다운 반항'이라고 일컬었다.

6-8/8-6

6–8/8–6 코드유형은 청소년과 성인 모두에서 심각한 정신병리를 나타낸다. 이 유형은 편집증적 증상, 과대망상, 피해의식, 환각, 빈약한 현실 검증, 적대적 또는 공격적 폭발과 관련이 있다. 이 유형의 청소년은 사회적으로 고립되어 있거나 철수되어 있다. 이들의 행동은 종종 예견할 수 없고 부적절하다. 이들은 전형적으로 기괴한 행동을 보인다거나 현실과 공상을 구분하지 못해 치료에 의뢰된다. 이들은 또한 공격성 통제의 문제가 있는 것으로 보이며, 사람을 때리거나 물건을 던지는 등 적대감과 분노를 신체적으로 표현한다. 이들은 또래에게 환영받지 못하고, 종종 괴롭힘을 당하거나 놀림의 대상이 된다. 이 유형의 청소년은 중등도의 우울, 죄책감, 수치심을 보고한다. 또한 망상이나 과대한 사고를 보일 수도 있다. 이러한 청소년은 대부분 자신의 심리적인 문제에 대한 통찰이 거의 또는 전혀 없다.

7-8/8-7

7–8/8–7 코드유형은 부적절한 방어 및 스트레스에 대한 낮은 내성과 관련이 있다. 이 유형의 청소년은 흔히 불안하고, 우울하고, 내향적이며, 사회적으로 고립되어 있다고 기술된다. 이들은 부적합감이나 불안전감을 보고한다. 또한 감정을 적절하게 표현하는 데 상당한 어려움이 있으며, 대인 관계에서 억제되어 있고 갈등적이라고 기술된다. 상당수의 청소년이 학업 실패의 측면에서 학

빠른 참조 4.2

가장 보편적인 MMPI-A 유형의 주요 특징

코드유형	행동적 · 정서적 연관성
1-3/3-1	다양한 신체적 불평, 주의를 끌려는 행동, 동조, 불안전감, 빈약한 통찰
2-3/3-2	정서적 과잉 통제, 수동성, 의존, 빈약한 또래 관계
2-4/4-2	빈약한 충동 조절, 물질 남용, 우울, 법적인 문제
3-4/4-3	신체적 불평, 정서적 스트레스 부인, 적대적 · 공격적 충동, 자살 위험, 동반 탈출의 위험
4-6/6-4	주의 · 동정 요구, 부모-자녀 갈등, 분개, 의심, 적대감
4-8/8-4	빈약한 사회 적응, 충동적이고 이상하고 특이하게 보임, 혼란스러운 가정과 빈약한 학교 적응
4-9/9-4	반항, 불복종, 행동화, 충동성, 권위상과의 갈등, 약물 남용, 무단결석, 가출
6-8/8-6	편집증적 증상, 망상, 환각, 적대감 분출, 예견할 수 없는 행동 등의 심각한 정신병리
7-8/8-7	불안, 우울, 사회적 철수, 강한 부적합감과 불안전감, 환청이나 환시 등 사고 장애 증상의 가능성

교생활에 어려움이 있으며, 사고나 행동 패턴이 매우 일탈되어 있다. Marks 등(1974)의 획기적인 업적에서는 절반에 가까운 청소년이 환청이나 환시를 경험한다고 보고했다.

빠른 참조 4.2는 흔히 볼 수 있는 MMPI-A 코드유형의 행동적 · 정서적 상관 요인을 요약한 것이다.

❊ 내용 척도와 보충 척도로 평가 가다듬기

MMPI-A 내용 척도

MMPI-A 매뉴얼(Butcher et al., 1992)에 기술되어 있듯이 MMPI-A 내용 척도는 구분되는 일련의 다섯 단계를 거쳐 만들어졌다. 첫 번째 예비 단계에서는 MMPI-A에 적합하다고 생각되는 MMPI-2의 내용 척도와 문항을 확인했다. 두 번째 단계에서는 신뢰도가 향상되도록 특정 문항을 추가하거나 삭제하여 MMPI-A 내용 척도를 가다듬었다. 세 번째 단계에서는 척도의 내용을 합리적으로 검토하여 각 문항이 해당 척도가 측정하는 구성 개념이나 변인과 관련 있는지 확인했다. 네 번째 단계에서는 다른 내용 척도와 상관이 더 높은 문항을 삭제하여 통계적으로 척도를 한층 가다듬었다. 마지막 단계에서는 경험적 연구 결과와 척도의 문항 내용에 근거하여 각 내용 척도를 서술하는 기술어를 선택했다.

15개의 MMPI-A 내용 척도 중 11개는 구성 개념과 문항 구성에서 MMPI-2의 내용 척도와 거의 중복된다. 이런 이유로, 상응하는 MMPI-2의 내용 척도와 구별하기 위해 MMPI-A의 모든 내용 척도 앞에 'A'를 붙인다. MMPI-A에만 있는 내용 척도로는 소외(*A-aln*), 낮은 포부(*A-las*), 학교 문제(*A-sch*), 품행 문제(*A-con*)가 있다.

MMPI-A 내용 척도는 MMPI-2의 경우와 마찬가지로 병리를 나타내는 데 안면 타당도가 있고 내용이 명백한 문항으로 구성되어 있다. 따라서 MMPI-A 내용 척도는 자신의 증상을 과대 보고하거나 과소 보고하려는 청소년의 의식적 · 무의식적 욕구에 쉽게 영향을 받는다. 따라서 MMPI-A를 해석하는 임상가는 언제나 MMPI-A 내용 척도의 결과를 해석하기에 앞서 MMPI-A 프로토콜의 타당도를 조심스럽게 평가해야 한다.

경험적으로 유도된 내용 척도 기술어가 Williams, Butcher, Ben-Porath와 Graham(1992), Archer와 Gordon(1991)에 의해 보고되었다. 다른 MMPI-A 척도와 마찬가지로 65*T* 이상의 점수는 임상적 상승으로 간주되고 60*T*~64*T*의 점수는 경계 범위의 상승으로 기술된다. 하지만 MMPI-A 기본 척도와 달리

MMPI-A 내용 척도의 낮은 점수와 상관된 의미에 대해서는 거의 알려져 있지 않다. 다음은 MMPI-A에서 개발된 15개 내용 척도 각각에 대해 간략히 기술한 것이다.

불안(*A-anx*) 척도

A-anx 척도는 불안, 걱정, 반추 등의 증상과 관련된 21문항으로 구성되어 있다. 이 척도에서 높은 점수를 보이는 청소년은 혼란, 주의집중의 문제, 과제 지속의 어려움 등을 보고한다. 이들은 또한 수면의 어려움과 악몽을 보고한다. 이러한 청소년은 삶이 '산산조각 나는' 느낌을 가질 수 있으며, 뭔가 끔찍하고 두려운 일이 이제 막 일어날 것 같다고 느낀다. 이 척도가 상승한 소녀는 종종 낮은 수준의 참을성과 피로, 또래로부터의 지배, 강박 사고, 불안, 소심함을 보고한다. 반면, 소년은 주의집중의 문제, 슬픔, 우울을 보고하며 자살 사고가 있을 가능성이 있다.

강박성(*A-obs*) 척도

A-obs 척도는 모두 '그렇다' 방향으로 채점되는 15문항으로 구성되어 있다. 이 척도는 양가감정, 의사결정의 어려움, 과도한 반추와 걱정, 침입적 사고의 발생 등과 관련된 문항으로 되어 있다. 경험적 자료에 의하면 이 척도가 상승한 소년은 불안하고 의존적이며 부적응의 수준이 높다. 반면, 소녀는 자살 사고나 자살 제스처의 과거력이 있을 가능성이 높다.

우울(*A-dep*) 척도

A-dep 척도는 우울, 슬픔, 무감동, 낮은 에너지, 사기 저하 등과 관련된 26문항으로 구성되어 있다. 이 척도가 상승한 청소년은 종종 자신의 삶에 불만족스러워하며, 자신이 불행하다고 느낀다. 자기비하적인 사고가 많고, 미래에 희망이 없다고 느끼거나 미래에 대해 무관심하다. 또한 외로움과 실망감을 보고하며, 자살 사고의 가능성이 있다. 경험적 증거에 의하면 이 척도에서의 상승은 소녀의 경우 높은 자살 사고 발생률과 관련이 있고, 소년의 경우 높은 자살 시도 빈도와 관련이 있다.

건강염려(*A-hea*) 척도

A-hea 척도는 37문항으로 구성되어 있다. 이 가운데 23문항은 MMPI-A 척도 *1*과 중복된다. *A-hea* 척도가 높은 청소년은 위장이나 감각계통의 문제, 심혈관적, 호흡기적, 피부학적, 신경학적 문제 등 다양하고 폭넓은 범위의 신체 증상을 시인한다. 이들은 자신이 건강하지 못하고 아프다고 느끼며, 자신의 건강에 대해 걱정하기 쉽다. 청소년의 부모는 이들이 학교생활을 두려워하고, 여러 가지 신체적 문제나 호소가 있다고 기술한다. 특히 소년의 부모는 이들이 불안하고, 걱정이 많고, 사고를 잘 당하며, 사람들에게 잘 매달리고, 두려워하고, 완벽주의적이며, 죄책감을 잘 느낀다고 기술한다. 소녀의 경우에는 살찌는 것과 관련된 문제를 가지고 있으며, 친구가 거의 없고, 피로와 권태를 자주 느낀다고 보고된다.

소외(*A-aln*) 척도

A-aln 척도는 대인 관계에서 고립, 소외되고, 다른 사람들과 상당한 정서적 거리를 유지하는 청소년을 확인하기 위해 선정된 20문항으로 구성되어 있다. 이 척도가 높은 청소년은 사회 관계에 대해 비관적으로 느끼고, 다른 사람들이 자신을 이해하지 못하거나 자신에게 동정적이지 못하다고 느끼는 경향이 있다. 소녀는 성마르고, 사회적으로 철수되어 있으며, 소규모의 또래 집단을 갖는 경우가 많다. 그리고 소년은 사회기술이 결여되어 있고 자존감이 낮다.

기태적 정신상태(*A-biz*) 척도

A-biz 척도는 환청, 환시, 환후를 포함하여 이상한 경험 또는 특이한 경험의 발생과 관련된 19문항으로 구성되어 있다. 이 척도가 상승한 청소년은 자신의 마음이 뭔가 잘못되었고, 다른 사람들이 자신을 이상하게 본다고 믿는다. 이들은 종종 누군가 음모를 꾸미고 있다거나 자신을 조종하고 있다고 믿는 등 편집증적 사고를 보인다. 경험적 증거에 의하면 이 척도에서의 높은 점수는 기이한 감각 경험의 발생 및 정신병적 증상과 관련이 있다. 아울러 소녀의 높은 점수는 환각의 발생, 빈약한 정서 통제, 빈약한 현실 검증과 관련이 있고, 소년의 높은 점수는 싸움, 법적 어려움, 환각, 빈약한 현실 검증과 관련이 있

다. 또한 치료 장면에 있으면서 이 척도의 점수가 높은 소년은 이상한 행동과 매너리즘을 보이기 쉽다.

분노(*A-ang*) 척도

A-ang 척도는 분노 조절 문제와 관련된 17문항으로 구성되어 있다. 이 척도가 상승한 청소년은 성마르고, 불평이 많으며, 참을성이 없다. 이들의 분노 관련 문제는 신체적 공격의 가능성으로 확장될 수도 있다. 일반적으로 이 척도가 상승한 청소년은 욕하거나, 물건을 때려 부수거나, 싸우고 싶어 하며, 분노 발작으로 말썽에 휘말릴 수 있다. 또한 성급하고 공격적이다.

경험적 증거에 의하면 이 척도가 상승한 소년은 약물 남용 문제, 과잉 활동 증상, 위협적인 폭행의 과거력이 있을 가능성이 높고, 소녀는 무단결석, 반항과 불복종, 분노, 빈약한 부모 관계, 폭행, 법정 출두의 과거력이 있을 가능성이 높다. 특히 소녀는 도발적인 옷차림을 하고 성관계가 문란하다.

냉소적 태도(*A-cyn*) 척도

A-cyn 척도는 22문항으로 구성되어 있다. 이 척도가 상승한 청소년은 냉소적이고, 의심이 많고, 다른 사람들을 믿지 못한다고 기술된다. 이들은 다른 사람들이 모두 조작적이며 이기적이라고 믿는 경향이 있다. 이들은 다른 사람들이 거짓말을 하고, 속이고, 훔칠 것이라고 예상한다. 경험적 자료에 의하면 이 척도의 점수가 높은 소녀는 성적 학대의 경험이나 빈약한 부모 관계와 관련이 있다. 치료진이 보기에 이들은 전형적으로 저항적이고 거부적인 태도를 취한다. 소년의 경우에는 이 척도의 상승과 관련된 의미 있는 상관요인이 없었다. 전반적으로, 이 척도가 상승한 소년, 소녀 모두 다른 사람들의 동기를 경계하고 의심하며, 대인 관계에서 적대적이고 비우호적이다.

품행 문제(*A-con*) 척도

A-con 척도는 충동성, 무모한 행동, 반사회적 행동 등 다양한 영역에서 문제를 보고하는 청소년을 확인하기 위해 개발된 23문항으로 구성되어 있다. 높은 점수를 받은 청소년은 범법 행위나 정학의 기록이 있고, 품행 장애로 진단될

가능성이 높다. 이들은 위법이나 착취 행위에 대해 죄책감이 없고 절도, 가게 물건 훔치기, 거짓말, 기물 파손, 욕설 등 행동상의 문제를 보인다.

경험적 증거에 의하면 이 척도의 점수가 높은 소년은 절도, 무단결석, 약물 남용, 알코올 남용, 법적인 문제, 폭행의 이력이 있다. 소녀의 경우에는 가출, 무단결석, 반항, 불복종의 행동을 보인다. 치료진에 의하면 높은 점수를 보이는 소녀는 거짓말을 잘하고, 예측이 어렵고 쉽게 기분에 휩쓸리며, 속임수와 분노 통제의 문제가 있다. 이들은 도발적이고 충동적이며 참을성이 없는 모습을 보인다.

낮은 자존감(*A–lse*) 척도

A–lse 척도는 자존감이 낮고 자신감이 없는 청소년을 확인하는 데 유용한 18문항으로 구성되어 있다. 이 척도가 상승한 청소년은 자신이 다른 사람들보다 부적합하고, 쓸모없으며, 덜 유능하고, 덜 능숙하다고 느낀다. 이들은 자신에게 실제로 있거나 가상으로 있는 많은 결함과 결점을 인식하는 반면, 자신이 강점을 지니고 있거나 기술이 있는 영역을 알아보지 못한다. 경험적 증거에 의하면 높은 점수의 소년은 낮은 사회적 기술, 수동성, 자기비난이나 자책과 관련이 있고 자살 사고의 비율이 높다. 소녀는 우울, 낮은 자존감, 사회적 고립, 권태나 피로와 관련이 있다.

낮은 포부(*A–las*) 척도

A–las 척도는 교육적 목표나 인생의 목표가 없는 청소년을 확인하는 16문항으로 구성되어 있다. 높은 점수를 받은 청소년은 전념하지 않고, 질질 끌고, 어렵거나 좌절을 주는 과제에 부딪히면 쉽게 포기한다. 이들은 공부나 독서를 좋아하지 않고, 특히 과학을 싫어하며, 가능하면 다른 사람들이 문제를 해결하도록 내버려 둔다. 성적도 낮고 학교 활동 참여도도 낮다는 경험적 증거는 놀랍지 않다. 소년의 경우 가출이나 무단결석의 빈도가 높고, 법적으로 문제를 일으키거나 체포되는 경우가 많다. 소녀는 반항적이고 저항적인 태도를 보일 가능성이 높고, 성적 도발을 보이며, 어려움에 좌절과 분노로 반응한다.

사회적 불편감(*A-sod*) 척도

A-sod 척도는 24문항으로 구성되어 있다. 이 가운데 16문항은 MMPI-A 척도 *0*과 중복된다. *A-sod* 척도가 상승한 청소년은 내향적이고, 수줍어하며, 사회적 상황에서 불편해하는 경향이 있다. 이들은 주위에 사람들이 있는 것을 싫어하고, 사회적 행사를 적극적으로 회피하며, 다른 사람들과 상호작용하는 것을 어려워한다. 경험적 증거에 의하면 이 척도에서 높은 점수를 받은 청소년은 사회적 고립이나 불편함을 경험하는 경향이 있다. 소년의 높은 점수는 불안과 신경과민, 자살 사고의 높은 발생률 및 낮은 수준의 학교생활 참여와 관련이 있다. 그리고 소녀의 높은 점수는 우울, 섭식 장애 문제, 사회적 철수, 무감동, 피로, 수줍음, 또래와의 경쟁 회피와 관련이 있다.

가정 문제(*A-fam*) 척도

A-fam 척도는 가족 간의 상당한 갈등 및 불화의 존재와 관련된 35문항으로 구성되어 있다. 이 척도가 상승된 청소년은 자주 가족 구성원과 싸운다. 이들은 가족 간에 사랑이나 이해가 없다고 보고하며, 가족 구성원들에게 이해받지 못하고, 부당하게 처벌받는다고 느낀다. 이들은 가족과 가정으로부터 벗어나거나 탈출하고 싶어 한다. 이들은 가족이 신체적으로 또는 정서적으로 학대한다고 여긴다. 가정 불화, 질투, 흠잡기, 분노가 가족 간 의사소통 패턴의 특징이다.

경험적 증거에 의하면 이 척도의 점수가 높은 소년은 가출이나 신체적 학대의 발생률이 높고, 소녀는 성적 학대의 발생률이 높다. 또한 소년은 매달리고, 의존적이고, 분개해하며, 자신의 미래에 대해 불안해한다. 소녀는 성적으로 도발적이거나 문란하고, 화가 나 있으며, 목소리가 크고, 시끄러워 보인다. 가출 빈도 역시 높다.

학교 문제(*A-sch*) 척도

A-sch 척도는 학교 장면에서 부딪히는 어려움과 관련된 20문항으로 구성되어 있다. 이 척도의 점수가 높은 경우 학교를 싫어하고 상당한 학업 문제나 행동상의 문제를 보이며, 발달지체나 학습 장애의 가능성이 있다. 이들은 종종 학

교에서 벌어지는 일에 심란해하며, 무단결석이나 정학의 기록을 보인다. 또한 학교 활동이나 스포츠에 참여하는 것을 회피하는 경향이 있으며, 학교생활을 시간 낭비라고 여긴다.

경험적 증거에 의하면 이 척도에서의 높은 점수는 낮은 성적, 과락, 훈육 조치와 근신, 정학 등 학업이나 행동상의 문제와 관련이 있다. 소년의 경우 법적 어려움, 약물 남용, 싸움, 가출의 이력이 있다. 소녀는 학업 부진과 실패, 무단결석, 학습 장애, 반항 등을 보인다.

부정적 치료 지표(*A-trt*) 척도

A-trt 척도는 치료를 시작할 때 이에 대해 장벽을 보이는 청소년을 확인하기 위한 26문항으로 구성되어 있다. 치료에 대한 장벽은 두 가지 출처에서 비롯된다. 하나는 변화할 수 있는 자신의 능력에 대한 낙담과 무관심이고, 또 하나는 다른 사람(특히 정신건강 전문가)의 도움에 대한 일반적인 의혹과 불신이다. 이 척도가 상승한 청소년은 삶에서 유의한 변화를 모색하는 데 불편함을 느낀다. 또는 변화 과정에서 다른 사람과 함께 작업하는 것을 쓸모없다고 여기거나 나약함의 표시라고 느낄 수 있다. 이들은 다른 사람이 자신을 이해하거나 돌볼 수 있으리라 믿지 않는다. 그래서 문제 영역에 대해 논의하는 것을 일반적으로 꺼려 한다. 또한 자신의 미래를 계획할 수 없다고 느끼며, 삶에서의 부정적인 사건이나 결과에 책임지는 것을 주저한다.

이 척도에서 상승된 점수가 반드시 심리치료의 좋지 않은 결과를 예견하지 않는다는 점을 유념할 필요가 있다. 상승된 점수는 좋지 않은 예후보다는 치료에 대한 부정적인 태도와 신념 등 치료 초기의 장벽이 존재함을 나타낸다. 지금까지의 경험적 증거에 의하면 소년의 높은 점수는 빈약한 형제 관계 및 신체적으로 또래를 위협하는 경향과 관련이 있다. 한편, 소녀의 높은 점수는 빈약한 신체적 협응, 특이한 신체적 움직임과 관련이 있다. *A-trt* 척도의 보다 유용하고 의미 있는 임상적 상관요인을 파악하기 위해서는 다양한 치료 과정 및 치료 성과 측정치와 관련된 보다 세심한 연구가 필요하다.

MMPI-A 보충 척도

MMPI-2의 보충 척도가 많은 데 비해 MMPI-A의 보충 척도는 여섯 개에 불과하다. 이 중 세 개는 MMPI에서 그대로 채택되었으며, 나머지 세 개는 특별히 MMPI-A를 위해 개발되었다. 내용 척도와 달리 모든 보충 척도는 선형 *T*-점수 변환 절차에 근거하여 *T*-점수로 환산된다. 하지만 60*T*~64*T*의 경계 범위 상승을 나타내는 '음영으로 된 영역'이 있음은 내용 척도의 경우와 같다. 또한 내용 척도와 마찬가지로 보충 척도를 채점하려면 MMPI-A의 모든 문항이 실시되어야 한다. 처음 350문항 이후에 실시가 중지되면 보충 척도를 채점하지 못한다.

MacAndrew 알코올 중독 척도-개정판(*MAC-R*)

내용 척도 및 보충 척도 프로파일에 나오는 처음 3개의 보충 척도는 물질 남용의 문제에 초점을 두고 있다. 이 중 첫 번째 척도가 *MAC-R*이다. 원래의 MacAndrew 알코올 중독 척도(*MAC*)는 1965년 MacAndrew가 남자 알코올 중독 환자 300명과 정신과 환자 300명의 MMPI 문항 반응을 비교하여 개발했다. MMPI-A가 개발되기 전에 이미 *MAC* 척도에 대해서는 청소년을 대상으로 사용하기 위해 상당히 많은 연구가 이루어졌다. 이 연구문헌들은 청소년의 높은 *MAC* 점수가 알코올이나 다양한 약에 대한 높은 수준의 남용과 관련 있음을 보여 주었다. 이후 *MAC*는 MMPI-2와 MMPI-A 모두에 대해 *MAC-R*로 개정되었다. 개정되면서 *MAC*의 네 문항이 삭제되었고, 삭제된 문항은 남용이 있는 사람과 없는 사람을 더 잘 구별해 주는 다른 문항으로 대체되었다. MMPI-A *MAC-R* 척도는 49문항으로 구성되어 있다. 높은 점수는 청소년이 알코올이나 약물 문제의 경험이 있는 성인과 유사할 가능성이 높음을 나타낸다. *MAC-R*에서의 높은 점수는 다양한 종류의 약물 사용과 남용을 나타낼 뿐만 아니라 충동성, 사회적 외향성, 위험을 감수하거나 감각 추구적인 행동에 대한 강한 의욕을 포함하여 다양한 성격 특성과도 관련이 있다.

다음은 높은(65*T* 이상) *MAC-R* 점수와 관련된 상관요인이다.

- 알코올과 다양한 약물 사용이나 남용의 가능성이 높음

- 대인 관계에서의 자기주장, 지배성, 대담함
- 충동적이고, 비관습적이며, 감각 추구적인 행동

알코올/약물 문제 인정(*ACK*) 척도

ACK 척도는 MMPI-A를 위해 새로이 개발된 척도이다. 이 척도는 청소년이 알코올이나 약물 사용과 관련된 증상이나 태도, 행동, 신념을 자발적으로 인정하려는 정도를 측정하기 위해 고안되었다. *ACK* 척도는 알코올이나 약물 사용과 직접적으로 관련 있다고 여겨지는 13문항으로 구성되어 있다. 이 척도는 통계적 준거를 근거로 신뢰도와 타당도가 높아지도록 다듬어졌다. 이 척도의 상승은 청소년이 약물이나 알코올 사용을 기꺼이 인정하려는 정도를 나타낸다. 이 척도가 높은 청소년은 알코올, 마리화나, 기타 약물의 사용을 솔직히 인정하며, 약물 사용과 관련된 여러 가지 태도나 믿음, 행동을 시인한다. 요약하면, 65*T* 이상의 상승은 다음의 특성과 관련이 있다.

- 알코올이나 마리화나, 다른 약물의 사용을 기꺼이 시인함
- 충동성과 빈약한 판단력

알코올/약물 문제 가능성(*PRO*) 척도

PRO 척도는 경험적으로 얻은 36문항으로 구성되어 있다. 이 문항은 가족 특성, 또래 집단의 특성, 반사회적 행동과 신념, 학업적 흥미와 행동 등 폭넓은 범위의 내용을 포함한다. *PRO* 척도의 문항은 알코올이나 약물 치료 프로그램에 있는 청소년과 입원하여 정신과 치료를 받고 있는 청소년이 차별적으로 시인한 문항을 근거로 경험적으로 선정되었다. 따라서 *PRO* 척도를 개발하기 위해 사용한 '집단 대조법'은 MacAndrew가 *MAC* 척도를 만들 때 사용한 방법과 매우 유사하다. 일반적으로 아래의 특성은 65*T* 이상의 *PRO* 척도 점수와 관련이 있다.

- 알코올 또는 약물을 남용하거나 사용하기 쉬움
- 불량한 또래 집단과 어울림
- 집과 학교에서 행동 문제나 훈육 문제가 있음

미성숙(*IMM*) 척도

IMM 척도는 청소년기의 심리적 성숙을 측정하기 위해 MMPI-A의 척도로 개발되었다. 이 척도는 Loevinger(1976)의 자아발달 개념에 근거를 두고 있다. 특히 전동조주의자(pre-conformist)와 동조주의자(conformist)로 특징지어지는 발달 단계가 초점이다. MMPI-A 문항과 자아발달 측정치 간의 상관관계에 근거하여 예비 문항을 선정했다. 그 후 평정자들은 예비 문항이 자아발달 개념과 관련된 정도를 평정했다. 문항 개발의 마지막 단계에 연구자들은 *IMM* 척도의 내적 합치도에 미치는 전반적인 효과에 근거하여 문항을 남겨 두거나 삭제했다.

최종적으로 *IMM* 척도는 자신감의 결여, 비난의 외재화, 통찰이나 자기성찰의 결여, 대인 관계나 사회적 불편과 소외, 이기주의와 자기중심성, 적대감과 반사회적 태도 등의 다양한 영역을 포함하는 43문항으로 구성되었다. 이 척도가 상승한 청소년은 충동적이고 자기자각의 역량이 제한되어 있다고 기술된다. 이들은 자기중심적인 경향이 있으며, 삶을 지나치게 단순하고 구체적인 방식으로 본다. 또한 대인 관계에서 기회주의적이고, 착취적이며, 요구가 많다. Loevinger 모델에 따르면, 이들은 전동조주의자 발달 단계에서 느끼고, 생각하고, 행동한다. 일반적으로 *IMM* 점수가 높은(65*T* 이상) 청소년은 아래의 특징이나 상관요인과 관련이 있다.

- 쉽게 좌절하고 참을성이 없는 태도
- 시끄럽고, 가만 있지 못하며, 쉽게 분노하는 경향
- 성실하지 못하고 약자를 괴롭힘
- 학업이나 사회 관계에서 어려움이 있는 과거력
- 비협조적이고, 반항적이며, 저항적인 태도

Welsh의 불안(A) 척도와 억압(R) 척도

Welsh(1956)의 불안 척도와 억압 척도는 MMPI의 요인 분석 결과에서 유도되었다. 첫 번째 요인은 일반적 부적응(General Maladjustment) 외에 다양한 이름이 붙여졌다. Welsh는 이 요인을 불안(*A*)으로 명명했다. 총 35개 문항으로 이루어진 MMPI-A의 *A* 척도는 다양한 형태의 정서적 · 정동적 괴로움과 관련이 있다. 이 척도에서의 높은 점수는 부적응, 불안, 우울, 비관주의, 일반적인 정서적 불편감과 괴로움을 반영한다. 연구에 따르면 이 척도에서 상승을 보이는 청소년은 두려움과 불안이 심하고, 자기비판적이며, 쉽게 죄책감을 느끼는 경향이 있다. 일반적으로 이 척도에서의 상승은 다음의 특징과 관련이 있다.

- 긴장하고 불안한 상태
- 두려움과 반추
- 부적응적이고 정서적으로 괴로워함
- 자기비판적이고 죄책감을 느끼는 경향

Welsh는 MMPI의 요인 분석 결과에 나타난 두 번째 차원을 평가하기 위해 억압(*R*) 척도를 개발했다. MMPI-A의 *R* 척도는 총 33문항으로 이루어져 있으며, 모든 문항이 '아니다'로 채점된다. *R* 척도에서 상승을 보이는 사람들은 보수적이고, 순종적이며, 우호적인 모습을 보인다. *R* 척도에서의 상승과 관련된 특성은 다음과 같다.

- 지나치게 통제되고 억제된 본성
- 수동성과 순응
- 행동화를 하거나 과시적으로 품행 장애의 행동을 보일 가능성이 낮음
- 비관적이고 지나치게 조심하는 경향

✻ MMPI-A 구조적 요약의 개발과 적용

앞서 단독 상승 척도 및 코드유형을 이용한 해석적 접근을 제시했다. 이러한 접근은 MMPI-A의 기본 임상 척도가 주는 정보에 근거하고 있다. 하지만 MMPI-A는 표준적으로 사용되는 보다 많은 척도/소척도를 포함하고 있다. 해석 과정에 이 척도들을 통합하려면 상당한 주의가 요구된다. 문제는 MMPI-A를 구성하는 69개의 척도/소척도 간에 상당한 정도의 상관관계나 중복이 존재한다는 점이다. 이러한 사실은 MMPI-A 결과를 통합하거나 해석하는 과정을

복잡하게 만든다. 척도 간의 상관관계가 높은 부분적인 이유는 MMPI에 들어 있는 척도 간에 중복되는 문항이 많기 때문이다. 사실, 같은 문항을 여러 척도에서 볼 수 있다. 이러한 구조적 중복은 상당한 수준의 상호 상관적인 중복으로 이어진다. MMPI-A 척도 간에 상관관계가 높은 또 다른 이유는 MMPI-A 척도가 유사한 기저의 구성 개념(이를테면 우울과 불안)을 측정하고 있다는 점이다. 따라서 MMPI-A 척도 간의 높은 상관관계는 문항과 구성 개념을 공유하는 데서 비롯된다고 볼 수 있다. 예로, MMPI-A의 기본 척도 *1*과 *A-hea* 내용 척도 간의 높은 상관관계($r \geq .90$)는 두 척도가 서로 공유하는 문항이 많을뿐더러 공통된 구성 개념에 측정의 초점을 두고 있음을 반영한다. 반면, 척도의 명칭만으로는 비슷한 구성 개념을 측정하는 것으로 보이나 서로 상관관계가 높지 않은 MMPI-A 척도도 있다. 예로, 척도 *2*와 *A-dep* 척도는 규준표집의 소녀을 대상으로 했을 때 $r = .54$로 보통 수준의 상관을 보인다. 이 두 척도는 상당히 다른 구성 개념이나 변인을 측정하는 것으로 여겨진다. 이런 이유로, 해당 청소년의 심리적 기능 상태를 전반적으로 요약할 때 MMPI-A의 척도/소척도에서 얻은 정보를 통합하는 것이 쉽지 않다.

69개의 MMPI-A 척도/소척도를 기저의 보다 적은 차원으로 수렴할 수 있는 가장 좋은 통계적 방법은 검사 도구에 대해 요인 분석 접근을 하는 것이다. MMPI와 MMPI-A에 대해서는 문항 수준과 척도 수준에서 요인 분석이 이루어져 왔다. 검사 결과를 해석하는 데 보다 중요한 함의를 갖는 것은 척도 수준의 요인 분석이다. MMPI-A 척도/소척도를 요인 분석한 결과, 원점수의 거의 모든 변량을 8개의 기저 차원으로 설명할 수 있었다. 이 구조적 차원들은 해당 청소년의 기본 심리적 기능 상태에 대해 정확한 추론을 가능하게 하는 중요하고 유용한 정보를 제공한다. 이 접근의 주요 장점은 청소년의 기능 상태에 대한 포괄적인 평가를 촉진한다는 점이다. 또한 이 접근은 기본 척도, 내용 척도, 보충 척도, Harris-Lingoes 소척도와 *Si* 소척도 등 MMPI-A 척도에 대한 전형적인 분류로 생겨난 인위적인 구분을 없애 준다. 요인 분석 결과에 의해 제공되는 구조적 관점은 MMPI-A가 척도 간 상관이 높은 도구이면서, 또한 기저하고 있는 심리적 기능 상태와 정신병리의 폭넓은 차원을 반영하고 있음을 강조한다. 현재 MMPI-A 구조적 요약에 포함되는 8개 차원의 요인은 원래 Archer,

Belevich와 Elkins(1994)가 MMPI-A 규준 집단에게 실시한 요인 분석 결과에 바탕을 두고 있다. 최근 Archer와 Krishnamurthy(1997b)는 임상집단을 대상으로 요인 분석 결과를 반복 검증했다.

Archer와 Krishnamurthy(1994)는 1,620명의 MMPI-A 규준 집단과 청소년 내원환자 집단에서 얻은 자료를 근거로 구조적 요약의 요인에 대해 광범위한 경험적 상관요인을 제공했다. 이 상관요인은 청소년의 자기보고, 부모의 평정, 치료진의 평정, 그리고 입원 장면에서 청소년이 보이는 문제로부터 얻은 자료를 근거로 하고 있다. 보다 자세한 내용은 Archer, Krishnamurthy와 Jacobson(1994)을 참조하기 바란다.

이 시점에 MMPI-A 구조적 요약은 임상가가 청소년의 심리적 기능을 기술할 때 전반적으로 중요한 기본적 차원에 효과적으로 초점을 맞출 수 있게 하는 최상의 도구가 될 수 있다. 임상가는 절반 이상의 척도/소척도가 체크(이를테면 3장에서 논의되었듯이 60*T* 이상 혹은 40*T* 이하)된 요인에 한해 해석해야 한다. 이는 또한 임상가가 절반 이상으로 체크된 차원을 청소년에게 현저하게 나타나는 차원으로 강조해야 함을 시사한다. 나아가 특정 차원에 체크된 검사/소검사의 비율이 높을수록 그 차원은 청소년에 대한 포괄적인 기술을 제공하는 데 더 큰 역할을 할 것이다. 다음은 MMPI-A 구조적 요약을 활용하기 위한 두 가지 지침이다.

- 해석 과정에서 특정 요인을 강조하려면 그 요인 내의 척도/소척도의 대다수가 결정 기준(60*T* 이상 혹은 40*T* 이하)을 만족시켜야 한다.
- 한 요인 내에서 결정 기준을 만족시키는 척도/소척도의 상대적인 비율이 높을수록 해당 차원의 상대적 현저성이 커지고, 그 차원에 대한 해석적 강조도 커진다.

✲ MMPI-A 구조적 요약 요인

일반적 부적응 요인(23개의 척도/소척도)

MMPI-A 구조적 요약의 첫 번째 요인에 대해서는 상당히 많은 연구가 이루어졌다. 그리고 첫 번째 요인은 모든 요인 분석에서 공통적으로 발견되었다. 이 요인은 검사 도구의 가장 큰 변량을 설명하며, 일반적 부적응이나 일반적 괴로움의 차원으로 명명된다. Welsh는 이 요인을 '불안'으로 지칭했다. 그의 불안 척도(1956)는 이 요인에 대한 가장 좋은 단일 지표이다. 이 차원에 체크된 검사/소검사의 비율이 높은 청소년은 다음과 같은 특성을 보이기 쉽다.

- 가정과 학교에서 상당한 적응 문제
- 자기의식, 사회적 철수, 소심함, 의존성
- 슬픔, 우울, 반추
- 사회 활동에서의 낮은 자신감
- 경쟁 상황에 대한 회피
- 피로, 권태, 수면 문제

미성숙 요인(15개의 척도/소척도)

MMPI-A의 구조적 요약에 반영된 두 번째 요인은 미성숙으로 명명되었다. 이 차원의 일차적인 지표는 미성숙(*IMM*) 척도이다. 이 차원에 체크된 검사/소검사의 비율이 높은 청소년은 다음과 같은 특성을 보이기 쉽다.

- 이기주의와 자기중심성
- 제한된 자기자각과 심리적 통찰력
- 빈약한 판단력과 충동 통제
- 정학, 규율 위반, 낮은 학업 성적 등의 학교 문제
- 위협과 괴롭힘, 신체적 공격성이 현저한 또래 관계
- 과잉 행동, 비행, 공격적 행동의 높은 가능성

탈억제/흥분 가능성 요인(12개의 척도/소척도)

구조적 요약의 세 번째 차원은 탈억제/흥분 가능성 요인이다. 이 차원은 빈약하게 통제되었거나 충동적인 행동을 저지르는 경향을 반영한다. 이 차원의 가장 좋은 지표는 척도 *9*와 *Ma2*(심신운동 항진)이다. 이 차원에 체크된 검사/소검사의 비율이 높은 청소년은 다음과 같은 특성을 보이기 쉽다.

- 규율 위반으로 이어지는 충동성
- 뽐내고, 시끄럽고, 수다스럽고, 주의를 끄는 행동
- 낮은 학교 성적과 낙제의 과거력
- 약물이나 알코올 남용의 높은 가능성
- 대인 관계에서의 지배성과 공격성
- 권위상이나 또래와의 갈등

사회적 불편감 요인(8개 척도/소척도)

구조적 요약의 네 번째 요인은 사회적 불편감으로 명명되었다. 이 차원은 사회적 내향성, 사회적 불편감, 낮은 자존감, 대인 관계나 사회적 상황에서의 불안과 관련된 척도의 상승으로 특징지어진다. 이 차원에 체크된 검사/소검사의 비율이 높은 청소년은 다음과 같은 특성을 보이기 쉽다.

- 사회적 철수와 자기의식
- 또래에게 지배당하는 경향이 있으며, 두려움이 많고, 소심하고, 고분고분하다고 여겨짐
- 행동화의 가능성이 낮고 내현화 행동의 가능성이 높음

건강염려 요인(6개의 척도/소척도)

구조적 요약의 다섯 번째 요인은 건강염려 혹은 신체화로 명명되었다. 기본 임상 척도 가운데 이 요인에 대한 가장 좋은 측정치는 척도 *1*과 *3*이다. 내용 척도 중에서는 *A-hea* 척도가 중요한 지표로 여겨진다. 이 차원에 체크된 검사/소검

사의 비율이 높은 청소년은 다음과 같은 특성을 보이기 쉽다.

- 쉽게 피곤하고 인내심이 떨어지는 경향
- 수면 문제, 학업 문제, 체중 감소를 보고할 가능성
- 사회적 역량이 낮고 사회적으로 고립될 가능성
- 의존성, 수줍음, 슬픔, 건강 기능에 대한 집착

순진성 요인(5개의 척도/소척도)

구조적 요약의 여섯 번째 요인은 순진성으로 정의되었다. 이는 Harris-Lingoes 소척도에서 순진함(도덕적 미덕)을 나타내는 *Pa3*가 이 차원의 유용하고 가치 있는 지표로 작용하기 때문이다. 이 차원에 체크된 검사/소검사의 비율이 높은 청소년은 다음과 같은 특성을 보이기 쉽다.

- 자신을 믿을 만하고, 사회에 동조적이며, 낙관적이라고 내보임
- 적대감, 부정적 감정, 혹은 충동의 존재를 부인하는 경향
- 보수적인 행동을 강조하고, 도발적이거나 반사회적인 행동의 가능성이 낮음

가족 소외 요인(4개의 척도/소척도)

MMPI-A 구조적 요약에서 확인된 일곱 번째 요인은 가족 소외이다. 이 요인은 가족 갈등으로 명명될 수도 있다. 이 차원의 가장 좋은 지표는 내용 척도의 가정 문제(*A-fam*)와 Harris-Lingoes 소척도의 가정 불화(*Pd1*)이다. 이 차원에 체크된 검사/소검사가 세 개 이상인 청소년은 다음과 같은 특성을 보이기 쉽다.

- 부모가 보기에 적대적이고, 비행을 잘 저지르며, 공격적임
- 부모와 잦거나 심한 갈등을 겪는 등 부모와의 관계가 빈약함
- 학교에서 정학이나 근신으로 이어지는 훈육상의 문제를 일으킬 가능성이 높음
- 소란스럽고, 위협적이며, 욕설을 하고, 복종하지 않음

정신증 요인(4개의 척도/소척도)

구조적 요약의 마지막 요인은 정신증으로 지칭된다. 이는 이 요인을 정의하는 네 개의 척도/소척도가 정신병적 증상에 크게 영향을 받기 때문이다. 이 차원에 체크된 검사/소검사가 세 개 이상인 청소년은 다음과 같은 특성을 보이기 쉽다.

- 또래 집단에게 놀림을 받거나 거부될 가능성이 높음
- 갑작스러운 기분 변화나 통제되지 않은 분노 표출을 보이기 쉬움
- 사회적인 관계가 없고 분열성적 양상을 보임

✻ MMPI-A 구조적 요약 해석하기

Archer와 Krishnamurthy(1994)는 청소년의 기능 상태를 기술할 때, 척도/소척도 중 절반 이상이 결정 기준치를 넘어서는 경우에 한해 해당하는 구조적 요약의 차원을 청소년의 현저한 특성으로 강조할 것을 제안했다. 이 지침을 평가하기 위해 행해진 최근의 연구는 결정 기준치를 넘어서는 척도/소척도 옆에 단순히 체크를 하고, 체크된 척도/소척도의 단순 합을 구하는 것이 특정 차원이나 요인에서 결정 기준치를 넘어서는 척도/소척도의 비율을 구하는 효율적인 방법이라고 제안했다. 예로, 미성숙 요인과 관련된 척도/소척도 중에서 60*T* 이상을 얻어 체크된 척도/소척도의 수가 여덟 개라면, 이 요인은 체크된 척도/소척도의 비율이 50% 이상이라는 준거를 충족한다. 따라서 미성숙 요인은 해당 청소년의 검사 결과를 해석하는 데 강조될 것이다.

어떤 차원에서 상승한 척도/소척도의 특정 패턴을 검토하고 청소년을 보다 정확하게 기술하는 데 이러한 정보를 사용하는 것 역시 가능하다. 예로, 미성숙 차원에 체크된 여덟 개의 척도/소척도가 *F*, *8*, *6*, *Pa1*, *Sc2*, *Sc6*, *A-biz*, *A-aln* 이라면, 대인 관계에서의 장애를 수반한 소외되고 분열성적인 적응을 강조하는 미성숙 요인의 특성에 대해 논의하는 것이 적절해 보인다. 반면, 미성숙 요인에 체크된 여덟 개의 척도/소척도가 *IMM*, *F*, *ACK*, *MAC-R*, *A-sch*, *A-con*,

A-fam, *A-trt* 라면, 이 청소년에게 반영된 미성숙 차원은 빈약한 판단력, 빈약한 충동 통제, 공격성, 비행, 외재화된 행동을 강조한다. 이 패턴은 앞의 패턴과 달리 학교환경과 가정환경 모두에서 행동 문제가 현저한 품행 장애적인 증상을 반영한다. 결정 기준치에 달하는 척도/소척도를 검토하여 구조적 요약 차원의 해석을 가다듬는 방식은 가족 소외나 정신증과 같이 작고 비중이 낮은 요인에 비해 일반적 부적응, 미성숙, 탈억제/흥분 가능성과 같이 크고 복잡한 요인에 더 유용하다.

MMPI-A 구조적 요약의 활용에 대한 마지막 지침은 결정 기준치에 달하는 척도/소척도의 비율이 더 높은 요인이나 차원에 대해 더 큰 해석적 강조가 주어져야 한다는 점이다. 이를테면, 일반적 부적응 요인을 정의하는 23개의 척도/소척도 중 18개(78%)가 결정 기준치에 이르고, 미성숙 차원을 정의하는 15개의 척도/소척도 중 8개(53%)가 결정 기준치에 달했다면, 검사 자료를 해석할 때 미성숙 차원과 관련된 특징보다는 일반적 부적응 차원과 관련된 특성과 상관요인이 보다 강조되어야 한다. MMPI-A 구조적 요약의 여덟 개 차원과 관련된 핵심적인 특징이 빠른 참조 4.3에 요약되어 있다.

✲ 종합하기: MMPI-A 해석의 단계

MMPI-A로부터 의미 있고 유용한 정보를 이끌어 내는 능력은, 방대하고 복잡한 자료를 성공적으로 통합하는 능력과 결합된, 임상가의 전반적인 해석 기술과 지식에 달려 있다. 통합적 해석 과정은 MMPI-A의 결과에 영향을 줄 수 있는 검사 외 요인, 즉 검사가 이루어진 환경이나 검사의 목적 등을 검토하는 것에서부터 시작된다. 예로, 사전 심리의 일부로 소년원에서 선별 평가된 청소년의 프로토콜은 정신건강의학과 병동에서 퇴원 계획의 일부로 평가받는 청소년의 프로토콜이나, 특수교육 서비스 적합성 판정의 일부로 공립학교에서 평가받는 청소년의 프로토콜과 매우 다를 것이다. 나아가 청소년의 건강 상태, 정신건강의학적 증상이나 치료의 과거력, 가족력, 인종적 · 문화적 배경, 사회경제적 지위는 MMPI-A의 결과나 이로부터 추론되는 정보의 정확성과 효

빠른 참조 4.3

MMPI-A 구조적 요약 요인의 주요 특징

요인	주요 특징
일반적 부적응	정서적 고통, 전반적으로 빈약한 적응
미성숙	자기초점, 제한된 자기자각이나 통찰, 빈약한 판단력
탈억제/흥분 가능성	빈약한 충동 통제, 훈육 문제
사회적 불편감	철수와 소심함, 다른 사람들의 지배를 받음
건강염려	의존, 고립, 신체화
순진성	부정적인 충동의 부인, 낙천주의, 동조
가족 소외	불복종, 비행, 공격성, 훈육 문제
정신증	강박성, 사회적 철수, 잘 조정되지 않는 감정

용에 영향을 미칠 수 있다. 앞서 논의했듯이 수검자의 배경이나 과거를 고려하지 않고 일종의 '블라인드' 방식으로 MMPI-A 프로토콜을 해석할 수는 있다. 하지만 임상실제에서 이러한 접근은 바람직하지 않을뿐더러, 수검자의 배경과 검사 맥락을 고려한 해석에 비해 정확성이 언제나 떨어진다.

다음 단계에서는 타당도 척도와 지표를 검토하여 MMPI-A 프로파일의 기술적(技術的) 타당도를 평가한다. 앞서 언급했듯이 이 과정에서는 빠뜨린 문항 수를 검토하고, 반응의 일관성 및 정확성과 관련된 변인을 평가하게 된다. 타당도와 관련된 내용은 '수검 태도'라는 이름으로 MMPI-A 구조적 요약 프로파일의 상단 부분에 제시되어 있다. 빠뜨린 문항의 수는 *?* 척도에 반영되고, 반응 일관성은 *VRIN*과 *TRIN* 척도에 반영된다. 반응 일관성은 또한 *F1*, *F2*의 T-점수 차이에도 어느 정도 반영된다. 그리고 반응 패턴의 정확성은 타당도 척도인 *F*, *L*, *K*를 사용하여 평가할 수 있다. 과대 보고의 경우, MMPI-A 프로파일에서 *F*가 90*T* 이상이고, 비임상 척도인 *Mf*와 *Si*를 제외한 모든 기본 척도에서 유의한 상승을 보이는 '붕 뜬' 임상 척도 패턴을 통해 확인할 수 있다. 반대로 과소 보고의 가장 좋은 예는 정신병리의 과거력이 있는 청소년이 타당도 척도

L, *K*의 점수가 65*T* 이상이고, *Mf*와 *Si*를 제외한 모든 기본 임상 척도의 점수가 60*T* 미만인 MMPI-A 프로토콜을 보이는 경우이다.

프로파일 해석의 다음 단계는 기본 임상 척도 또는 표준 임상 척도에 반영된 자료를 검토하고 이를 해석하는 데 가장 유용한 접근을 선택하는 것이다. 하나의 임상 척도에서만 상승(65*T* 이상)을 보이는 프로파일의 경우, 단독으로 상승한 척도에 해석적 접근의 초점이 주어지고, 해당 척도와 관련된 증상이나 정신병리적 특성이 강조된다. 두 개 이상의 기본 척도가 임상 범위의 상승을 보인다면 임상가는 단일 척도 해석을 할 것인지, 코드유형을 이용한 해석적 접근 방식을 따를 것인지를 결정해야 한다. 만약 단일 척도 접근 방식을 취한다면 가장 많이 상승한 척도에 중점을 두되, 상승한 척도 각각에서 얻는 정보나 특성을 단순히 종합하게 된다. 그러나 코드유형 해석을 택한다면 임상가는 해당 청소년의 프로파일과 가장 부합되는 코드유형을 Archer(1997)가 제안한 기본적인 코드유형에서 찾아 분류하게 된다. MMPI-A 코드유형의 유용성은 주어진 청소년의 프로파일에서 코드유형을 이루는 척도의 상승 정도, 아울러 코드유형이 보이는 선명도와 관련될 것이다.

세 개 이상의 척도에서 임상적 상승(65*T* 이상)을 보이는 프로파일의 경우, 코드유형과 개별 척도 해석을 조합하는 접근이 선호된다. 코드유형과 관련된 상관요인이나 기술어를 코드에 들어 있지 않은 척도와 관련된 상관요인이나 기술어와 조합하여 해석하는 방식이다. 거듭 강조하건대 해석 과정을 이끄는 원칙은 가장 크게 상승한 척도에서 유도된 상관요인이나 기술어가 해당 청소년에 대한 기술에서 더 많은 비중을 차지해야 한다는 것이다.

앞서 언급했듯이 MMPI-A 기본 척도의 해석적 접근에는 개별 척도 접근, 코드유형 접근, 그리고 여러 척도가 상승한 경우 이 두 접근을 조합하는 접근이 있다. 어떠한 접근을 선택하든 Harris-Lingoes 소척도와 *Si* 소척도를 사용하는 것은 상승한 척도에 대한 해석을 향상하는 데 매우 효과적이다. 특히 기본 척도가 경계 범위에서 중등도로 상승한 경우에 그렇다. Harris-Lingoes 소척도와 *Si* 소척도는 상응하는 기본 척도가 임상 범위로 상승하지 않은 경우에는 해석하지 않는다. 예로, 척도 *4*의 점수가 60*T* 미만이라면, 척도 *4*와 관련되었다는 이유로 Harris-Lingoes 소척도를 검토하거나 해석해서는 안 된다. 이는 대부분의 소척도가 매우 짧기 때문에 신뢰도가 감소된다는 점에서 매우 중요한 사항이다. 또한 기본 척도가 임상 범위로 상승하지 않은 상태에서 소척도를 해석하는 것은 종종 정신병리적 특성이나 특질을 강조하게 되어 해당 청소년을 '과잉 병리화'할 소지가 있으므로 주의를 요한다.

MMPI-A 기본 척도를 검토하고, Harris-Lingoes 소척도와 *Si* 소척도를 사용하여 해석을 가다듬은 다음, 임상가는 내용 척도와 보충 척도에서 얻은 자료를 검사 결과에 통합해야 한다. 보충 척도에 대한 검토는 해당 청소년의 전반적인 정서적 고통의 정도, 자아 성숙, 그리고 주요 방어기제로서 억압의 사용과 관련된 중요한 정보를 제공한다. 보충 척도는 또한 청소년의 문제가 알코올이나 약물 남용을 포함할 가능성에 대해서도 광범위한 정보를 제공한다. 15개의 내용 척도도 해당 청소년의 기능에 대해 광범위한 정보를 제공한다. 그러나 내용 척도에 대해 더 많은 연구가 이루어지기 전까지는 단독으로 내용 척도를 해석하지 말고, 기본 척도에서 추론된 정보와 결합하여 신중하게 해석하는 것이 좋다. 내용 척도 *A-anx*, *A-obs*, *A-dep*, *A-aln*, *A-biz*의 결과는 해당 청소년의 정서적 기능 상태와 전반적인 적응 수준에 대한 정보를 제공한다. 반면 *A-ang*, *A-cyn*, *A-con* 척도의 결과는 청소년이 행동적 문제를 일으키거나, 외재화 방어기제를 쓰는 청소년처럼 다른 사람과 갈등을 일으킬 소지에 대한 정보를 제공한다. 끝으로 *A-lse*, *A-las*, *A-sod*, *A-fam*, *A-sch*, *A-trt* 척도는 사회환경, 학교환경, 가족환경, 그리고 심리치료 과정에 대한 초기 태도 등 다양한 영역에서 해당 청소년의 기능에 대한 풍부한 정보를 제공한다. 보충 척도와 내용 척도 모두 임상 범위의 상승은 65*T* 이상의 점수로 정의된다. 이 범위로 상승한 경우, 상승한 척도에 의해 측정되는 증상이나 행동이 해당 청소년의 기능을 잘 기술할 것이다. 경계 수준의 상승은 60*T*~64*T* 범위의 점수로 정의된다. 임상 척도나 보충 척도에서 경도의 상승을 보고하는 청소년은 관련 증상이나 문제를 비교적 덜 보고할 것이다. 경계 수준의 상승에서 얻은 해석적 진술에 대해서는 확신을 덜 주어야 한다.

프로파일 분석의 마지막 단계에 임상가는 MMPI-A 척도 자료를 조직화하는 수단으로 구조적 요약 양식을 선택할 수 있다. 앞서 논의했듯이 구조적 요약 양식은 해당 청소년의 전체 MMPI-A 검사 결과를 조직화하고 단순화하기 위

명심할 점

해석 시 따라야 할 단계

- 평가 장면, 검사 목적, 수검자의 과거력이나 배경과 같이 MMPI-A 검사 결과에 영향을 줄 수 있는 검사 외 요인을 고려하여 해석을 가다듬고 정확성을 높여라.
- 프로파일의 해석 가능성을 평가하기 위해 타당도 척도를 사용하라.
- 코드유형의 상승과 선명도에 기초하여 코드유형 해석 (대[對] 단일 척도 해석) 방식이 적합한지 고려하라.
- Harris-Lingoes 소척도와 *Si* 소척도를 적용할 수 있다면 소척도의 상승을 통해 기본 척도 상승의 원천을 확인해 보라.
- 내용 척도와 보충 척도에서 얻은 정보를 활용하여 기본 척도에서 얻은 결과를 풍부하게 하라.
- 중요한 추세를 확인하기 위해 구조적 요약의 요인 패턴을 검토하라.

한 것이다. 이러한 절차는 해당 청소년의 기능 중에서 가장 특징적이고 포괄적인 측면을 강조하는 한편, 매우 임의적으로 구분된 척도 간 범주는 덜 강조하는 방식으로 이루어진다. 특정 차원을 해당 청소년의 성격 기능에서 중요한 요인으로 강조하려면, 이 차원과 관련된 대부분의 척도/소척도가 결정 기준치(척도에 따라 65*T* 이상 혹은 40*T* 이하)에 도달해야 한다. 이러한 조건이 충족되면 임상가는 MMPI-A 구조적 요약으로부터 청소년의 기능을 가장 잘 반영하는 특징을 확인할 수 있을 것이다. 나아가 결정 기준치에 이르는 척도/소척도의 비율이 50%를 넘는 차원이나 요인이 둘 이상인 경우, 보다 비율이 높은 차원이 해당 청소년에 대한 포괄적인 기술에서 더 큰 비중을 차지할 것이다.

✲ 컴퓨터 기반 검사 해석 접근법

MMPI-A 해석적 접근에 대한 개관을 마무리하면서 컴퓨터 기술을 사용하여 이 검사 도구를 해석하는 것에 대해 간략히 논의하겠다. MMPI에 대한 광범위한 경험적 문헌 및 보험 통계적 해석을 가능하게 하는 강력한 개념적 기초에 힘입어 MMPI는 전산화된 채점 방식과 해석 프로그램을 적용한 첫 번째 도구가 되었다. 초기 MMPI 컴퓨터 해석 시스템이 개발된 이후, 컴퓨터에 기반을 둔 검사 해석은 객관적 검사, 투사적 검사, 지능검사, 신경심리학적 검사 등 다양한 평가 도구로 확산되었다.

MMPI에 컴퓨터 기반 해석을 처음으로 적용한 프로그램은 넘치는 환자를 다루기 위해 1960년대 초에 메이오클리닉에서 개발되었다. 1963년 Raymond Fowler는 영리 목적으로 광범위하게 사용된 첫 번째 컴퓨터 기반 MMPI 해석 서비스를 개발하고, Roche Corporation이 이를 보급했다. 오늘날 영리 목적의 MMPI-2 해석 프로그램이 숱하게 있으며, MMPI-A 해석 프로그램만 해도 적어도 세 개가 있다. 세 개의 MMPI-A 컴퓨터 패키지는 Archer가 개발하고 Psychological Assessment Resources(PAR)에 의해 보급된 MMPI-A 청소년 해석 시스템, Butcher와 Williams가 개발하고 National Computer Systems(NCS)가 보급한 미네소타 보고서: 청소년 해석 시스템, Marks와 Lewak가 개발하고 Western Psychological Services(WPS)에 의해 보급된 Marks 청소년 해석 보고서이다. PAR MMPI-A 프로그램의 결과는 7장에 예시되어 있다.

MMPI에 대한 자동화된 컴퓨터 해석 보고서는 연구 결과와 임상적 경험의 조합에 근거를 두고 있다. 이러한 접근을 검사 해석에 대한 보험 통계적·임상적 접근이라고 한다. 구체적으로, 출판된 연구 결과가 개발자의 임상적 가설이나 임상 경험과 조합되고, 이를 바탕으로 특정 세트의 검사 점수에 해당되는 일련의 해석적 진술이 만들어진다. 컴퓨터 해석 패키지에 접속하면 해당 컴퓨터의 메모리에 담긴 수많은 진술에 대한 검토가 이루어지고, 특정 세트의 검사 점수나 패턴에 적합하다고 판단되는 해석적 진술이 출력된다. 컴퓨터 기반 해석의 정확성은 해석적 진술을 생성하는 개인의 지식과 기술뿐만 아니라, 이러한 지식을 컴퓨터 코드와 호환될 수 있는 양식으로 변환하는 개인의 능력에 달려 있다.

연구에 따르면 컴퓨터 기반 검사 해석 프로그램의 전반적인 질과 정확도는 매우 다양하다. 미국 심리학회(APA)는 컴퓨터 기반 검사 도구(CBTI)의 개발과 사용에 대한 일련의 지침을 출판했다.(APA, 1986). 이 지침에는 전문가가 익숙하고 잘 알고 있는 도구에 한해 CBTI 보고서를 사용할 것과, 그러한 보고서를 오로지 임상적 판단에 비추어 사용하도록 규정하고 있다. 연구에 따르면 가장 훌륭한 CBTI 프로그램조차 임상가가 평정할 경우 중등도 수준의 정확성을 띤다. 따라서 CBTI 프로그램이 환자에 대한 해석적 진술을 제공하는 유일한 근거가 되어서는 안 된다. Butcher(1987)는 컴퓨터 기반 검사 해석의 사용에 따른 몇 가지 장점을 제안했다. 그는 이러한 접근이 종종 비용에 비해 효과적이라는 점과, MMPI 프로토콜에 대해 객관적이면서 신뢰로운 '외부' 의견을 가장 빠르게 얻을 수 있는 방법이라는 데 주목했다. 예로, 자료를 시스템에 입력한 후 몇 분 이내에 바로 보고서를 받아 볼 수 있으며, 보고서에는 내담자의 특성에 따른 해석자의 편향도 개입되지 않는다. 하지만 Butcher는 CBTI와 관련된 몇 가지 단점에도 주목했다. 이는 프로그램의 종류가 혼란스러울 만큼 많다는 점, 프로토콜에 대한 해석적 진술이 너무 일반적이어서 CBTI를 이용하는 당사자를 밀접하게 기술하지 못하는 점, CBTI 제품의 광범위한 이용 가능성으로 인해 오용이 증가할 수 있다는 점 등이다. APA의 지침은 임상가가 CBTI를 이용한 접근에 대한 책임을 질 것을 명시하고 있다. 또한 이 지침은 특정 수검자에 대한 CBTI 진술의 적용 가능성을 판단하기 위해 CBTI 사용자가 반드시 검사, 검사 해석 패키지, 그리고 내담자에 대해 잘 알고 있어야 함을 명시하고 있다. 이는 CBTI를 이용하는 임상가들이 유념해야 할 부분이다.

Graham(2000)은 CBTI 보고서를 선정하고 사용하기 위한 몇 가지 지침을 제안했다. 먼저 모든 CBTI 보고서는 개발자의 임상적 판단과 함께 특정 검사 도구에 대해 잘 확립된 연구 결과를 반영해야 한다. 따라서 검사를 사용하려는 사람은 보고서의 유용성을 정확하게 판단하기 위해 CBTI 패키지 개발자들의 정체성과 전문성에 대해 반드시 파악해야 한다. CBTI 보고서를 받아 보는 임상가는 실상 CBTI 결과를 쓴 사람의 임상적 · 과학적 판단을 구매하거나 임대하고 있는 셈이다. 이와 관련하여 CBTI 보고서가 어떻게 생성되고 작성되는지 이해하는 것 역시 중요하다. 검사 도구의 개발에 사용된 경험적 연구의 기반은 얼마나 넓은가? CBTI에서 생성된 진술은 얼마나 경험적 결과에 근거하고 있는가? 이러한 유형의 정보를 파악하기 위해 임상가는 전산화된 해석 보고서를 구매하여 이용하기에 앞서 CBTI 매뉴얼을 꼼꼼히 살펴보아야 한다. CBTI 보고서를 구매하면서, 소비자로서 해석 결과의 견본을 요구하고, CBTI를 제공하는 회사가 보고서의 사용과 적용을 위해 얼마나 적절한 지원을 제공하는지 검토하는 것도 합리적인 방법이다. 회사는 사용자들을 위해 수신자 부담 서비스를 제공하고 있는가? 매뉴얼은 상세하고 사용하기 쉬운가? 매뉴얼은 해석 보고서의 기술적(技術的)·임상적 측면에서 임상가를 의미 있게 지원할 수 있을 만큼 충분한 정보를 담고 있는가? CBTI는 과학적 문헌의 변화나 검사 도구에 대한 해석적 접근의 변화를 반영하기 위해 주기적으로 업데이트되는가? 이 점은 MMPI-A와 같이 비교적 최근에 개발된 도구의 경우 특히 중요하다. 시간이 지남에 따라 연구문헌이 변화, 확대되면서 검사 도구의 함의 또한 급격하게 변할 수 있기 때문이다. 끝으로, 컴퓨터 기반 해석 보고서의 경험적 타당도를 확립하는 연구가 얼마나 이루어졌는가? 이런 유형의 연구는 소비자 만족 조사를 포함한다. 아울러 외부 임상 평정자가 CBTI 기반 기술어의 정확도를 평가하는 것과 같이 외적 준거를 사용한 타당도 연구도 포함되어야 한다.

요약하면, 자동 전산화된 MMPI-A 보고서는 청소년에 대한 다른 정보와 통합되어야 할 전문적 자문의 하나로 간주하는 것이 최선이라 생각된다. 전산화된 다른 평가 도구의 경우도 마찬가지이다. CBTI 보고서는 청소년에 대한 포괄적인 심리평가를 절대로 대신할 수 없으며, 임상가에게 특정 검사 도구에 대한 역량을 높일 수 있는 지름길을 제공하지도 않는다.

이 장에서 거듭 강조했듯이, MMPI-A는 실시와 채점이 비교적 용이하지만 이 검사 도구의 해석은 높은 수준의 전문성과 기술을 요하는 매우 복합적인 과정이다. 이 장에서는 해석 과정에 매우 유용하게 쓰일 수 있는, MMPI-A에 대한 기술적(技術的) 지식을 강조했다. 임상가는 MMPI-A의 심리측정적인 측면에 대해 깊이 이해하고, 청소년들에게서 볼 수 있는 성격 구조, 발달, 정신병리에 대해서도 잘 알고 있어야 한다. 해당 청소년에게 유용한 진단적·치료적 제안을 하려면 청소년 발달이나 정신병리의 복합성에 대한 광범위한 이해와

주의

전산화된 평가의 사용에서 명심해야 할 점

- 모든 CBTI는 저자의 임상적 평가와 연구 결과의 조합이다. CBTI 패키지 개발자의 정체성과 전문성을 인식하라.
- CBTI 보고서가 어떻게 쓰였는지 알라. 연구 결과에 얼마나 기초하며, CBTI 개발에 사용된 경험적 근거의 범위는 어느 정도인가?
- 이용자 지원 서비스를 제공하는 정도는 회사마다 다르다. CBTI를 판매하는 회사는 CBTI의 활용과 적용을 얼마나 지원하고 있는가? 상세하고 사용자 친화적인 검사 매뉴얼이 있는가? 결과물 사용을 지원하는 수신자 부담 전화 서비스가 있는가?
- 모든 CBTI 보고서물은 주기적으로 개정되고 업데이트되어야 한다. 해석 실제에서의 변화를 반영하기 위해 CBTI는 체계적으로 개정되거나 업데이트되는가?

더불어 MMPI-A에 대한 상세한 지식이 요구된다. 이 장에 제시된 검사 해석의 원리와 과정은 7장에 보다 자세하게 예시되어 있다. 7장에는 몇 개의 MMPI-A 해석 사례뿐만 아니라 전산화된 PAR 검사 해석 패키지의 적용에 대한 사례도 있다.

셀프 테스트

1. 신체적 호소를 보이기 쉬운 코드유형은?
   (a) *1-3/3-1*
   (b) *4-9/9-4*
   (c) *6-8/8-6*
   (d) *7-8/8-7*

2. *ACK* 척도와 *PRO* 척도를 통해 확인할 수 있는 것은?
   (a) 분노 문제
   (b) 학교 문제
   (c) 물질 남용 문제
   (d) 섭식 장애 문제

3. 임상 척도가 __________, 해당 소척도의 해석이 권장된다.
   (a) 코드유형의 일부분일 때
   (b) 극단적인 상승을 보일 때
   (c) 임상하 범위에 있을 때
   (d) 경계 범위의 상승이나 임상 범위의 상승을 보일 때

4. 사고 장애가 가장 시사되는 경우는?
   (a) 척도 *8*과 *A-biz*가 동시에 상승
   (b) *A-biz*는 상승하지 않고 척도 *8*이 상승
   (c) 척도 *9*와 *A-trt*가 동시에 상승
   (d) 척도 *8*과 *IMM*이 동시에 상승

5. 수검 태도에서 과대 보고 편향을 반영하는 타당도 척도의 형태는?
   (a) 높은 *F*, 높은 *L*과 *K* 형태
   (b) 높은 *F*, 낮은 *L*과 *K* 형태
   (c) 낮은 *F*, 높은 *L*, 중간의 *K* 형태
   (d) *F*, *L*, *K* 형태가 동시에 상승

정답: 1. (a) 2. (c) 3. (d) 4. (a) 5. (b)

CHAPTER 5

MMPI-A의 강점과 약점

MMPI-A가 MMPI의 연장선상에 있다는 점은 처음 출판되었을 때부터 MMPI-A의 이점으로 작용해 왔다. MMPI와 MMPI-A는 실증적 기반과 검사 구조, 청소년의 심리 및 행동 장애 평가에서의 포괄성, 검사를 뒷받침하는 방대한 연구문헌 등 여러 가지의 공통점을 지니고 있다. MMPI-A를 처음 사용한 지 10여 년이 지난 지금, 청소년에게 MMPI를 사용하거나 다른 성격 측정 도구를 사용했을 때와 비교하면 이 MMPI-A의 장단점은 더욱 분명해진다. MMPI-A에 대한 검사 개관은 처음 출판되었을 때부터 대체로 우호적이었다. 예로, Claiborn(1995)은 새로운 규준표집이 "놀랄 만큼 다양하고"(p. 626), 새로운 내용 척도와 보충 척도는 "청소년 발달과 증상의 이해와 뚜렷하게 관련되어 있으며"(p. 628), 전반적으로 이 검사는 "훌륭한 검사이자, 청소년의 정신병리를 평가하는 데 탁월한 도구가 될 것이라고 확신한다"(p. 628)고 논평했다. Lanyon(1995) 역시 새로이 개발된 내용 척도가 임상적으로 매우 유용하다는 점에 동의했다. Lanyon은 더 나아가 MMPI-A가 MMPI의 한계점을 개선하면서도 그 유사성은 유지하고자 한 개발자의 목표를 달성했다고 평가했다. Lanyon은 "그로 인해 MMPI의 역량과 수명이 MMPI-A 자체 내에서 계속 향상되고 연장되었으며"(p. 629), "MMPI-A에 필적할 다른 검사가 없어 보인다"(p. 629)고 결론을 내렸다. 그러나 비평가들이 MMPI-A가 지닌 모든 특징에 찬사를 보낸 것은 아니다. 예로, Claiborn은 임상 척도에서 이전의 명칭을 계속 사용하는 것에 대해 "유감스럽다"(p. 627)고 했으며, Lanyon은 MMPI에서부터 사용되던 검사 개발 방법에 대해 "오늘날의 기준으로는 지나치게 단순하다"(p. 629)고 논평했다. 5장에서는 MMPI-A 검사의 최근 연구조사와 임상적 사용의 결과를 통합함으로써 MMPI-A의 중요한 강점과 제한점에 관해 논의해 보고자 한다. 또한 **빠른 참조**와 **주의** 글상자를 통해 평가적 인상을 요약했다.

✲ 강점

규준

MMPI-A의 가장 중요한 특징은 최신의 확장된 규준을 사용했다는 점이다. 이는 이 검사의 가장 큰 강점이라 볼 수 있다. MMPI-A 규준은 미국의 국민 구성 대표성 기준 및 주요 인구학적 변인에 따른 표집계층 기준을 충족하며, 미국의 전국 인구조사 자료와 비교해도 무리가 없다. 특히 규준표집에 아프리카계 미국인, 히스패닉계, 아시아계, 북미 원주민 소수 집단을 포함함으로써 더욱 다양한 청소년 집단에 대해 적절히 사용할 수 있게 되었다. 한 가지의 '공식적' 규준을 제공함으로써 검사의 사용이 표준화되었고, 이를 통해 MMPI의 다양한 청소년 규준으로 말미암은 사용자의 혼란이 일소되었다. 그러나 MMPI-A의 규준에 결함이 없는 것은 아니다. 예로, 규준표집의 부모 교육 수준 평균이 1980년 인구조사 모집단의 평균보다 상당히 높아졌다. 부모 교육 수준의 차이로 인해 임상 장면에서 평가받는 청소년과 규준표집 청소년의 검사 문항 반응에 상대적인 차이가 있을 것이라는 의구심이 생길 수 있다. 더구나 히스패닉계, 북미 원주민, 아시아계 소수 인종 집단 출신의 실제 참여자 수는 각각의 집단에서 50명 이하에 불과하므로, 소수 집단 청소년 규준의 정확성을 온전히 판단하기 위해서는 추가적인 평가가 필요하다. MMPI-A 내용 척도를 개발하는 데 사용된 임상표집은 규준표집보다 훨씬 더 작고, 모두 미니애폴리스 치료 시설에서만 표집되었다는 사실 또한 유의할 점이다. 그러나 검사 매뉴얼(Butcher et al., 1992)은 이 표집에서 산출된 임상 척도 프로파일이 Marks와 동료들(1974)의 MMPI 청소년 표집에서 나온 임상 척도 프로파일과 일치했다고 밝히고 있다. 대체적으로, MMPI-A의 규준 개발은 훌륭한 수준이며 MMPI

청소년 규준 세트보다 명백히 향상되었으므로 향후 수십 년간 그 유용성이 입증될 것이라고 본다.

검사 구조 및 심리측정적 적합성

1장에서 설명했듯이, MMPI를 MMPI-A로 개정하는 절차에는 검사의 기본 골격을 유지하고 문항을 개선하며 청소년 특정 발달 단계에 따른 장애를 측정하는 새로운 척도를 개발하려는 특수한 목적이 포함되어 있었다. MMPI-A 문항은 MMPI 문항에 비해 청소년에게 훨씬 더 적합하고, 적절한 문법을 사용하며, 상대적으로 청소년이 응답하기에 까다롭지 않은 항목으로 구성되었다는 점에서 상당한 진전을 보인다. 예로, "나는 학교에서 남보다 늦게 깨치는 편이다.", "나는 종종 친구들에게 설득당해 옳지 않은 행동을 한다.", "부모님은 정말로 나를 사랑하지 않는다."와 같은 MMPI-A 문항은 고민하는 청소년의 감정과 경험을 직접적으로 다룬다. 최근의 십대에 대한 의미 있는 내용을 담지 못하거나, 현대 청소년이 잘 이해하지 못하는 MMPI 문항은 대부분 삭제되었다. 여전히 구식의 어색한 단어와 문장을 사용하는 문항이 있고 이중 부정어의 사용도 완전히 없어지지는 않았지만, MMPI-A 문항은 대체로 더 직설적이고 이해하기가 쉽다. 더욱이 문항 수를 566개에서 478개로 줄임으로써 청소년이 검사를 더 잘 완료할 수 있게 되었고, 오디오 테이프 버전은 읽기와 집중에 어려움이 있는 청소년에게 사용이 가능하다.

MMPI와 마찬가지로 MMPI-A도 광범위한 정신병리적 장애를 측정한다. 더불어 새로운 내용 척도를 개발하고, 보충 척도를 유지하고 추가함으로써 청소년 정신병리의 다양한 영역을 더욱 성공적으로 측정할 수 있게 되었다. 특히 '품행 문제', '학교 문제', '낮은 포부', '미성숙'과 같은 척도는 MMPI로 청소년을 평가할 때 다루지 않았던 영역을 측정할 수 있다. 게다가 불충분하게 평가된 수많은 MMPI 연구 척도나 보충 척도 대신 여섯 개의 표준 보충 척도를 선정함으로써 MMPI-A를 사용하여 청소년 평가 방법을 표준화하는 데 도움이 되었다.

MMPI-A 매뉴얼(Butcher et al., 1992)에는 심리측정적 특성에 관한 광범위한 정보가 표로 잘 정리되어 있다. 이 자료는 MMPI-A가 심리측정적으로 얼마나 견실한가를 증명한다. 검사-재검사 안정성과 내적 합치도 수치는 상당히 높다. 다른 연구에서도 MMPI와 MMPI-A 간에 수정된 항목의 안정성이 보고되었다. 특히 수정된 항목에서 두 검사 간의 반응 패턴이 상당히 유사하고(Archer & Gordon, 1994), 비임상적 청소년에게 1년 전후로 실시한 검사-재검사 신뢰도 또한 안정적이었다(Stein, McClinton, & Graham, 1998). MMPI-A 매뉴얼에 포함된 검사 타당도에 대한 요인 분석 결과를 통해서도 MMPI-A와 MMPI 기본 척도의 요인 구조 간 유사성을 알 수 있다. 보다 최근의 연구에서도 요인 분석 결과를 통해 규준표집과 임상표집 각각에서 MMPI-A 문항과 척도의 구조적 토대가 확실하고(Archer, Belevich, & Elkins, 1994; Archer & Krishnamurthy, 1997b; McCarthy & Archer, 1998), MMPI-A 내용 척도가 수렴 타당도와 변별 타당도를 가지며(Arita & Baer, 1998), 청소년 범죄자를 평가하는 데 공존 타당도를 지니고 있다는 것(Toyer & Weed, 1998)이 밝혀졌다. 더 나아가 최근의 한 연구는 MMPI-A 척도 점수의 변량이 실제 정신병리를 반영하며 성별과 인종의 인구학적 특징에 그다지 영향을 받지 않음을 보여 줌으로써 MMPI-A가 전반적으로 충실한 심리측정 도구임을 뒷받침하고 있다(Schinka, Elkins, & Archer, 1998). 더욱이 Janus, Tolbert, Calestro와 Toepfer(1996)의 연구에서 MMPI-A 규준의 프로파일에 대한 정확성 평가가, Marks와 Briggs(1972)가 내린 청소년 규준의 프로파일에 대한 평가와 비슷한 수준임을 입증함으로써 MMPI-A의 코드유형이 환자의 증상, 심리사회적 이력, 기저에 깔려 있는 정신역동을 제대로 반영하고 있음을 뒷받침한다. 더구나 이 연구에서 거의 절반가량의 평가자들이 MMPI-A의 전반적 정확성, 특히 증상 기술의 정확성에 대해 양호한 편(즉 '대체로 정확함'에서부터 '완전히 정확함'까지)이라고 평가했다.

연구 기반

MMPI-A는 MMPI에서 중요한 특징, 특히 기본 타당도 척도 및 임상 척도와 관련한 특징을 유지한 MMPI 개정판인 만큼, 50년이 넘는 연구 결과가 MMPI-A의 사용을 뒷받침한다고 봐도 무방하다. 1장에서 언급된 바와 같이 어떤 성격

검사 도구도 MMPI만큼 연구의 관심이 되지 못했다. MMPI를 청소년에게 적용한 실증 연구를 통해 MMPI를 가장 적절하게 사용하는 방법이 밝혀졌다. 연구는 임상적으로 유의한 척도 상승 수준을 결정하는 최적의 준거 점수를 파악하고, 청소년 모집단의 척도 점수와 관련된 임상적 특징을 밝혀냈으며, 청소년 정신병리의 정확한 해석과 관련된 여러 문제점을 면밀히 살펴보았다. 예로, Archer, Gordon, Anderson과 Giannetti(1989)의 연구, Archer, Gordon, Giannetti와 Singles(1988)의 연구에서, 선별된 기본 척도와 보충 척도 각각에 관련된 특징이 청소년이나 성인에서 모두 비슷하다고 나타났다. 이는 청소년 모집단에도 표준 척도의 기술어를 적용할 수 있음을 의미한다. 이와 비슷하게 Williams와 Butcher의 연구(1989a)에서는 성인에 대해 이전에 사용된 기술어와 청소년에 대한 기술어가 단일 척도상에서 일관성을 보였다. 이러한 연구는 청소년과 성인의 연구 결과로 나온 방대한 MMPI 관련 문헌이 MMPI-A 검사 해석을 뒷받침할 수 있다는 점을 시사한다. 그러나 Williams와 Butcher(1989b)는 Marks와 동료들(1974)이 앞서 확인한 청소년용 코드유형 기술어 몇 가지를 자신들의 연구에서는 발견할 수 없었다고 밝히면서, MMPI 코드유형 기술어를 MMPI-A에 사용하는 데 주의를 당부했다.

ACK, *PRO*, *IMM*과 같은 보충 척도와 내용 척도 등에 주목하고, 반응 편향을 탐지하는 타당도 척도의 효과를 검토하는 MMPI-A에 대한 독립된 연구문헌이 서서히 축적되기 시작했다. 예로, 청소년을 진단에 따라 그룹으로 분류할 때 MMPI-A의 척도와 Rorschach 지표 간의 상대적 기여도를 조사한 Archer와 Krishnamurthy(1997a)의 연구에서 MMPI-A 척도 *2* 또는 *A-dep* 내용 척도를 사용하여 우울 집단을 구분한 결과 .68의 적중률을 보였다. 품행 장애 관련 진단에서는 65*T* 이상 준거 점수를 사용한 결과, *A-con*과 *A-cyn* 척도의 적중률이 각각 .61과 .66으로 나타났다. 이 두 결과 모두 Rorschach 검사의 결과보다 월등한 것으로 판명되었다. 이러한 연구에 힘입어 MMPI-A 척도는 청소년 진단평가에서 단독으로 혹은 서로 조합되어 더욱 그 유용성을 입증하기 시작했다.

출간된 연구 외에도, Dissertation Abstracts Online의 한 개관을 보면 MMPI-A는 1991년과 1999년 사이에 행해진 대략 70개의 박사학위 논문과 수

많은 석사학위 논문의 연구 주제였다. 이는 MMPI에 대한 높은 관심이 청소년용 개정판인 MMPI-A에서도 계속 이어지고 있음을 반영한다.

반응 양식과 프로파일 타당도 평가

MMPI는 프로파일상의 전반적 타당도를 측정하고 프로파일 정확도를 저해하는 반응 편향을 탐지하는 방법을 통합한 최초의 성격검사 중 하나이다. 비일관적 응답과 부정확한 자기표현이 청소년과 성인에게서 흔히 나타나므로 이는 중요한 문제이다. 예로, MMPI-2 연구문헌을 보면 신체적 상해 소송에 연루된 성인에게 고통을 과대 보고하거나 과장하고자 하는 동기가 나타나기도 하고(예: Lees-Haley, 1991), 자녀 양육권 적합성 판단과 관련된 경우에는 과소 보고나 문제 축소 경향이 발견되기도 한다(예: Bagby, Nicholson, Buis, Radovanovic, & Fidler, 1999). 범죄인들 사이에서는 관련된 이득의 유형에 따라 반응 왜곡의 두 유형(즉 과대 보고나 과소 보고)이 달리 나타나기도 한다(Ben-Porath, Graham, Hall, Hirschman, & Zaragoza, 1995). 다양한 형태의 정신병리로 인해 자신의 심리적 장애에 대해 부정확하게 묘사하기도 하고, 혼란과 산만한 사고를 동반하는 심리적 혹은 신경심리적 장애로 인해 개념적으로는 의미가 유사한 문항에 비일관적으로 응답하기도 한다. 2장에서 지적했듯이 부족한 독해력, 주의결핍, 혹은 학습 장애가 있는 청소년은 각 검사 문항에 모순된 응답을 하기도 하며, 의욕이 저하된 십대가 성급하거나 부주의한 반응을 함으로써 해석이 불가능한 프로파일을 만들어 내기도 한다. 임상 전문가가 반응 왜곡의 가능성을 예상하고 이를 줄이려 한다 하더라도 임상평가 상황에서 프로파일 타당성 문제는 불가피하게 나타난다. 따라서 MMPI-A의 타당도 척도는 이런 왜곡을 탐지하는 데 매우 중요하다.

새로운 타당도 척도인 *VRIN*과 *TRIN*에 대한 예비평가에서 연구자들은 *VRIN*과 *TRIN* 척도가 각각 비일관적인 응답과 묵종 내지 무조건 '그렇다'로 응답하는 반응 양식을 탐지하는 데 유용하다고 시사했다(Butcher et al., 1992). 검사 매뉴얼에 의하면, *F1*과 *F2*의 점수를 비교하는 것도 검사의 전반부에서 후반부로 진행되면서 나타나는 수검 방식의 변화 정도를 밝히는 데 도움이 된다. 최근 연구를 통해 비일관적 응답을 탐지하는 데 타당도 척도가 유용하다는 사실이 뒷받침되고 있다. 예로, Archer(1997)의 연구에 따르면, '그렇다'와 '아니다'의 반응 수를 동일하게 한 무선반응 패턴으로 프로파일을 만들어 냈을 때 *VRIN*, *F*, *F1*, *F2*, *L* 척도는 임상적으로 상승하고 *TRIN*은 *60T* 이하의 정상 범위로 나타났다. 이 연구 결과를 바탕으로, 임상 전문가가 이러한 프로파일 패턴을 보게 되면 프로파일을 무선반응 패턴으로 쉽게 구분하여 해석에 신중을 기할 수 있다. 또한 Baer, Ballenger, Berry와 Wetter(1997)는 정상 청소년 표집을 사용하여 MMPI-A에 대한 무선반응을 평가했다. 표준 실시에서 얻은 응답을 네 가지 무선반응 조건의 응답과 비교했는데, 네 가지 조건은 검사 중 무선반응을 하는 시점을 각각 달리하여 무선반응의 정도에 변화를 주는 조건이었다. 연구 결과, 무선반응이 증가함에 따라 *F1*, *F2*, *F*와 *VRIN* 척도 점수가 확연히 증가하고, 무선반응 집단과 표준 실시 집단 사이에 적어도 1 표준편차의 효과 크기를 보였다. 또한 무선반응 프로파일과 표준 프로파일 간의 분명한 차이가 드러났다. *F2*, *F*와 *VRIN* 척도는 무선반응의 모든 수준에서, 그리고 *F1* 척도는 검사의 전반부에서 두 집단 간에 분명한 차이를 보였다. 이와 비슷하게 Archer와 Elkins(1999)는 청소년 354명의 임상표집 프로토콜과 컴퓨터가 생성한 무선반응 프로토콜을 비교하여 MMPI-A 타당도 척도인 *F*, *F1*, *F2*와 *VRIN* 척도가 무선반응과 비무선반응을 구분하는 데 효과적임을 발견했다. 이러한 연구는 모두 *VRIN*, *F*, *F1*, *F2* 척도가 정신건강의학적 장면에 있는 청소년의 무선반응을 탐지하는 데 유용함을 보여 준다.

MMPI에서 MMPI-A로 형태를 그대로 유지해 온 MMPI-A 타당도 척도 *F*, *L*, *K*는 MMPI와 관련된 연구를 통해 집중적인 평가를 받았고, 부적합한 반응을 탐지하는 데 유용하다고 판명되었다. 특히 MMPI-A 관련 최근 연구를 보면, 타당도 척도가 과소 보고나 과대 보고에 민감하다는 결과를 보여, 선행 연구를 뒷받침하는 결과를 내놓고 있다. 예로, Baer, Ballenger와 Kroll(1998)의 연구에서는 청소년 임상표집에게 증상을 과소 보고하게 함으로써 자신이 심리적 적응을 매우 잘하고 있다고 묘사하도록 시킨 후, 이 표집을 지역사회 표집과 비교했다. 그 결과, 과소 보고 집단에서는 방어와 부인을 반영하는 *L*, *K* 척도 점수가 유의하게 높았다. 이는 *L*, *K* 척도가 과소 보고 프로파일과 정상 프로파일을 정확하게 구분해 줄 수 있음을 의미한다. 더 나아가 Baer, Kroll, Rinaldo와 Ballenger(1999)는 임상 청소년 표집과 비임상적 청소년 표집을 사용한 연구를 통해, 타당도 척도를 사용하여 MMPI-A상의 과대 보고를 탐지할 수 있음을 입증했다. 특히 이 연구는 정신병리적 증상을 과대 보고하는 청소년의 경우 *F* 척도가 *80T* 이상으로 상승했음을 보여 주었다. 더욱이 *F* 척도는 무선반응과 증상의 과대 보고 모두에 민감한 반면, *VRIN* 척도는 무선반응에서만 상승했다. 연구자들은 *F*와 *VRIN* 척도가 동반 상승하면 무선반응을, *F*만 상승하면 과대 보고 패턴을 추론할 수 있다고 제안했다.

MMPI-2에서 Arbisi와 Ben-Porath가 개발한 *Fp* 척도를 MMPI-A상에서 그대로 보여 주도록 개발한 **비전형-정신병리 척도**(*Fp-A*; McGrath, Pogge, Stein, Graham, Zaccario, & Piacentini, 2000)는 MMPI-A 타당도 평가에서 이룬 최근의 성과 중 하나이다. *Fp* 척도는 실제적 고통, 장애, 증상의 과대 보고 또는 꾀병, 무선반응 등을 포함하는 다양한 조건하에서 *F* 척도가 상승한다는 사실을 감안하여 *F* 척도 상승에 대한 해석을 용이하게 하기 위해 개발되었다. 비록 *VRIN* 척도가 무선반응 탐지에 도움을 주기는 했지만 *F* 척도가 상승한 경우, 과대 보고된 프로파일과 실제 고통을 보고하는 프로파일을 구분하는 일은 여전히 힘든 작업이다. *Fp* 척도는 비임상적 성인이나 정신건강의학과 환자 모두에서 시인율이 낮은 문항으로 구성되어 있어, *Fp* 척도가 상승한 경우에는 *F* 척도 상승의 원인이 과대 보고 때문임을 나타낸다. 동일한 근거와 방법을 사용하여 *Fp-A* 척도가 개발되었다. 개발에 사용된 참가자 집단은 MMPI-A 규준표집, 척도 개발과 구성 타당도 평가를 위한 입원 청소년으로 구성된 2개의 임상표집, 과대 보고 탐지에 있어 *Fp-A* 척도의 효과성 평가를 위한 고등학생 표집으로 구성되었다. 연구자들이 예상했듯이, *Fp-A* 척도는 *F* 척도보다 실제 정신병리에 대한 반응성이 낮고, 과대 보고를 예측하는 데 *F* 척도에 추가적으로 유의한 증분 효과가 있었다. 이런 초기 결과는 상당히 고무적인 것으로, MMPI-A의 타당도 측정에 대한 *Fp-A* 척도의 유용성은 이후의 연구를 통해 계속 입증될 것이다. 종합하면, MMPI-A 타당도 척도 연구가 시사하는 바는 MMPI-A의 타당도 평가가 이 검사의 탁월한 강점 중 하나이며, MMPI에서 강조했던 프로파일 타당도의 정확한 평가에 대한 부분을 계승하고 확장한다는 점이다.

대중성과 사용 빈도

MMPI와 마찬가지로 MMPI-A는 청소년을 평가하는 데 가장 널리 사용되는 자기보고식 성격검사이다. Archer와 Newsom(2000)은 최근 조사에서 개업 서비스, 대학교, 의과대학, 병원, 외래환자 진료소, 학교 등 다양한 임상 현장에서 일하는 346명의 심리학자에게 설문조사를 실시하여 36개의 심리검사 사용 빈도를 알아보았다. 조사 결과, MMPI-A는 청소년 평가 목적으로 가장 자주 사용하는 10개의 검사 도구 중 하나이고, 그 가운데 객관적 성격검사로는 유일한 것이었다. 사용 빈도를 반영하는 가중치로 순위를 매기건, 총 언급 횟수로 순위를 매기건, MMPI-A는 지능검사와 투사검사 다음으로 다섯 번째로 자주 사용되는 검사로 평가되었다. 이 결과를 MMPI-A가 출시되기 전 청소년 평가에 MMPI가 사용되던 시기에 이루어진 Archer와 동료들(1991)의 연구 결과와 비교해 보면 다음과 같다. 1991년 조사에서 청소년 검사로서 MMPI는 세 번째로 자주 언급되고, 여섯 번째로 자주 사용되는 검사로 나타났다. 2000년에 실시된 Archer와 Newsom의 조사 결과를 통해 정신건강 시설에서 검사 실시가 줄어든 상황에도 MMPI와 MMPI의 개정판이 꾸준히 사용되었음을 알 수 있다. 이는 곧 임상 전문가들이 임상적 윤곽을 포괄적으로 알려 주는 MMPI의 역량을 인식하고 있음을 반영할 뿐만 아니라, 이 포괄성은 조사 응답자가 인정한 가장 큰 강점 중 하나로 꼽힌다. 2장에서 언급했듯이, 현재 진행 중인 MMPI-A의 외국어 번역을 통해 MMPI-A의 사용이 향후 국제적인 규모로 한층 확대될 것으로 기대된다.

치료 계획 수립 및 치료 결과 평가에서의 유용성

MMPI-A의 여러 척도는 검사 프로파일에서 드러난 청소년의 특정 문제에 대해 적절한 개인 맞춤형 치료 계획을 수립할 때 직접적으로 유용한 도움이 된다. 예로, 기본 척도, 내용 척도, 보충 척도 프로파일 등 많은 척도를 통해, 청소년이 도움을 호소하는지, 심리치료에 강한 거부 반응을 보이는지, 지속적이고 구조화된 한계 설정을 필요로 하는지, 혹은 자아 지지적 방법이 필요한지 등을 파악할 수 있다. 이런 정보를 이용하여 임상가는 청소년이 가진 문제의 중요하고도 독특한 특성에 맞춰 치료 계획을 세울 수 있다. 추가적으로, 치료 기간 중 MMPI-A를 재실시하여 치료 계획이나 치료 접근상의 변화가 필요한지 살펴보고, 치료 종결 시점에 MMPI-A를 실시하여 치료의 진전을 평가할 기회 또한 제공한다. 또한 MMPI-A의 결과를 치료 시작이나 치료 종결 시점에 다른 검사들의 결과와 통합하여 사용함으로써 청소년의 기능적 측면을 다양한 관점에서 볼 수 있게 된다. 이런 주제는 6장에서 더 자세히 논의할 것이다. MMPI-A가 제공하는 치료 관련 정보는 MMPI-A 검사의 가장 큰 장점이자 유용한 특징 중 하나이다. **빠른 참조 5.1**에 MMPI-A의 강점이 요약되어 있다.

✲ 제한점

여기에서는 MMPI-A의 제한점으로서 완전하고 정확한 평가에 방해가 되는 구조적 특징 및 심리측정적 특징을 살펴보겠다. 또 다른 제한점으로는 검사자가 상대적으로 MMPI-A에 익숙하지 않고, 검사에 대한 지식이 부족하여 적절하게 사용하지 못한다는 것도 있다. MMPI-A가 진단평가에서 매우 유용하기는 해도, 검사자는 검사 척도가 DSM-IV 진단과 직접적으로 일치하지는 않는다는 점을 주지해야 한다. 프로파일에서 여러 개의 척도가 상승 가능하고 검사 점수가 주로 기술적(記述的)이므로, 임상가가 진단적 의견을 제시하기 위해서는 검사 결과와 환자에 관한 다른 정보를 통합해야 한다. 특히 외상 후 스트레스 장애(PTSD), 양극성 장애 등과 같은 특정 진단은 단 한 번의 MMPI-A 실시로는 판단이 곤란하다. 정확한 진단을 위해서는 검사 외적인 정보를 포함하는 다양한 평가를 함께 이용해야 한다. 다른 심리검사와 마찬가지로, MMPI-A를 가지고 자살 혹은 살인 행동이 곧 일어날지에 대한 판단을 내리는 것은 불가능하다. 또한 충동 통제 정도, 절망적이거나 자포자기하는 태도, 분노, 굴욕감 존재 여부 등에 관해 MMPI-A 및 기타 검사 결과가 위험성 평가에 도움을 줄 수는 있지만, 그 위급성에 대한 최종적 결정은 임상가의 예리한 판단에 달려

빠른 참조 5.1

MMPI-A의 강점

범위

- MMPI-A는 청소년 문제 영역에 대해 광대역 평가를 제공한다.

규준

- 현재 규준은 대표성 있는 전국 표집을 기초로 하고 있다.

문항

- 문항 수는 566개에서 478개로 줄어들었다.
- 청소년의 관심사를 반영하는 새로운 검사 문항이 추가되었다.
- 어색한 단어나 이의가 제기될 만한 문항은 개정되는 과정에서 삭제되거나 수정되었다.

척도

- 표준 보충 척도 세트가 포함되어 있다.
- 새로운 내용 척도는 청소년의 특정 문제 영역을 다룬다.
- 타당도 척도를 이용하여 무효한 응답 세트와 프로파일의 탐지가 가능하다.

기반

- 폭넓은 연구 기반은 MMPI-A의 적용을 뒷받침한다.
- MMPI-A는 심리측정적으로 신뢰할 만하다.

사용

- 청소년을 평가하는 데 가장 대중적이고 널리 사용되는 측정 도구 중 하나이다.
- 치료를 계획하고 방향을 제시하며 평가하는 데 유용하다.
- 오디오 테이프 형식과 외국어 번역본도 출시되어 있다.

있다.

다른 모든 성격검사와 마찬가지로 MMPI-A가 지닌 또 다른 제한점은 미래의 행동 예측에 대한 문제이다. Hathaway와 Monachesi(1953, 1963)의 보고에 따르면, 흥분성 척도인 *4*, *8*, *9*의 상승과 미래의 비행 행동 간에 예측 관련성이 있기는 해도 예측에서 MMPI-A를 포함한 심리검사의 효과는 제한적이다. 심리검사는 단지 현재 기능을 설명하는 데 사용하는 것이 최선이다. Hathaway와 Monachesi가 중학교 3학년 청소년 표집으로 MMPI를 측정한 후 20년이 지난 뒤 같은 표집을 사용하여 추후 조사를 실시한 Gottesman과 Hanson(1990)의 연구, Hanson, Gottesman과 Heston(1990)의 연구가 좋은 예이다. 연구자들이 확인한 바에 따르면, 성인기에 조현병으로 진단된 집단의 중학교 3학년 때 프로파일과 성인기에 조현병으로 발전하지 않은 집단의 중학교 3학년 때 프로파일이 대체적으로 유사한 경우가 있다. 더욱이 중학교 3학년 평가에서 나타난 집단 간 차이가 이후 한 집단의 정신병 발병을 예측할 만큼 전혀 크지 않았다. 또한 MMPI-A의 기본 척도 측정치의 표준오차가 대략 $4T \sim 6T$라는 사실에 비추어 볼 때, 청소년기 프로파일이 시간에 걸쳐 변화할 가능성이 있음을 예상할 수 있다. 이런 점으로 볼 때, 청소년이 검사 직후 재검사를 실시한다면 점수가 처음에 얻은 점수의 $\pm 5T$ 범위 내일 확률이 두 번 중 한 번꼴이라는 예상이 가능하다. 첫 검사와 재검사 사이의 시간적 간격이 더 길어질 경우, 청소년의 심리적 기능의 발달적 변화나 검사 간격 사이에 발생하는 삶의 대소사의 영향으로 인해 점수 변화가 더 커질 것이다. 이러한 결과들을 종합하면 MMPI-A 프로파일을 통해 이루어지는 장기적 예측에 오류가 있을 수 있다는 점을 간과할 수 없다.

또한 반드시 유념해야 할 점은 MMPI-A가 청소년 내담자의 인지적 능력이나 신경심리적 상태에 대한 판단을 위해 고안된 것이 아니라는 점이다. 비록 여러 척도가 역기능적 인지 처리를 알려 주기는 해도(이를테면 *A-obs*, *D4*) 이런 기술어는 심리적 장애라는 맥락 안에서만 의미가 있을 뿐, 청소년의 인지적 기능이 의심스러울 경우에 지능검사를 대체하는 용도로 이 기술어를 사용할 수는 없다. 그러므로 검사 사용에서의 이러한 제한점을 숙지하면 MMPI-A의 결과에 기초한 잘못된 결론을 최소화할 수 있을 것이다.

검사 길이와 소요 시간

MMPI-A의 길이를 MMPI 및 MMPI-2보다 축소하려는 노력에도 불구하고, 임상 장면에서 평가하는 전형적인 청소년들에게 MMPI-A는 여전히 길다. 다른 다면적 인성검사 문항(예로, Millon 청소년 임상 성격검사[MACI; Millon, 1993] 160문항, 청소년 인성검사[PIY; Lachar & Gruber, 1995] 270문항, 청소년 정신병리 척도[APS; Reynolds, 1998] 346문항)과 비교해 보면, 478문항인 MMPI-A는 분명히 청소년에게 더 많은 주의와 시간을 필요로 한다. 더욱이 현재 개발 중인 청소년용 인성평가(PAI-A)는 264문항이 포함될 예정으로 MMPI-A 길이의 55%밖에 되지 않는다(Morey, 2000). 각 검사 개발자들이 보고한 바에 의하면 검사 소요 시간이 APS는 45~60분, PIY는 45분, MACI는 30분으로, MMPI-A 수행에 필요한 60~90분은 다른 검사에 비해 긴 편이다. 검사 길이나 소요 시간과 관련된 문제로 인해 임상가는 검사를 완료시키는 데 상당한 시간을 쏟아야 할 것으로 보인다. 350문항의 MMPI-A 축약형을 사용할 경우 결정적 정보가 손실되므로, 2장에서 언급했듯이 정상참작을 해야 하는 극단적 상황이 아닌 경우 MMPI-A 축약형에 의존하는 것은 바람직하지 않다. 따라서 MMPI-A 검사자는 광범위하고 유용한 정보를 MMPI-A 검사로부터 얻는 대신, 전체적인 검사 길이로 인해 검사 실시에 따른 부담이 증가한다고 볼 수 있다.

읽기 및 인지적 성숙 요건

2장에서 MMPI-A 실시를 위해서는 중학교 1학년의 읽기 수준(7등급)이 권장된다고 설명했다. 앞에서 언급했듯이 MMPI-A 검사 문항의 읽기 난이도는 초등학교 1학년 수준(1등급)의 가장 쉬운 문항에서부터 대학교 3~4학년 수준(15~16등급)의 가장 어려운 몇 개의 문항에 이르기까지 매우 다양하다. 검사 매뉴얼에 보고된 문항 난이도 분석 외에도 Dahlstrom, Archer, Hopkins, Jackson과 Dahlstrom(1994)은 MMPI 및 MMPI-2와 비교하여 MMPI-A의 읽기 난이도를 평가했다. 연구자들은 MMPI-A 검사 소책자 지시문과 검사 문항이 다른 두 개의 검사 형태에 비해 좀 더 읽기 쉽다고 보고했다. 그러나 이러한 차이는 비교적 미미해서 모든 형태의 MMPI 검사의 평균 난이도는 초등학교 6학년 정도로 서로 비슷한 수준이라고 볼 수 있다. 또한 Dahlstrom과 동료들은 MMPI-A 문항 중 약 6% 정도는 최소 고등학교 1학년의 읽기 수준이 필요하다는 사실을 발견했다. 이러한 결과는 상당수의 MMPI-A 문항을 대부분의 청소년이 읽기 어려울 수 있음을 시사한다. 앞서 언급한 다른 세 가지 인성검사와 MMPI-A의 읽기 수준을 비교할 때, MACI는 최소한 초등학교 6학년 수준을 요구하여 MMPI-A의 읽기 수준과 비슷하지만, APS와 PIY는 초등학교 3학년 수준의 문항을 포함하고 있다. 게다가 청소년 평가에 사용되는 다른 행동 체크리스트와 증상 척도는 일반적으로 더 낮은 읽기 수준으로 작성되어 있다. 따라서 MMPI-A의 읽기 수준에 대한 부담은 MMPI-A의 중요한 한계점으로 간주된다.

독해력이 부족하고 인지적으로 성숙하지 못한 청소년은 문항의 의미를 파악하여 정확한 응답을 하기가 더 어려울 수 있다. MMPI에서 그대로 가져온 몇몇 문항은 단어나 내용으로 인해 현재 십대에게 적용하는 데 한계를 보이고 있다. 사회성, 과민성, 긴장, 또는 민감성 등의 성격 특성을 다루는 몇몇 MMPI-A 문항을 이해하려면 청소년은 이런 특성의 관점에서 자신을 평가하는 능력이 있어야 하고, 따라서 추상적 사고를 할 정도로 상당한 수준의 인지적 성숙과 능력이 있어야 한다. 이와 같은 요인은 청소년이 정확한 프로파일을 형성하는 것을 저해할 수 있다.

MMPI와 MMPI-A의 코드유형 일치도

MMPI 코드유형에 관한 연구문헌을 MMPI-A로 일반화하는 데 이 두 검사 간의 코드유형 일치도 문제가 제약으로 작용한다. 코드유형 일치도란 MMPI-A 기본 척도 프로파일에서 얻은 두 점의 코드유형이 MMPI를 수행할 때 얻게 되는 코드유형과 일치하는 빈도를 의미한다. 코드유형의 일치는 MMPI-A 기본 척도 프로파일을 설명할 때에도 코드유형의 관련 특성을 그대로 적용할 수 있음을 뜻한다. MMPI-A 매뉴얼(Butcher et al., 1992)에는 MMPI-A 규준표집의 코드유형 일치율이 남자 청소년의 경우 67.8%, 여자 청소년의 경우 55.8%로 나타난다. 검사 매뉴얼에 설명된 임상표집에서는 남자 청소년의 경우 69.5%, 여자 청소년의 경우 67.2%의 코드유형 일치율을 보였다. 55% 이상의 MMPI-A 프로파일이 코드유형 관련 기술어를 사용하는 데 심각한 문제가 없다는 측면에서 볼 때, 이러한 일치율은 수용할 만한 수준이다. 그러나 약 1/3가량의 사례에서 코드유형이 일치하지 않았다. 이는 코드유형 해석에 어려움을 주어 임상가는 프로파일상 어떤 경우에 코드유형 해석을 신뢰할 수 있을 것인가에 대해 의문을 갖게 된다. 이 부분을 판단하는 데 도움을 주는 요인의 하나는 앞 장에서 설명한 코드유형의 선명도이다. 코드유형 일치율은 잘 정의된(선명도가 높은) 프로파일에서 훨씬 더 높다. 5*T*의 선명도 기준을 만족하는 코드유형을 산출한 청소년을 대상으로 했을 때, MMPI-A 규준표집에서는 남자 청소년의 경우 95.2%, 여자 청소년의 경우 81.8%의 일치율을 보였다. 그리고 임상표집에서는 남자 청소년이 95%, 여자 청소년이 91%의 일치율을 보였다(Butcher et al., 1992). 따라서 기본 척도 프로파일의 특성이 뚜렷하게 나타나 있는 경우, MMPI-A 검사자는 코드유형 기술어가 청소년을 정확하게 묘사한다고 확신해도 된다. 반대로, 기본 척도 코드유형 특징이 선명도의 기준을 만족시키지 못한다면 임상가는 단일 척도 기술어와 내용 척도 및 보충 척도 결과에 대한 비중을 높여야 한다. 다만 임상 장면에서 얻어진 상당수의 MMPI-A 프로파일은 잘 정의되지 않은(선명도가 낮은) 경향이 많다는 점을 필히 유념해야 한다. 예컨대 162명의 남자 비행 청소년을 대상으로 한 Pena, Megargee와 Brody(1996)의 연구를 살펴보면, 해석 가능한 코드유형(예컨대 임상 범위의 상승을 보이는 프로파일) 가운데 57.4%가 잘 정의되지 않았다. 이로 인해 임상가가 패턴 위주의 접근으로 기본 임상 척도를 해석하는 것이 더 복잡해지며, MMPI-A 프로파일 중 많은 수가 코드유형 해석에 적합하지 않을 가능성이 있다.

정신병리 탐지의 둔감성

새로운 규준 집단의 사용으로 인해 MMPI-A가 가지는 근본적인 문제는 이 검사가 정신병리를 밝히는 데 비교적 둔감하다는 것이다. 특히 MMPI-A 프로파일은 MMPI 프로파일에 비해 덜 상승하는 경향이 있고, 심리적으로 장애가 있는 청소년의 프로파일에서 병리를 탐지하지 못해 나타나는 허위 음성이나 정상 범위의 비율이 상대적으로 더 높다. 이는 MMPI-A 규준 집단의 점수가 MMPI 규준 집단 점수보다 더 높게 나온다는 사실에서 비롯된다. 비록 허위 음성의 존재가 MMPI-A만의 문제는 아니지만, MMPI-A의 검사 개발자들은 MMPI에 이러한 문제가 있음을 인지하고 임상적 상승 범위의 시작을 70*T*에서 65*T*로 준거점을 낮추고 60*T*~64*T*도 해석 가능한 범위로 설정했다. 이러한 조정에도 불구하고 MMPI-A의 민감도는 계속해서 문제가 되었고, 최근 연구에서도 민감도의 문제가 분명히 나타나고 있다. 예로, Pena와 동료들(1996)은 남성 청소년 범죄자 표집의 일부 기본 척도 *T*-점수 평균이 규준 평균에서 1 표준편차 이내에 있고, 몇몇 사례에서는 정상 청소년의 평균보다 낮았다고 밝혔다. 그리고 모든 기본 척도 평균 점수가 65*T* 준거 점수 수준 아래에 있었다. Archer와 Krishnamurthy(1997a)도 청소년 임상표집에서 기본 척도 *T*-점수 평균이, 우울증으로 진단받은 십대에서는 50*T*~64*T*에 분포하고 품행 장애로 진단받은 청소년에서는 48*T*~61*T*에 분포했다는 유사한 연구 결과를 보고했다. 다양한 치료 장면에서 일하는 임상가들은 심리적 또는 행동적 장애의 병력이 있는 청소년의 프로파일이 정상 범위 내라고 나온 경우를 상당히 자주 보았을 것이다. MMPI-A의 상대적으로 낮은 민감성은 분명히 개선되어야 할 문제이다. 진단이 어렵거나 임상적 평가가 복잡한 경우 임상가가 MMPI-A의 사용을 꺼리게 될 수도 있다.

별도의 검사 도구에 따른 추가적 비용

MMPI가 MMPI-2와 MMPI-A로 개정되기 이전에는 MMPI 검사 도구 한 세트를 구매하여 16세 이상 모든 연령 집단에 속하는 개인을 평가하는 데 사용할 수 있었다. 그러므로 임상가는 동일한 검사 소책자와 답안지를 사용하여 청소년과 성인 연령 집단에 이르는 넓은 범위의 내담자 집단을 검사했고, 프로파일을 만들고 해석하기 위한 적절한 규준을 사용할 경우에만 청소년과 성인용 개별 프로파일 용지를 구매했다. 1장에서 논의했듯이, 이때의 문제는 임상가가 성인과 청소년 간의 발달적·규준적 차이에 대한 적절한 이해 없이, 혹은 성인 규준을 청소년에게 사용할 때 발생하는 해석적 오류를 알아차리지 못한 채 십대를 검사하는 경우가 종종 있었다는 점이다. 그렇기는 해도 청소년과 성

빠른 참조 5.2

MMPI-A의 제한점

- 검사가 다소 길고 시간이 오래 걸린다.
- 비교적 높은 수준의 읽기 능력이 요구된다.
- MMPI에서 가져온 MMPI-A의 몇몇 문항은 단어나 내용 면에서 최근의 십대에게 문제가 된다.
- MMPI/MMPI-A의 코드유형 일치율이 적정 수준보다 낮다.
- 새로운 규준 집단에 대한 사용으로 인해 MMPI-A 척도는 정신병리 탐지에 둔감해졌다.
- 청소년 내담자용 검사지 구매로 인해 검사자의 비용 부담이 증가했다.

인에게 단일한 검사를 사용하면 MMPI 검사 도구 하나만을 계속 사용할 수 있어서 임상가에게 비용적 측면에서는 이득이 되었다. 또한 상대적으로 저렴한 MMPI 검사 도구 덕분에, MMPI를 사용한 청소년 평가가 확대되고 청소년을 대상으로 한 MMPI 연구가 촉진되었을 수도 있다. MMPI가 청소년용 MMPI-A와 성인용 MMPI-2로 개정되면서 임상가는 두 연령 집단을 평가하기 위해 별개의 검사 용지 세트를 구매해야 했고, 이는 인성검사 실시에 드는 경제적 비용 증가로 나타났다. 이는 검사 서비스에 대한 지급액이 현저히 감소되고 있는 치료 기관이 주류를 이루는 현 서비스 환경에서는 더욱 큰 문제라고도 할 수 있다. 내담자의 대부분이 청소년만은 아닌 임상가에게는 MMPI-A 검사 도구 구매에 따르는 비용이 검사 활용에 제한점으로 작용할 수도 있다. **빠른 참조 5.2**에 MMPI-A의 제한점이 요약되어 있다.

주의

MMPI-A에서 충분히 다뤄지지 않은 문제

- 외상 후 스트레스 장애가 존재하는 경우
- 양극성 장애가 존재하는 경우
- 자살이나 살인 행동의 위험이 급박한 경우
- 성인기의 기능에 대한 예측
- 인지적 능력

셀프 테스트

1. MMPI-A는 청소년을 평가하는 데 사용되는 여러 종류의 다면적 인성검사 중 가장 짧다.
   그렇다. ( ) 아니다. ( )

2. 척도의 임상적 민감성이 감소했기 때문에 청소년 부적응은 MMPI-A에서 다소 과소평가되기도 한다.
   그렇다. ( ) 아니다. ( )

3. 타당도 평가는 MMPI와 비교하여 MMPI-A에서 덜 신뢰롭다.
   그렇다. ( ) 아니다. ( )

4. MMPI-A의 사용은 치료 계획을 세우고 치료 결과를 평가하는 데 많은 도움이 된다.
   그렇다. ( ) 아니다. ( )

5. MMPI-A 척도의 해석은 새롭게 도출된 척도 관련 특성에 주로 근거하고 있다.
   그렇다. ( ) 아니다. ( )

정답: 1. 아니다. 2. 그렇다. 3. 아니다. 4. 그렇다. 5. 아니다.

CHAPTER 6

MMPI-A의 임상적 적용

4장에서 MMPI-A 척도 관련 특성 및 해석 과정에 대한 설명을 통해, MMPI-A가 정상 청소년의 성격을 기술한다기보다는 치료 장면에 있는 청소년의 임상적/심리진단적 평가에 주로 사용된다는 점을 강조했다. MMPI-A는 외래, 입원, 기타 거주 치료시설 장면에서 정신병리의 전반적 평가뿐만 아니라 특수 청소년 집단과 특정 유형의 문제평가에 유용하다. MMPI-A에 관한 연구문헌이 이 사실을 뒷받침해 준다. 6장은 소수 민족 집단의 청소년을 평가할 때 MMPI-A가 적절한지에 관한 연구 결과를 논의하면서 시작하고자 한다. 또한 치료 장면에서 심심찮게 목격되는 문제 청소년, 즉 비행 청소년과 품행 장애 십대, 물질 남용 청소년, 섭식 장애 청소년, 성 학대의 경험이 있는 청소년 등을 평가하기 위해 MMPI-A를 적용하는 것에 관해 논의할 것이다. 그리고 이 장의 마지막 부분에서는 치료 계획 및 과정, 치료 결과 평가에서 MMPI-A의 유용성에 관해 기술하고자 한다.

✲ 소수 민족 집단에 대한 적합성

소수 민족 집단의 개인을 평가하는 데의 MMPI 적용 가능성 문제는 수십 년 동안 논의된 주제이다. MMPI의 규준표집이 완전히 백인으로만 구성되어 있다는 사실로 인해, 이러한 적용 가능성에 대한 의문과 주의점이 제기되어 왔다. 게다가 MMPI 출시 이후 수십 년간 개발된 수많은 MMPI 보충 척도 또한 대부분 백인 표집에 근거하여 제작되었다. 성인을 위한 MMPI-2와 청소년을 위한 MMPI-A의 개발 과정에서 전 국민을 대표하는 표집과 다양한 민족을 대표하는 표집을 얻고자 하는 노력을 통해 앞서 언급한 문제점을 해결하고자 했음을 알 수 있다. 이러한 노력이 대개는 성공적이었음에도 불구하고 MMPI-2 규준표집은 히스패닉과 아시아계 미국인 성인(Nichols, 2001 참조)을 제대로 대표하지 못했다. MMPI-A 규준표집의 청소년 대부분(약 76%)이 백인이었다(Butcher et al., 1992 참조).

민족적 배경이 MMPI 프로파일 패턴에 미치는 영향에 관한 연구문헌은 일관된 결과를 내놓지 못했다. MMPI로 시행한 연구 중 일부를 살펴보면, 아프리카계 미국 성인이 백인 성인보다 척도 *F*, *8*, *9*에서 점수가 더 높았으며, 이로 인해 아프리카계 미국 성인이 더 부적응적으로 보이게 되었다(예: Gynther, 1972). 청소년을 대상으로 한 초기 MMPI 연구에서도 비슷한 방향의 결과가 나왔다. 예로, Ball의 연구(1960)를 보면, 중학교 3학년 흑인 학생의 경우 같은 학년의 백인 학생에 비해 남학생에서는 척도 *1*의 점수가, 여학생에서는 척도 *F*, *8*, *0*의 점수가 더 높았다. 다른 연구들은 MMPI 프로파일에 나타난 인종적 차이의 결정 요인이 사회경제적 지위의 차이일 가능성을 시사했다. 예로, Dahlstrom, Lachar, Dahlstrom(1986)의 보고에 따르면, 교육 수준 등의 인구학적 특성이 동등한 두 집단의 경우 흑인과 백인 집단 간 MMPI 차이가 훨씬 더 작거나 유의하지 않은 경우도 있었다. Archer(1987)는 대다수가 중산층인 공립 고등학교에서 표집된 흑인과 백인 청소년 MMPI 프로파일에서는 매우 작은 차이만 존재한다는 사실을 발견했다. Greene(2000)은 사회경제적 지위, 교육, 지능 등의 중재변인이 MMPI에서 민족 집단 차이에 영향을 미칠 수 있는 중요한 요인임을 강조했다. 또한 Greene은 흑인과 백인, 히스패닉과 백인, 흑인과 히스패닉, 북미 원주민과 백인, 아시아계 미국인과 백인을 비교한 MMPI 연구에서 표집 간에 일관적이거나 안정적인 차이를 보이는 패턴은 없다고 결론을 내렸다.

성인 표집에 대한 MMPI-2의 최근 연구들을 살펴보면 프로파일의 상승에서 흑인과 백인 간에 유의한 차이가 발견되지 않았다. Timbrook과 Graham(1994)은 흑인 남성 75명, 흑인 여성 65명이 응답을, MMPI-2 규준표집에 속한 백인 남성 725명, 백인 여성 742명의 응답과 비교했다. MMPI-2 기본 척도에서 두 인종 집단 간 평균 차이가 남녀 모두에서 작았다. 두 집단을 연령, 교육, 소득 수준으로 짝지은 평균 차이는 더 낮아졌다. 이 연구에서 도출된 중요한 결과는 척도 관련 특성의 정확도에서 흑인과 백인 간에 어떤 체계적 차이도 없었다는 것이다.

현재까지의 연구문헌을 살펴보면, 성인용 MMPI와 청소년용 MMPI의 가용한 표준 규준을 사용하여 이 검사를 소수 민족 집단의 개인을 평가하는 데 사용해 왔음을 알 수 있다. 그러나 소수 민족 집단 청소년에 MMPI-A를 적용할 때에는 몇 가지 주의가 필요하다. 첫째, 성인과 청소년 관련 MMPI 연구의 대부분은 백인 집단과 흑인 집단의 프로파일을 비교하는 데 초점이 맞춰졌다. 상대적으로 히스패닉, 북미 원주민, 아시아계 미국인, 그리고 다른 소수 집단의 프로파일 패턴에 대해서는 알려진 바가 거의 없다. 둘째, 소수 민족 집단의 MMPI-A 사용에 관련된 특정 정보는 매우 적다. Gumbiner(1998)는 최근 한 연구를 통해 14~18세 히스패닉 청소년의 MMPI-A를 조사했다. 하지만 이 연구는 소년과 소녀의 척도 상승 패턴을 비교하는 데 초점을 맞추고, 다른 소수 민족 집단 청소년과는 비교하지 않았다. Gomez, Johnson, Davis와 Velasquez(2000)가 실시한 아프리카계 미국인과 멕시코계 미국인 청소년 범죄자의 MMPI-A 척도 상승 비교 연구에서는 민족 특징으로 인한 유의한 다변량 결과가 없었다. 개개의 척도를 살펴보면 억압 척도 점수만이 멕시코계 미국인 십대보다 아프리카계 미국인 청소년에서 유의하게 더 높았다. 이 두 연구는 MMPI-A의 민족 집단 간 차이 연구에 대한 진전이라 할 수는 있지만 어떤 분명한 결론을 내리기에는 충분하지 않다. 셋째, 소수 민족 집단에 *MAC-R* 척도를 사용할 경우 백인 집단에서보다 더 높은 비율로 허위 양성 오류가 나타날 수 있다는 결과가 있다(예: Gottesman & Prescott, 1989). 또한 Wrobel과 Lachar(1995)는 아프리카계 미국 청소년과 백인 청소년이 나타내는 내용 척도 상승을 다르게 해석할 필요가 있음을 경고했다. Wrobel과 Lachar는 사회경제적 지위가 낮은 아프리카계 미국인 정신건강의학과 환자와 백인 정신건강의학과 환자들 사이에 MMPI Wiggins 내용 척도 중 네 개의 척도에서 유의한 차이를 보인다고 보고했다. 특히 주목해야 할 점은 몇몇 내용 척도의 타당도가

빠른 참조 6.1

MMPI-A로 소수 민족 집단 청소년 평가하기

- 연구문헌에 따르면 소수 민족 집단 청소년의 MMPI-A 프로파일을 해석할 때 추가적인 주의를 기울이는 것이 좋다.
- 특히 *MAC-R* 척도의 경우, 소수 민족 집단에서 허위 양성 오류가 더 높게 나타나기도 하므로 주의하여 해석해야 한다.
- 척도 상승 면에서의 인종 차이는 많은 부분이 사회경제적 지위, 교육, 지능 등의 중재변인에 기인하기도 한다.

백인 청소년들에게서 더 크게 나타났고, 척도 상관요인에서 두 인종 집단이 다소 차이를 보였다는 사실이다. Wrobel과 Lachar는 Wiggins 내용 척도를 통해 MMPI-A 내용 척도에 대해 추론한 결과, MMPI-A 내용 척도가 정신병적 증상, 신체화 증상, 공포증적 증상 등 특정 영역에서 아프리카계 미국인 청소년을 과잉 진단하고, 가족이나 권위자와의 갈등 같은 다른 영역의 문제에 대해서는 잘 알아내지 못할 가능성이 있다고 경고했다. 인종, 민족, 인구사회학적 특성이 MMPI-A 척도 상승에 미치는 영향에 대해 더욱 많은 연구가 이루어질 때까지, 임상가는 소수 민족 집단 청소년의 MMPI-A 프로파일을 해석하는 데 어느 정도는 보수적인 태도를 취할 필요가 있다(빠른 참조 6.1 참조).

✲ 특수 집단에 대한 적용

비행 청소년

MMPI는 오래전부터 비행 청소년을 변별하고 평가하는 데 사용되었다. 이는 비행 청소년 집단에 대한 MMPI 패턴을 평가한 Capwell(1945)과 Hathaway, Monachesi(1952, 1953, 1957, 1963)의 기념비적 연구로부터 시작되었다. Capwell은 여자 비행 청소년과 일반 여자 청소년의 구분에 척도 *4*가 유용함을 밝혔다. Hathaway와 Monachesi의 종단연구는 척도 *4*, *8*, *9*가 비행 청소년을 알아내는 데 유용하며, 특히 척도 *4*와 *9*가 비행을 효과적으로 예측할 수 있음을 보여 주었다. 또한 이들의 연구 결과에서 남자 비행 청소년은 척도 *5*의 점수가 낮고, 여자 비행 청소년은 척도 *3*의 점수가 낮은 패턴을 나타냈다. 이러한 선구적 연구에 뒤이어, MMPI를 사용한 많은 조사 연구가 보호 시설에 있거나 그렇지 않은 비행 청소년, 그리고 다른 품행 장애 청소년을 대상으로 하여 이루어졌다. 같은 방식을 사용한 MMPI-A 연구도 진척을 보이고 있다. 지난 6년간 수행된 연구 중 하나에서는 Hathaway와 Monachesi의 MMPI 연구 결과를 MMPI-A를 사용하여 반복검증했는데, MMPI-A의 척도 *4*, *6*, *9*와 *4-9* 코드유형이 남자 비행 청소년 프로파일의 특징을 분명히 드러낸다는 사실이 확인되었다(Pena et al., 1996). 또 다른 연구(Hicks, Rogers, & Cashel, 2000)를 살펴보면, MMPI-A 척도 *4*, *8*, *9*로 생성되는 형태적 패턴이나 코드유형이 보호 시설에 있는 남자 비행 청소년의 전체 범죄를 예측하는 데에는 유용하지 않지만, 척도 *9*, *6*의 개별적 상승은 폭력 범죄의 예측에 중요하다는 사실을 알 수 있다. 성범죄 이력이 있는 남자 비행 청소년과 그렇지 않은 남자 비행 청소년을 비교한 한 연구는 척도 *4*, *8*의 상승이 성범죄자에서 더 빈번하고 척도 *3*, *7*의 상승은 성범죄 이력이 없는 범죄자의 중요한 특징임을 보여 주었다(Losada-Paisey, 1998).

앞서 인용된 조사 연구들에서, 행동화 경향과 연관되었다는 이유로 전통적으로 '흥분성' 척도로 명명되었던 MMPI-A 척도 *4*, *6*, *9*가 비행 청소년의 MMPI-A 프로파일에서 중심적인 역할을 한다는 사실이 결론적으로 나타나고 있다. 또한 *4-9* 코드유형을 구성하는 척도 *4*와 *9*의 동반 상승은 비행 집단을 규정하는 특징이 된다. *4-9* 코드유형이 정신건강의학과 장면의 남자 청소년들 사이에서 가장 흔하게 발생하는 코드유형이며, 범죄 판결을 받은 십대에게만 독특하게 나타나는 것이 아니라는 사실을 주시할 필요가 있다. 그럼에도 불구하고 이러한 코드유형에 대한 기술어는 청소년 비행을 이해하는 데 상당히 도움이 된다. 예로, Gilberstadt와 Duker(1965)는 MMPI *4-9* 패턴 양상을 보이는 개인이 아동기에 가정적 경험으로 인해 폄하된 아버지상을 가지고 있고, 남성 권위에 대한 경멸이 점점 증가되어 결국 청소년기에 행동으로 드러난다고 보고했다. Marks와 동료들(1974)에 따르면, *4-9* 패턴의 청소년은 어머니의 보살핌을 받지 못하고, 아버지의 훈계를 두려워하지 않으며, 거짓말을 비롯한 나쁜 행동으로 인해 부모와 끊임없는 갈등 상태에 있다. *4-9* 패턴의 청소년은 다른 코드유형을 보이는 청소년에 비해 위탁 가정이나 입양 가정에서 자라는 경우가 많다. 이런 십대의 절반 정도는 사법당국의 주시를 받거나 보호관찰 내지 구금된 경험이 있다. 특히 *4-9* 패턴의 청소년은 슬프다고 느낄 때 지루하다고 보고하는 경향이 있으며, 정신생리적 고통을 보이지 않았다.

MMPI-A의 새로운 내용 척도와 보충 척도는 비행 청소년, 더 일반적으로는 품행 장애 청소년을 평가하는 추가적 수단이 된다. Pena와 동료들(1996)은 남자 비행 청소년 표집 162명이 보충 척도 중 *R*(억압)에서 가장 낮은 점수를, *MAC-R*에서 가장 높은 점수를 받았다고 보고했다. 이는 탈억제와 감각 추구 지향을 반영한다. 이들은 또한 정상적인 남자 청소년에 비해 보충 척도인 *MAC-R*, *ACK*, *PRO*, *IMM*에서 더 높은 점수를 받았다. 이 척도들은 알코올이나 약물 남용과 관련된 충동성과 행동화 경향과도 연관이 있다. 내용 척도인 *A-ang*, *A-cyn*, *A-sch*, *A-con* 역시 *A-trt*나 *A-sod*와 마찬가지로 비행 청소년 프로파일에서 두드러지게 상승했다. Moore, Thompson-Pope와 Whited(1996)가 수행한 방화 경력이 있는 남자 청소년의 MMPI-A 프로파일에 대한 조사에서는 방화 경험이 없는 집단에 비해 방화 경험이 있는 집단이 더 높은 병리를 보였다. 구체적으로는 정서적 고통, 사고 장애, 행동화의 혼합을 나타내는 기본 척도 *7*, *8*, *9*와 여덟 개의 내용 척도가 방화 집단에서 유의하게 높았다.

요컨대 현재 가용한 문헌들을 살펴보면, 비행 청소년의 MMPI-A 프로파일에는 행동화에 관련된 몇 가지 기본 척도, 내용 척도, 보충 척도의 상승을 반영하는 현저한 외재화 특성이 나타남을 알 수 있다. MMPI-A 구조적 요약의 **탈억제/흥분 가능성** 및 **미성숙** 차원에 방금 언급한 척도 대부분이 포함되므로 프로파일 해석 과정에서 이 차원들을 살펴보는 것이 바람직하다. 일부 품행 장애 하위 집단에서는 정서 부적응, 사고 장애와 관련된 척도가 상승되기도 하는데, 이는 청소년의 전반적 부적응의 독특한 요소를 알아내는 데 도움이 된다(**빠른 참조 6.2** 참조).

빠른 참조 6.2

MMPI-A로 비행 청소년 평가하기

- 초기 MMPI 연구를 보면 비행 청소년 식별에 척도 *4*, *8*, *9*가 유용하게 사용되었다.
- 최근 연구에 따르면 척도 *4*, *6*, *9*와 *4-9* 코드유형이 남자 비행 청소년의 MMPI-A 프로파일에서 빈번하게 나타난다.
- 비행 청소년의 프로파일에서는 보충 척도 *MAC-R*, *ACK*, *PRO*, *IMM*, 내용 척도 *A-ang*, *A-cyn*, *A-sch*, *A-con*, *A-trt*, *A-sod*의 상승을 예상할 수 있다.
- 비행 청소년의 전반적 프로파일 패턴은 뚜렷한 외재화 경향성을 반영한다.

물질 남용 청소년

물질 남용 청소년은 품행 장애 청소년이나 비행 청소년이 가진 특징을 많이 보인다. 이들은 반항, 자기처방, 또는 정신생리적 최적 각성 수준을 얻기 위한 수단으로 알코올 또는 약물에 의존하여 행동화하는 하위 유형 집단으로 볼 수 있다. 물질 남용과 비행의 관계에 대한 전형적 예는 Komro와 동료들(1999)이 중학교 2, 3학년 청소년의 대규모 표집(N = 937)으로 진행한 최근 연구에 잘 나타나 있다. 이 연구에 따르면 알코올 사용 그리고 알코올 및 약물 관련 문제의 인정과 비행 및 폭력 행동 간에는 통계적 관련성이 있었다. 연구자들은 알코올 사용이 청소년의 비행과 폭력 행동에 대한 위험 요소라고 결론지었다.

MMPI에서 *MAC* 척도는 병원, 시설, 약물치료 프로그램, 공립학교 등의 장면에 있는 청소년의 물질 남용 문제를 정확하게 탐지해 내는 유용성으로 인해 매우 많은 연구의 주목을 받았다. 이 가운데 여러 연구가 물질 남용자와 비남용자를 효과적으로 판별하는 최적의 절단점을 찾는 방향으로 진행되었다. 예로, Gantner, Graham과 Archer(1992)는 남자 청소년에서는 *MAC* 원점수 28점, 여자 청소년에서는 *MAC* 원점수 27점이 청소년 물질 남용자와 정신건강의학과 입원 환자를 가장 잘 판별한 반면, 남자 청소년 *MAC* 원점수 26점, 여자 청소년 25점으로는 물질 남용 청소년과 정상 고등학생을 최대로 판별한다는 사실을 밝혔다. 더 나아가 Archer와 Klinefelter(1992)는 청소년 MMPI 프로파일에서 *MAC* 점수 상승이 *4-9* 코드유형과 연관되어 있음을 밝혀냈다. 또한 높은 *MAC* 점수는 암페타민, 바비튜레이트, 코카인, 환각제, 마리화나, 알코올 등 다양한 약물의 남용과도 관련이 있었다(Andrucci, Archer, Pancoast, & Gordon, 1989).

MMPI를 사용한 다른 연구에서는 물질 남용 청소년 프로파일의 전형적인 특징을 밝히기 위한 노력을 진행해 왔다. Walfish, Messey와 Krone(1990)의 연구 결과를 보면 거주 치료시설에서 약물치료를 받고 있는 243명의 청소년 프로파일에서 전반적으로 정신병리적 특징이 나타나지 않았다. 이는 거주 치료시설 장면의 청소년 집단과 일반 정신건강의학 장면의 청소년 간에 확실한 차이가 있음을 시사한다. 하지만 약물 의존 청소년의 프로파일은 척도 *4*가 유의하게 상승하고 척도 *2*가 상대적으로 낮은 특징을 보였다. 이는 상대적으로 우울이나 정서적 고통이 없기 때문에 치료에 대한 동기가 낮은 것으로 해석할 수 있다. Massey, Walfish와 Krone(1992)은 후속 연구를 통해 물질 남용 치료를 받고 있는 250명의 청소년 MMPI 프로파일을 가지고 군집 분석을 실시했다. 이 분석에서 세 가지의 주요 군집이 확인되었다. 이 세 군집은 각각 (a) 유의한 수준의 정신병리가 있거나, (b) 충동성, 행동화 경향이 있거나, (c) 임상 수준의 상승을 보일 만큼 유의한 정신병리가 없다는 특징을 지니고 있었다. 따라서 물질 남용 청소년은 이질적 집단이긴 하나 다른 집단과는 구별되는 특징적인 MMPI 척도 패턴을 가진 집단으로 볼 수 있다.

물질 남용 청소년의 식별을 용이하게 하기 위해 실증적으로 새롭게 개발된 MMPI-A의 *ACK*와 *PRO* 보충 척도는 이 집단에 매우 유용할 것으로 보인다. Weed, Butcher와 Williams(1994)는 물질 남용 청소년과 비남용 청소년을 변별함에 있어 MMPI-A의 *MAC-R* 척도보다 *ACK*와 *PRO*가 더 정확하다고 보고했다. 이 연구 결과는 이 척도들의 초기 평가 연구에서 얻은 것으로, 1,620명의 MMPI-A 규준 집단 청소년과, 정신병리 치료를 받고 있는 251명의 청소년, 알코올 및 약물 치료 병동에 있는 462명의 청소년을 비교 집단으로 삼았다.

MMPI-A 연구 중 물질 남용 집단에 대해 주목할 만한 결과를 제시한 두 편의 연구가 있다. 그 첫 번째로, Gallucci(1997b)는 180명의 물질 남용 청소년을 세 집단으로 나누는 데 있어 특정 MMPI-A 척도의 기여도를 평가했다. 물질 남용 일차 집단은 행동 과소 통제의 특징을, 이차 집단은 행동 과소 통제가 없는 특징을 보이는 집단이고, 복합 집단은 과소 통제와 과다 통제의 특징을 모두 보이는 집단이다. 판별함수 분석 결과 *MAC-R*, *2*, *4*, *9*, *3*, *PRO*, *ACK* 척도가 제각기 판별 과제에서 유의한 기여도를 보였다. 총체적으로 판별함수의 정확 분류율은 79.4%였다. 이 연구에서 세 집단 간에 중요한 차이점이 있다는 사실은 물질 남용 청소년 프로파일에 이질성이 있다는 이전 연구 결과를 지지한다. 예로, *MAC-R*의 평균 *T*-점수의 경우, 일차 집단과 복합 집단에서 임상적 범위로 상승했으나 이차 집단에서는 그렇지 않았다. 척도 *4*에서도 동일한 상승 패턴이 나타났다. *PRO*는 세 집단 모두에서 상승했지만 *ACK*는 과소 통제의 특징을 보이는 일차 집단에서만 임상 범위로 상승했다. Gallucci는 MMPI-A가 폭넓은 범위의 정신병리적 특징을 측정하고 청소년의 물질 남용 하위 유형을 구분하는 기능을 지니고 있어 청소년 물질 남용 평가에 가치가 있다고 결론을 내렸다. Gallucci는 두 번째 연구(1997a)에서, 정신건강의학과에 입원해 있거나 낮 병원에서 물질 남용 치료를 받는 남녀 청소년 180명을 표집하여 물질 관련 MMPI-A 척도 16개의 상관요인을 살펴보았다. 연구를 위해 선별된 척도는 *MAC-R*과 *ACK*, *PRO*, 그리고 MMPI용으로 개발된 다양한 물질 남용 관련 척도였다. Gallucci는 자신의 연구 결과를 통해 *ACK* 척도는 문제가 되는 물질 사용 패턴을 스스로 인정하는지를 판단하는 척도이고, *PRO*와 *MAC-R*은 행동 과소 통제의 다양한 패턴을 반영하며 물질 남용이 그 한 요소라고 단언했다.

이러한 연구들의 결과를 종합해 보면, MMPI-A를 사용하여 청소년 물질 남용을 평가할 경우 *MAC-R*과 *ACK*, *PRO* 척도가 유효하며, 기본 척도 프로파일 패턴을 검토하여 홍분성 척도의 상승 여부를 살필 필요가 있음을 알 수 있다. 그러므로 임상가는 평가 시에 현저한 충동성과 외재화 경향이 특징인 행동 장애의 일반적 징후를 살펴보는 동시에, 물질 남용 지표인 *MAC-R*과 *PRO*의 상승, 그리고 약물 또는 알코올 사용 인정 지표인 *ACK* 척도를 추가적으로 살펴야 한다(**빠른 참조 6.3** 참조).

빠른 참조 6.3

MMPI-A로 물질 남용 청소년 평가하기

- 원판 MMPI에 있는 *MAC* 척도의 높은 점수는 청소년의 약물 및 알코올 남용과 관련이 있다.
- 물질 및 알코올 남용 청소년 집단의 경우 척도 *4*가 높고 *4-9* 코드유형을 보인다.
- MMPI-A 보충 척도인 *ACK*와 *PRO*는 물질 남용 청소년의 식별에 도움이 된다.

섭식 장애 청소년

청소년기에 섭식 장애가 두드러지게 발생하고 성인기까지 지속될 가능성에도 불구하고 섭식 장애를 가진 개인, 특히 청소년의 MMPI 패턴에 대한 연구는 상대적으로 거의 없었다. 이러한 연구 공백은 다음의 두 가지 이유에서 비롯된 것일 수 있다. 첫째, MMPI에 대한 문헌을 광범위하게 조사한 결과, 특정 진단 조건에 맞는 독특한 프로파일 패턴을 발견하기가 어려웠다. 둘째, MMPI에 섭식 장애나 신체 이미지 왜곡에 일치하는 적합한 항목이 없었다. 그러나 몇몇 MMPI/MMPI-2 연구는 섭식 장애를 가진 성인 여성의 프로파일을 검토하여 이 여성들에게서 공통적으로 높은 수준의 고통과 정신병리의 징후를 발견했다. 예로, 신경성 식욕부진증으로 치료를 받는 성인 여성에 대한 장기간의 후속 연구 두 편에서 중증도의 섭식 장애와 전반적 정신병리 간의 유의한 관계가 보고되었다(Schork, Eckert, & Halmi, 1994; Sunday, Reeman, Eckert, & Halmi, 1996). 10년간에 걸쳐 진행한 또 다른 후속 연구의 결과를 살펴보면, 회복되지 못한 신경성 식욕부진증 환자에 비해 회복된 신경성 식욕부진증 환자의 경우에 MMPI 점수가 더 크게 감소했다(Dancyger, Sunday, Eckert, & Halmi, 1997). 550명의 성인 섭식 장애 여성을 표집으로 사용한 Cumella, Wall과 Kerr-Almeida(2000)의 MMPI-2 최근 연구에서는 척도 *2*, *7*, *3*의 평균이 가장 높게 상승하고 *2-7* 코드유형이 가장 빈번하게 나타났다. 또한 MMPI-2 척도는 다른 섭식 장애 하위 유형에 비해 정신병리가 더 적게 나타나는 제한형 신경성 식욕부진증 환자를 구별해 내는 데 유용했다. 이에 반해 Pryor와 Wiederman(1996)의 연구는 (a) 신경성 식욕부진증, 제한형, (b) 신경성 식욕부진증, 폭식/하제 사용형, (c) 신경성 폭식증, 하제 사용형, (d) 신경성 폭식증, 하제 비사용형 등 네 가지 하위 유형으로 진단받은 성인 여성들의 MMPI-2 프로파일에서 진단 간에 유의한 차이가 없다고 보고했다. 폭식증 환자에 대한 연구들을 살펴보면 제한형 신경성 식욕부진증에서 종종 발견되는 무증상 프로파일과는 달리, 폭식증 환자의 경우 일반적으로 다양한 척도가 상승했다. Dacey, Nelson과 Aikman(1990)은 척도 *6*, *3*, *5*, *8*이 폭식증 환자 집단과 비폭식 통제 집단을 효과적으로 식별한다고 보고했다.

MMPI-A에는 청소년 관련 문항이 포함되어 있으므로, 섭식 장애를 포함한 청소년의 다양한 장애유형 평가에 있어서 MMPI-A를 더욱 많이 사용하게 된다. 섭식 장애 척도를 개발하기에는 섭식 장애에만 특정하게 관련된 MMPI-A 문항 수가 불충분하기는 하지만(Williams et al., 1992), 섭식 문제가 척도 *2*, *A-sod*와 관련된 특성임이 밝혀졌다. 현재까지는 청소년 섭식 장애의 MMPI-A 프로파일 평가에 대해 Cumella, Wall과 Kerr-Almeida(1999)가 수행한 단 한 편의 논문이 출간되었다. 이 연구의 주목할 만한 점은 섭식 장애로 입원치료를 받는 245명의 청소년을 표집으로 사용했다는 점이다. 이 표집은 (a) 신경성 식욕부진증, 제한형, (b) 신경성 식욕부진증, 폭식/하제 사용형, (c) 신경성 폭식증, 하제 사용형, (d) 달리 분류되지 않은 섭식 장애 등 네 가지 하위 유형 진단을 포함했다. 네 하위 집단 모두에서 척도 *2*, *3*, *1*이 각각 60*T* 이상으로 임상적으로 해석 가능한 평균 점수를 보였다. 더 나아가 다섯 개의 프로파일 유형으로(*1-2*, *1-3*, 단독 *2* 상승, *2-3*, *2-0*) 전체 섭식 장애 표집 프로파일의 60%를 정확하게 분류했다. *2-3* 코드유형은 폭식 집단과 식욕부진증 집단에서 가장 빈번하게 나타나는 양봉 패턴이었다. 그러나 폭식증 환자의 경우 식욕부진증 환자보다 척도 *9*와 *4*, 그리고 *A-ang*, *A-con*, *A-las*, *A-fam*, *A-sch* 등 몇 개의 내용 척도, 세 개의 물질 남용 척도 모두에서 더 높게 나타났다. 또한 식욕부진증과 폭식증의 구별에 대한 MMPI-A 척도의 증분 기여도 평가를 위해 단계적 회귀분석을 실시한 결과 네 개의 척도(*PRO*, *ACK*, *A-trt*, 척도 *4*)가 차이 예측에 유의하게 기여하고 진단 변량의 39%를 설명했다. 연구진은

빠른 참조 6.4

MMPI-A로 섭식 장애 청소년 평가하기

- MMPI-A의 척도 *2*와 *A-sod* 척도의 상승은 섭식 문제와 관련이 있다.
- 척도 *1, 2, 3, 7, 0*의 상승과 *2-3* 코드유형은 섭식 장애 청소년에게 자주 나타난다.
- 신경성 폭식증 청소년은 신경성 식욕부진증 청소년에 비해 척도 *4, 6, 8, 9*의 상승을 포함하여 더 높은 외재화 경향성을 보인다.

MMPI-A가 신경성 식욕부진증 하위 유형을 효과적으로 구별하지는 못했지만 식욕부진증과 폭식증의 구별, 특정 불능 섭식 장애와 특정 섭식 장애의 구별에 효과적이었다고 결론 내렸다.

위에 인용된 연구들을 근거로 섭식 장애 청소년의 MMPI-A 프로파일에 관한 몇 가지 결론에 도달할 수 있다. 제한형 식욕부진증 프로파일을 제외하고는 섭식 장애가 있는 십대의 프로파일에 정서적 고통이나 정신병리의 몇 가지 징후가 나타날 가능성이 높다. 구체적으로 척도 *1, 2, 3, 7, 0*이 상승한다는 특징이 있고, 일반적 부적응 요인 점수의 경우는 유의한 상승이 예상된다. 게다가 폭식증 환자의 경우 척도 *4, 6, 8, 9*와 분노, 충동 조절 문제, 욕구 좌절에 대한 인내심 부족, 가족 및 학교 갈등, 전반적 외재화 경향과 관련 있는 내용 척도와 보충 척도가 상승할 가능성이 있다. 결론적으로, 섭식 장애 청소년을 평가하는 MMPI-A의 유용성은 광범위한 영역의 장애를 식별하는 MMPI-A의 능력과 관련이 있다. 그러나 MMPI-A 프로파일 패턴을 통해 특정한 형태의 섭식 장애를 진단하려는 시도는 바람직하지 않다(빠른 참조 6.4 참조).

성 학대를 당한 청소년

성 학대를 당한 개인의 MMPI 프로파일은 섭식 장애의 MMPI 프로파일과 몇 가지 공통점이 있다. 보통 두 프로파일 모두 고통 관련 증상에 관한 척도가 상승한다. 성 학대를 당한 개인의 프로파일에서 소외감, 대인 관계 민감성, 사회적 위축을 반영하는 척도가 상승하고, 정신건강의학과 표집에서 보이는 수준과 유사한 정도의 전반적인 심리 장애가 나타나는 경향이 있다. Roland, Zelhart, Cochran과 Funderburk(1985)의 MMPI 관련 연구에 따르면, 척도 *3*, *5*, *1*, *4*를 통해 아동기 성 학대를 당한 경험을 보고한 성인 여성의 73%를 정확하게 식별했다. Engels, Moisan과 Harris(1994)는 학대(성, 신체, 혹은 둘 다) 과거력을 보고한 성인 여성 외래환자와 학대 과거력이 없다고 보고한 여성 환자 간에 MMPI 전반적 정신병리 지표에서 차이가 있다고 보고했다. Belkin, Greene, Rodrigue와 Boggs(1994)는 성 학대 생존자의 MMPI 프로파일 특징으로 척도 *4*, *8*의 상승을 들었다. 아동기의 성 학대 과거력이 있는 성인 여성에 대한 MMPI-2 연구의 예를 보면, 학대 과거력이 없는 여성 집단과 비교하여 척도 *1*, *2*, *4*, *6*, *7*, *8*, *9*의 점수가 유의하게 높았다(Griffith, Myers, Cusick, & Tankersley, 1997). 아동기의 성 학대 경험을 보고한 물질 남용 여성의 경우, 성 학대 과거력을 보고하지 않은 여성과 비교하여 척도 *F*, *1*, *2*, *3*, *4*, *6*, *7*, *8*에서 차이가 있었다(Knisely, Barker, Ingersoll, & Dawson, 2000). Elhai, Frueh, Gold, Gold와 Hamner(2000)는 전쟁과 관련된 PTSD의 치료를 원하는 참전군인의 MMPI 프로파일과 아동기 성 학대 관련 PTSD의 치료를 원하는 성인의 프로파일을 비교하는 흥미로운 연구를 했다. 처음에는 MMPI-2의 몇몇 척도에서 차이가 발견되었으나 연령 효과를 통제한 분석에서는 그 차이가 줄어들었다. 연구자들은 성 학대 생존자와 참전군인의 프로파일 간에 차이보다는 유사성이 더 크며, 성 학대와 관련하여 특징적인 프로파일이 없다고 결론 내렸다. 또한 MMPI-2에서 성 학대 척도를 개발하려는 노력은 성공하지 못했으며(예: Griffith, Myers, & Tankersley, 1996; Korbanka, 1997), 군집 분석 결과 아동기의 성 학대를 보고한 여성은 이질적인 집단으로 분류되었다(Follette, Naugle, & Follette, 1997).

성 학대 청소년에 대한 MMPI 연구에서 우울과 불안의 증거가 전형적으로 나타났다(이를테면 Hillary & Schare, 1993). 척도 *8*과 *9*도 흔히 상승한다. Scott과 Stone(1986)은 아버지와 계부에게 성폭행을 당하여 심리치료를 받고 있는 청소년과 성인의 MMPI 프로파일을 비교한 연구에서 척도 *9*의 점수가 성인 표집보다 청소년 표집에서 더 높은 반면, 척도 *2*의 점수는 청소년보다 성인에서 더 높았음을 확인했다. 두 집단 모두 척도 *8*의 점수가 상승했다. 연구자들은 이러한 결과가 성 학대와 관련된 사회적 위축과 소외감을 반영할 뿐만 아니라, 청소년기에 전형적으로 나타나는 흥분성, 기분 고양, 일시적인 우울 등의 특징을 반영한다고 해석했다.

일부 MMPI-A 내용 척도의 상관요인은 학대의 과거력을 포함한다. Williams 등(1992)이 수행한 연구는 *A-dep*, *A-ang*, *A-lse*, *A-sch* 척도가 남자 청소년의 성 학대와 관련 있는 반면, *A-fam* 척도는 여자 청소년의 성 학대 및 남자 청소년에 대한 신체 학대와 관련 있다고 보고했다. 또한 성 학대를 당한 남자 청소년의 경우 척도 *7*, *8*이, 성 학대를 당한 여자 청소년의 경우 척도 *4*, *8*이 상승하는 경향이 있다(Butcher & Williams, 2000). Forbey와 Ben-Porath(2000)는 MMPI-A 연구에서 MMPI-A 척도 중 성 학대 과거력과 상관이 있거나 또는 성 학대 청소년에게서 공통적으로 나타나는 특징과 상관이 있는 14개 척도는 성 학대 경험이 없는 청소년에 비해 성 학대 경험이 있는 청소년에서 더 높이 상승할 것이라고 예측했다. 연구자들은 거주 치료시설에서 치료를 받는 13~18세 청소년 107명을 표집했다. 그 결과 예측했던 척도 14개 중 9개의 척도(*F*, *2*, *4*, *8*, *0*, *A-dep*, *A-lse*, *A-sod*, *A-fam*)와 예상하지 못한 2개의 척도(*6*, *A-aln*)에서 유의한 차이가 나타났다. 성 학대를 당한 청소년은 우울, 무망감, 무가치감, 불신, 저조한 흥미 및 진취성, 대인 회피를 보고하며 자해 생각과 가출 행동을 할 가능성이 있다고 연구자들은 결론지었다.

요약하면, 성 학대를 당한 청소년의 MMPI-A 프로파일은 척도 전반에 걸쳐 여러 군데에서 상승이 나타날 가능성이 있다. 그러나 성 학대를 식별하는 단일 프로파일 패턴은 없으며, 오로지 MMPI-A에만 근거하여 성 학대를 진단하려는 시도는 잘못된 판단을 낳기 쉽다. 임상가는 다양한 출처에서 나온 자세한 과거력을 입수하여 학대에 관한 정보를 수집한 후, 이 정보의 맥락 안에서 해당 청소년의 MMPI-A 프로파일 특성을 이해해야 한다(**빠른 참조 6.5**와 **빠른 참조 6.6** 참조).

빠른 참조 6.5

MMPI-A로 성 학대를 당한 청소년 평가하기

- 성 학대를 당한 청소년의 프로파일은 전형적으로 우울과 불안의 특징을 나타낸다.
- MMPI-A 내용 척도 *A-dep*, *A-ang*, *A-lse*, *A-sch*, *A-fam*의 상승은 학대 과거력과 관련이 있다.
- 성 학대를 당한 청소년의 프로파일은 특정 코드유형을 보이기보다는 다양한 척도의 상승을 보인다.

빠른 참조 6.6

MMPI-A 임상적 적용 관련 참고 자료

- *Juvenile Delinquents*, Pena, Megargee, & Brody(1996)
- *Adolescent Sexual Offenders,* Losada-Paisey(1998)
- *Adolescent Substance Abusers*, Gallucci(1997a, 1997b)
- *Eating-Disordered Adolescents*, Cumella, Wall, & Kerr-Almeida(1999)
- *Sexually Abused Adolescents*, Forbey & Ben-Porath(2000)

✲ 치료 관련 적용점

치료 계획

MMPI-A는 일반적으로 치료 계획에 필요한 정보를 얻기 위한 초기 접수평가 절차의 일부로 시행된다. 청소년에게 적합한 치료 계획을 세우기 위해서는 억압된 분노나 깊은 비관주의와 같이 눈에 띄지 않거나 보고되지 않는 특성에 대해 잠재적으로 인지하고, 심리적 저항 및 대인 관계 민감성 등 근본적인 성격역동에 대해 인식하는 것 등을 고려해야 한다. 적절한 개입의 설계에 중요한 이러한 특성은 첫 면담에서 보통 드러나지 않으며, 청소년이 이러한 사항을 끝까지 말로 표현하지 않을 수도 있다. 그러나 MMPI-A 평가를 통해 청소년은 면대면 면담에서 보고할 수 없거나 보고하지 않으려는 감정이나 경험을 표현하기도 한다. 따라서 임상가는 MMPI-A를 사용함으로써 청소년의 기능에 대한 중요한 측면을 더 잘 인지할 수 있게 된다.

치료 초기의 장애물

치료 계획을 세울 때 살펴봐야 할 중요한 사안 중의 하나는 청소년이 심리치료를 얼마나 수용하는가이다. MMPI의 몇 가지 척도는 예후에 대한 유용한 지표로서의 역할을 해 왔다. 예로, Archer, White와 Orvin(1979)은 방어적 태도의 지표인 *L*, *K* 타당도 척도의 점수가 초기 평가에서 높으면 정신건강의학과 청소년 환자의 치료가 장기화할 가능성이 높다고 보고했다. 마찬가지로 MMPI-A에서도 *L*, *K* 척도는 개인의 결함과 심리 기능 장애를 드러내기를 꺼려하여 치료 과정에 적극적으로 참여하려 하지 않는 청소년을 식별한다. 더 나아가 *L*, *K* 척도와 상관이 매우 높다고 밝혀진 Welsh의 *R* 보충 척도의 상승은 정서적 억제와 자기표현의 과잉 통제로 인해 치료에 대한 참여도가 낮은 청소년을 식별한다. 더불어 *A-trt* 내용 척도는 정신건강 전문가의 도움을 줄 수 있는 능력에 대해 의심한다든지, 또는 도움 받을 수 있는 자신의 능력에 대해 무관심과 불신을 가진다든지 하여 치료에 대한 동기가 낮은 청소년을 탐지하는 데 유용하다. 치료 초기에 이러한 문제를 확인한다면 임상가는 청소년의 자신감과 신뢰를 높이는 데 시간과 노력을 쏟고, 심리치료 초기 단계에 정보 공개를 최소화하는 치료 계획을 수립할 수 있다.

한계 설정 필요성에 대한 지표

치료 장면에서 청소년이 흔히 보이는 문제 중 하나는 행동 문제이다. 척도 *4*, *A-ang*, *A-con*, *A-cyn*, *A-sch*, *MAC-R*, *ACK*, *PRO*, *IMM* 등과 같은 다양한 MMPI-A 척도는 다양한 행동화 가능성을 식별하는 데 도움을 준다. 또한

Harris-Lingoes 소척도는 행동 문제의 주된 영역을 분명히 보여 준다. 예로, Harris-Lingoes 소척도 *Pd1*의 상승은 가족 내에 집중된 갈등으로 인한 압박감을 드러내는 한편, *Pd2*의 상승은 사회적 규칙과 기대에 대한 보다 일반적인 저항을 나타낸다. 또한 *4-6*, *4-9*, *2-4*의 코드유형을 통해 임상가는 청소년이 가진 부정적인 태도와 반항에 대해 한층 폭넓고 풍부하게 이해할 수 있게 된다. MMPI-A 구조적 요약의 미성숙과 탈억제/흥분 가능성 차원을 통해 청소년이 보이는 행동 장애의 외재화 양상에 대해 더 넓은 관점에서 파악할 수 있고, 집과 학교에서 겪는 갈등이 얼마나 큰지를 주목할 수 있게 된다. 이런 어려움에 대한 임상가의 자각은 지지적 접근의 틀 안에서 단호한 한계 설정 접근이 효과적인 치료를 위해 필요하다고 결정하는 데 도움이 된다. 임상가는 이러한 자각을 바탕으로 청소년법 집행요원(보호관찰사 등)을 치료 과정에 보조적으로 관여시킬 수도 있다. 또한 *MAC-R*, *ACK*, 혹은 *PRO* 척도가 상승한다면, 개입이 필요한 첫 번째 중요한 목표는 바로 물질 남용 문제이다. 물질 남용 문제를 초기에 확인하는 것은, 부모나 법적 대리인의 도움을 받아 외래치료 장면에 있는 청소년의 활동을 감찰하는 데, 그리고 입원 장면에서 치료진에게 불법 약물 검사의 필요성을 일깨우는 데 중요하게 작용한다.

급격한 정서적 고통에 대한 지표

많은 청소년들이 치료 장면에 처음 왔을 때 매우 힘들어 한다. 이런 청소년들의 경우 기본 임상 척도 *2*, *7*, 그리고 보충 척도 Welsh *A*가 상승한다. 이는 우울, 불안, 반응성 등의 요소를 반영하며 정서적 고통으로 체험된다. Harris-Lingoes 소척도 *D1*(주관적 우울감)이나 *D5*(깊은 근심), 내용 척도 *A-dep*, *A-anx*, *A-obs*, *A-lse*는 우울이나 고통의 형태를 더욱 구체적으로 나타내 준다. MMPI-A 구조적 요약의 일반적 부적응 요인과 관련된 척도가 상승했다면 청소년의 고통은 많은 기능 영역에서 장애를 야기할 가능성이 있다. 이러한 MMPI-A 프로파일 패턴이 나타나는 경우, 우선적으로 증상의 완화, 일상적 기능 수준으로의 향상, 필요한 경우 자살 위험성에 대한 적극적 감시, 그리고 입원이나 다른 위기 개입 서비스가 필요한지를 검토하는 데 치료의 초점을 맞춰야 한다. 비록 MMPI-A가 자살 사고와 관련된 많은 항목을 포함하고 있지는 않지만, 임상가는 "나는 때때로 자살에 대해 생각한다."(177번 문항)와 같은 문항에 대한 응답을 검토하면서 자살 위험에 대해 보다 면밀한 평가를 시작할 수 있다. Archer과 Slesinger(1999)의 최근 연구에 따르면, 척도 *2*나 *8*이 단독 상승한 청소년, 또는 *4–8*, *8–9* 코드유형이 나타난 청소년이 자살 관련 문항 177번과 283번("죽어 버렸으면 하고 바랄 때가 많다."), 그리고 399번("내 장래는 희망이 없는 것 같다.")에 시인하는 비율이 더 높았다.

대인 관계 기능

대인 관계에서의 불편함과 사람들로부터 분리되어 있다는 느낌을 경험하는 청소년은 대개 척도 *0*, *A–sod* 또는 *A–aln*, MMP–A 구조적 요약 중 사회적 불편감 요인에서 상승을 보인다. 이러한 청소년의 경우 개인치료 형태에서 관계 형성을 통한 심리치료를 시작할 수 있고, 집단치료는 다른 사람과 관계를 맺는 기술이 적절한 수준으로 향상될 때까지 보류할 필요가 있다. 이와는 반대로, 척도 *0*의 점수가 낮은 청소년은 집단 심리치료 개입을 편안하게 받아들이기 때문에, 사회적 접촉에 대한 청소년의 욕구가 치료 현장에서 채워진다면 치료 조기에 중도 탈락할 가능성이 더욱 감소한다. 척도 *3*의 점수가 상승한다면 임상가는 대인 관계에서 주목받고 인정받고 싶어 하는 청소년의 욕구를 민감하게 살펴봐야 하고, 척도 *3*이 척도 *1*과 같이 상승할 경우에는 의존성 특징이 두드러진다는 사실을 알아야 한다. 심리치료자가 청소년에게 자아성찰 요구를 하지 않으면서 신체 증상 호소의 진실성에 대해 이의를 제기하지 않는다면, 청소년은 충분한 주목을 받을 수 있는 개인 심리치료에 잘 반응할 것이다. 그러나 청소년이 과도한 의존성의 징후를 보인다면, 재빨리 치료 과정에서 청소년의 자기신뢰를 강조하고 청소년이 성공을 자주 경험할 수 있게 하는 과제 지향적 치료 계획을 세워야 한다. 또한 임상가는 척도 *4*, *9*가 상승하고 척도 *0*이 매우 낮은 경우처럼 대인 관계 조종 유형의 존재 여부를 고려하여, 내담자의 술수에 자신도 모르게 말려드는 상황을 피해야 한다. 이는 입원 장면이나 거주치료 장면의 경우, 청소년이 '착한 행동'을 하여 감독자 없이 야외 활동을 하는 것과 같은 특권을 임상가가 부여하는 결정을 내려야 할 때가 있기 때문에 매우 중요한 고려 사항이다.

특정 문제

MMPI-A는 또한 가족 문제(예로, *A-fam* 척도, *Pd1* 소척도, 가족 소외 요인)와 같은 특정한 문제 영역을 확인하고 측정하는 데 도움을 준다. 구체적으로, 검사 결과가 가족 구성원으로부터의 심한 소외감을 나타내면(예로, 구조적 요약 프로파일의 가족 소외 차원에서 유의한 점수 상승이 나타난 경우) 개인 심리치료에 추가적으로, 또는 개인 심리치료를 대신하여 가족치료를 제공할 필요가 있다. 또한 가족 문제와 연관된 MMPI-A 척도나 요인과 관련된 특성은 청소년에게 상당한 신체적 위험을 줄 수도 있는 가출 등의 행동 가능성을 강조한다. 청소년이 학교생활에서 겪는 현저한 어려움은 내용 척도 *A-sch*와 *A-las*의 상승을 통해 나타나며, 낮은 자존감(*A-lse*)과 친구로부터의 소원함(*A-aln*) 또한 추가적 증거를 제공한다. 이러한 지표에 근거하여 학교 기반 개입을 실시할 때 청소년의 학습 환경으로 치료적 개입을 확대할 수 있다. 피로에서 신체 스트레스 반응에 이르기까지 신체 증상과 건강염려는 상호 관련성이 높은 *A-hea*, 척도 *1*, *3*과 구조적 요약의 건강염려 요인에 의해 가장 직접적으로 드러난다. 그러나 내면화 경향성(예로, *A-anx*, *A-dep*)을 다루는 다양한 다른 척도 및 소척도 또한 활력과 지구력 감소 등과 같은 건강 관련 증상을 식별하는 데 도움이 된다. 건강 영역 문제가 계속 심하게 나타난다면 임상가는 청소년이 최근에 신체검사를 받았는지를 확인하고, 심리치료 계획에 스트레스 관리법을 포함할 수 있다. 사고 장애의 증거는 척도 *8*, *6*, *9*의 상승과 소척도 *Sc6*(기태적 감각 경험), *Pa1*(피해의식)을 통해 가장 잘 드러난다. 또한 *6–8*, *8–9* 코드유형과 내용 척도 중 *A-biz*는 사고 장애 증상을 반영한다. MMPI-A 구조적 요약의 정신증 차원을 검토하면 이를 입증할 수 있다. 이는 행동 관찰만으로는 초기 정신증적 과정을 쉽게 식별하지 못하는 경우에 특히 유용하다. 치료 시작 전 평가 단계에서 사고 장애의 증거가 나타난다면 심리치료자는 정신건강의학적 개입 또는 약물 개입을 심리치료와 병행하는 등 최적의 치료적 접근을 할 수 있다.

치료 진행 점검과 치료 결과 평가

MMPI-A는 치료 계획 수립을 위해 초기에 사용될 뿐만 아니라 치료의 진행 과

명심할 점

MMPI-A 프로파일 패턴 기반 치료 지침

- 치료에 대한 방어와 낮은 동기를 나타내는 MMPI-A 지표(*L*, *K*, *R*, *A-trt* 척도)는 치료의 초기 단계에 관계 형성을 강조하며 비밀에 대한 질문을 최소화해야 한다는 점을 시사한다.
- 심각한 행동 장애의 증거(*4*, *A-ang*, *A-con*, *A-cyn*, *A-sch* 척도 및 *IMM*, *4-9* 코드유형, *4-6* 코드유형, 탈억제/흥분 가능성 요인)는 한계 설정의 중요성을 나타낸다.
- 심적 고통이 심각한 경우(*2*, *7*, *A*, *A-dep*, *A-anx*, *A-obs*, *A-lse* 척도, 일반적 부적응 요인)에는 자살 위험 평가, 위기 개입, 입원 등을 고려해야 한다. 안정화와 증상 완화가 치료의 우선순위가 되어야 한다.
- 대인 관계에 불편함이 있는지(*0*, *A-sod* 척도 상승, 개인 심리치료를 우선으로 함), 사회적 접촉에 대한 요구가 있는지(척도 *0*의 낮은 점수, 집단 심리치료를 우선으로 함)에 따라 심리치료 형태를 선택해야 한다. 또한 심리치료자는 치료 계획을 세울 때 의존성(척도 *1*, *2*)이나 조종 경향성(척도 *4*, *9*)의 문제에도 주의해야 한다.
- 프로파일에서 다음의 특정 영역에 관련된 척도가 상승한 경우, 치료 계획은 관련 영역을 다루어야 한다.

가족	*A-fam*, *Pd1*, 가족 소외 요인
학교	*A-sch*, *A-las*, *A-lse*, *A-aln*
건강	*1*, *3*, *A-hea*, *A-anx*, *A-dep*, 건강염려 요인
사고 장애	*8*, *6*, *Sc6*, *A-biz* 척도 및 *6-8*, *8-9* 코드유형, 정신증 요인
물질 남용	*MAC-R*, *ACK*, *PRO*

정 중에는 청소년 내담자의 기능 변화를 평가하기 위해 실시되고, 치료 종결 시점에는 치료 목표가 어느 정도로 달성되었는지를 평가하기 위해 실시된다. 변화에 대한 평가에 MMPI-A가 사용 가능한 이유는, 비교적으로 짧은 기간 사

이의 검사-재검사 신뢰도를 측정한 심리측정 평가에서 드러났듯이 MMPI-A는 시간 경과에도 상당한 안정성을 가진다는 점이다. 다시 말해, MMPI-A 검사가 지닌 심리측정 구조로 인해 프로파일 점수의 비체계적인 변화가 최소화되므로, 재검사 프로파일에서 나타나는 변화를 보면 청소년 기능의 실제 변화를 추론할 수 있다.

몇몇 MMPI-A 척도는 상황적 고통이나 장애에 민감하므로 변화를 측정하는 데 더욱 용이하다. 이러한 척도는 치료 진행이 성공적일 경우, 상승했던 *T*-점수가 감소할 것이다. 예로, 초기 평가에서 정서적 고통을 나타내는 척도(척도 *2*, *A-dep*, *A-anx*)가 높게 상승할수록 급성 정동장애의 가능성도 높아진다. 청소년이 치료적 개입에 잘 반응한다면 척도의 점수는 치료가 진행됨에 따라 감소할 것이다. 한편, 성격 특성을 측정하는 척도 *5*, *0*은 재검사에서 일반적으로 훨씬 작은 변화를 보인다.

재검사 프로파일에서 청소년의 코드유형 안정성이나 변화에 대한 해석을 할 때, MMPI-A의 측정 표준오차(SEM) 또한 고려해야 한다. 1장과 5장에서 언급했듯이 MMPI-A 기본 임상 척도의 SEM 평균은 *4T*~*6T*이다. 5점 이하의 *T*-점수 변화는 측정 오차일 수 있으므로 의미 있는 변화로 해석해서는 안 된다. 또한 원래의 코드유형이 잘 정의되어 있지 않은 경우, 측정 오차로 인해 소폭으로 *T*-점수가 상승하여 재검사의 코드유형이 달라질 수 있다. SEM의 범위가 코드유형 분석과도 관련이 있음을 주지해야 한다. 예로, 첫 번째 프로파일에서 척도 *4*가 *69T*, 척도 *8*이 *67T*, 척도 *6*이 *65T*로 상승했다면 *4-8* 코드유형으로 분류된다. 재검사 프로파일에서 척도 *4*가 *64T*, 척도 *8*이 *65T*, 척도 *6*이 *66T*로 나타났다면 *6-8* 코드유형으로 재분류된다. 이 예에서 볼 수 있듯이 척도 상승의 작은 변화가 반드시 기능의 실질적인 변화를 반영하지 않는다. 임상가는 이러한 결과를 빈약한 사회적 적응(*4-8*)에서 심각한 정신병리(*6-8*)로 진행된 지표로 잘못 해석해서는 안 된다.

재검사 결과를 정확하게 해석하기 위해 고려해야 할 또 다른 중요한 점은 상승한 *T*-점수의 감소만이 긍정적인 변화를 의미하는 것은 아니라는 점이다. 오히려 치료에서의 진전이 일부 척도의 상승으로 나타나기도 한다. 예로, 첫 검사에서 *K* 척도가 현저하게 낮다면 대처 능력의 손상과 스트레스에 대한 낮은 탄력성을 나타내고, 척도 *9*가 낮다면 무관심과 일상적인 일을 처리하기에 에너지가 부족하다는 것을 의미한다. 이러한 척도의 *T*-점수 수준이 치료 기간 동안 또는 치료 완료 시점에 상승한다면 청소년이 건강한 대처 자원과 일상의 기능을 향상하기 위한 충분한 정신운동 에너지를 키웠음을 시사한다. 그러나 이러한 해석을 할 때, 척도 *K*가 MMPI 요인 분석에서 흔히 보이는 두 번째 요인(억압)에 높은 부하량을 나타내고, 첫 번째 요인(일반적 부적응)인 심리적 고통을 측정하는 몇 가지 MMPI-A 척도와 강하게 부적 상관을 보인다는 사실을 고려해야 한다. 따라서 재검사 프로파일에서 *K* 척도와 아울러 두 번째 요인과 관련된 다른 척도의 상승이 첫 번째 요인 척도의 감소와 함께 나타나야 한다.

독자들은 앞선 단락에서 제시된 지침과 예시를 통해, 임상가가 MMPI-A 척도, 척도 관련 특성, MMPI-A가 가진 심리측정 특성을 철저히 아는 것이 MMPI-A 프로파일에 나타난 변화를 정확하게 해석하는 데 얼마나 중요한 일인가를 잘 이해했을 것이다. 이러한 부분이 복잡하기는 해도 치료 과정 중의 MMPI-A 재검사는, 치료 계획의 조정이 이루어지고 있는지의 여부와 치료 효과가 극대화되는 시점과 치료 종료의 적절한 시점을 추정하게 하는 등 치료 목표를 달성하고 있는지를 평가하는 결정적인 수단이 된다.

다른 정보 출처와 통합하기

임상적 평가가 이루어지는 전형적인 과정을 보면 MMPI-A의 결과는 내담자의 과거력 및 배경 정보의 맥락 안에서 해석된다. 또한 주어진 평가 장면에서 특정 유형의 행동이나 문제가 발생하는 기저율이 어느 정도로 예상되는지 고려된다. 사실상 임상면담은 보다 정확한 MMPI-A 해석을 위한 정보 수집, 그리고 검사 결과 간의 교차 타당화 등을 위한 수단이 되므로 MMPI-A 검사는 항상 임상면담과 함께 이루어져야 한다. 또한 평가 의뢰에 관한 많은 질문과 시나리오에서 MMPI-A 검사가 종종 더 큰 규모의 검사 배터리의 일부로 실시된다는 점이 드러나고 있다. 예로, 검사자는 청소년의 스트레스 내성 및 정동 조절 능력, 현실 검증 과정의 정확도 등에 관련된 광범위한 의문을 가질 수 있다. 이런 평가 의뢰 질문을 할 경우, Rorschach 검사가 MMPI-A 검사의 유용한 보충 수단이 된다. 같은 방식으로, 청소년의 대인 지각이나 대인 관계에 대한 평가는 검사 배터리에 TAT를 포함하여 다루기도 한다. 또 다른 유용한 접근의 하나는 청소년의 자기보고 검사인 MMPI-A를 부모 보고나 교사 보고 자료와 결합하는 방법으로, 아동, 청소년 행동평가 척도(CBCL; Achenvbach & Edelbrock, 1983)의 적절한 버전을 사용할 수도 있다. 이런 식의 접근은 여러 평가 방법을 함께 사용하여 성격역동과 과정을 여러 관점에서 평가하는 기회를 제공한다는 이점이 있다. 청소년 표집에서 MMPI와 Rorschach 검사 간 상호 연관성에 관한 실증 평가(Archer & Krishnamurthy, 1993; Krishnamurthy, Archer, & House, 1996 참조)를 살펴보면, 두 검사에서 개념적으로 유사한 척도와 지표(예: MMPI-A 척도 *2*와 Rorschach 검사의 우울 지표 DEPI) 사이의 관련성이 매우 작았다. 이러한 결과는 두 가지 가능성을 나타낸다. 두 검사로 측정한 구성 개념이 상당히 다르거나, 또는 구성 개념은 유사하지만 두 검사의 지표가 측정한 면이 매우 다를 가능성이다. 어떤 가능성이든 임상가가 검사 배터리에서 두 검사를 모두 사용한다 해도 중복되는 정보를 얻는 것은 아니다. 부모 대 자녀 보고 검사에 대한 연구문헌에서도 유사한 결과를 보였는데 두 보고 간의 연관성이 약했다. 예로, 부모가 보고한 CBCL 결과는 청소년의 자기보고 결과와 다르고, 청소년의 자기보고와 교사가 보고한 CBCL 프로파일 사이에서도 차이를 보였다. 이러한 결과가 시사하는 바는, 임상평가자가 청소년의 기능에 대해 보다 광범위한 그림을 그리는 데 다양한 출처에서 나온 정보가 결정적인 역할을 한다는 것이다.

MMPI-A 검사는 지능, 성취, 신경심리학적 검사 자료와 통합할 수 있으며, 청소년의 기능과 관련하여 고유하고 중첩되지 않은 정보를 제공한다. 이러한 사실은 청소년이 ADHD나 특정 학습 장애와 같은 신경학적 기반 장애가 있다고 의심될 때나 두부 손상 과거력이 있을 때 특히 중요하다. 예로, 지능검사 점수는 무효이거나 타당성이 부족한 MMPI-A 프로파일에서 비일관적이거나 무선반응을 설명하기도 하고, 또는 판단력 부족이나 충동성을 반영하는 행동에 대해 보다 나은 설명을 제공하기도 한다. 성취도 검사의 독해력 점수를 통해 MMPI-A 결과 중 학교나 낮은 포부와 관련된 문제를 더 잘 이해할 수 있으며,

청소년이 문항을 제대로 이해하고 답했는가를 판단하는 데에도 유용하게 사용할 수 있다. 신경심리검사를 통해 지각 및 인지 결함이 드러날 경우, 치료자는 MMPI-A상의 혼란, 낮은 자존감과 정서적 고통 등을 더 잘 이해하게 된다.

청소년의 부모에게 MMPI-2를 실시하여 MMPI-A 검사를 보충한다면 가족의 맥락 안에서 청소년의 어려움을 더 완전하게 이해할 수 있다. 예로, MMPI-2 프로파일에서 부모의 스트레스나 정신병리의 수준이 높게 나타나면, 임상가는 가족치료에 있어 부모의 참여 역량이나 개입 효과에 대한 중요한 추론을 할 수 있게 된다.

마지막으로, 치료 계획을 세우기 위해 MMPI-A를 사용하는 것은 효과적인 치료 계획 수립에 필요한 정보를 수집하는 데 소요되는 시간을 절약해 주는 방법이다. 특히나 임상면담으로만 같은 양의 자료를 얻으려면 많은 시간이 걸린다. 또한 MMPI-A의 결과는 맥락적인 정보, 검사의 심리측정에 대한 깊은 이해와 청소년 발달 및 정신병리 지식을 활용하여 해석할 때 객관성과 정확도가 한층 높아진다. 이러한 특징은 임상적 효율성 증가뿐만 아니라 현대 임상 실무의 중요한 지배 원리인 비용 효율로 나타난다.

셀프 테스트

1. *4–9* 코드유형은 미성년 범죄자의 MMPI–A 프로파일에서 흔히 나타나지만 물질 남용자에게서는 흔치 않다.
   그렇다. ( ) 아니다. ( )

2. 폭식증 청소년은 거식증에 비해 행동화 경향성을 반영하는 척도 상승 패턴을 더 많이 보이는 경향이 있다.
   그렇다. ( ) 아니다. ( )

3. 치료 전 MMPI–A 평가에서 *K*, *R*, *A–trt* 척도 점수의 상승은 무엇을 시사하는가?
   (a) 집단 심리치료에 더 적합하다.
   (b) 개인 심리치료에 더 적합하다.
   (c) 심리치료 참여를 꺼린다.
   (d) 모든 종류의 심리치료에 개방적이다.

4. 재검사 MMPI–A 프로파일에서 *T*–점수 5점 이하의 변화는
   (a) 치료와 관련된 현실적인 변화량을 반영한다.
   (b) 단지 측정 오차 때문일 수 있다.
   (c) 치료 실패를 시사한다.
   (d) 위의 보기 모두 아니다.

5. 검사 배터리에서 MMPI–A와 다른 검사의 결합은
   (a) 폭넓은 의뢰 질문을 다루는 데 유용하다.
   (b) 단지 중복되는 정보만 생길 뿐이다.
   (c) 현재 의료경영 실무 환경에서는 금기 사항이다.
   (d) 다른 검사가 부모 보고 검사일 경우에만 해야 한다.

정답: 1. 아니다. 2. 그렇다. 3. (c) 4. (b) 5. (a)

CHAPTER 7

사례 보고서 예시

이 장에는 다양한 문제로 심리검사가 의뢰된 네 명의 청소년의 MMPI-A 사례 보고서가 제시되어 있다. 첫 번째 사례 보고서는 정신건강의학과 입원 시설에서 평가받은 14세 소녀에 관한 것이다. 이 사례는 방어적인 수검 태도로 인해 MMPI-A 프로파일이 근본적으로 해석될 수 없는 예를 보여 준다. 두 번째 사례 보고서는 학교 성적이 갑자기 떨어져서 정신건강의학과 외래에 의뢰된 16세 소년에 관한 것이다. 이 사례의 경우, 기본 척도 프로파일에 대해 단독 상승 척도 해석을 하고, 소척도와 내용 척도, 보충 척도로부터 얻은 정보를 추가하며, MMPI-A의 구조적 요약을 사용하여 사례를 요약하고 진단적 인상에 이르게 되는 과정이 기술되어 있다. 세 번째 사례 보고서는 부모와의 갈등이 격화되고 알코올과 약물 사용이 증가되어 심리평가와 심리치료가 의뢰된 17세 소녀에 대한 것이다. 이 사례에서 코드유형 해석을 논의하고, 덧붙여 전산화된 해석 보고서의 예를 보겠다. 전산화된 보고서는 Robert Archer가 개발하고 PAR에서 발행한『MMPI-A 해석 체계』2판에서 산출되었다. 네 번째 사례 보고서는 성폭력을 당한 내력이 있는 16세 소녀에 관한 것이다. 이 사례는 여러 개의 척도가 상승한 프로파일에 대한 해석 방법을 예시한다. 첫 번째 사례를 제외하고 나머지 보고서들은 심리적 기능을 기술하고 잠정 진단을 내리기 위해, MMPI-A에서 얻어진 결과가 배경 정보나 행동 관찰, 그리고 다른 검사 결과와 어떻게 통합되는지 보여 준다. 이 사례들은 대부분의 전문적 검사 보고서에 비해 해석적 진술의 구체적인 출처가 더 자세하게 설명되어 있다. 이 책이 해

명심할 점

검사 보고서의 구성

- **인적 사항**: 이름, 나이, 출생일, 성별, 인종, 학력, 검사 일자, 보고 일자
- **의뢰 사유**: 의뢰자, 평가에서 다루어질 질문
- **과거력/배경 정보**: 가족 사항, 발달 내력, 의학적/정신건강의학과적 병력, 물질 남용 전력, 교육 내력, 이전 치료, 최근 스트레스 요인
- **평가 방법**: 면담, 정신상태 검사, 사용된 검사
- **행동 관찰**: 신체적 외양 및 차림새, 부가적으로 기록할 만한 특징, 의식 수준, 지남력, 기억력, 정신운동성 활동, 사고 과정, 말, 정동/기분, 자살/타살 사고, 주의/집중, 협조, 검사에 대한 관심/참여도, 과제 지향, 지시를 따르는 능력
- **검사 결과 및 해석**: 프로파일 타당도, 프로파일 패턴 및 척도 상승, 구조적 요약
- **요약 및 진단적 인상**: 주요 검사 결과와 추론, 결론, 요청이 있을 때의 예후와 5축 진단
- **권고**: 치료와 의뢰, 배정에 대한 구체적인 제안

주의

보고서 작성 시 피해야 하는 흔한 오류

- 적절한 맥락 정보를 배제하는 것
- 기술적 정보를 사용하는 대신 척도 이름을 자명한 것으로 보고 사용하는 것
- 지나치게 잠정적인 언어를 사용하는 것
- 가치 판단을 내리는 것
- 모순된 진술을 사용하는 것
- 보고서를 사람 중심으로 하지 않고 검사 중심으로 하는 것
- 문법적 오류 및 오타
- 보고서 양식/언어를 받아 볼 사람에게 맞추지 못하는 것
- 의뢰받은 질문에 답하지 못하는 것

빠른 참조 7.1

MMPI-A 해석에 유용한 조직화의 주제

- 전반적인 적응 수준
- 주요 증상
- 방어기제
- 정동의 특성 및 안정성
- 사고 과정
- 행동적 기능
- 대인 관계
- 진단적 인상
- 예후
- 잠정적 치료 양식(예: 개인치료, 집단치료, 가족치료, 입원치료 대 외래치료, 약물치료)

명심할 점

윤리적으로 고려해야 할 사항

- 검사 보고서를 다른 사람에게 보여 주기 전에 청소년과 법적 후견인으로부터 동의를 얻어야 한다.
- 심리학자 외에는 원자료를 공개하지 말아야 한다.
- 청소년이 이해할 수 있고, 청소년에게 의미 있는 방식으로 검사 피드백을 제공해야 한다.

석의 실제와 원리를 분명하게 예시하는 데 초점을 두고 있기 때문이다. 또한 **빠른 참조**와 **명심할 점**, **주의** 글상자를 통해 심리검사 보고서의 형식과 필수적인 구성요소에 관한 지침을 제시했다.

✲ 사례 보고 1

이름: 제나(Jenna B.)
나이: 14세
성별: 여자
인종: 혼혈(히스패닉계 백인)
학년: 중학교 2학년

의뢰 사유

제나는 가정에서 조절되지 않은 공격적인 행동을 수차례 나타낸 끝에 정신건강의학과의 청소년 병동에 입원되었다. 부모는 딸의 행동을 통제할 수 없다고 느꼈고, 딸의 행동이 점점 더 예측할 수 없고 난폭해진다고 보았다. 최근에 제나는 가위를 양손에 하나씩 쥐고 어머니를 공격하려 하였고, 어머니가 죽었으면 좋겠다고 소리를 지른 일이 있었다. 심리평가는 초기 진단적 평가의 일부로 시행되었으며, 치료진이 입원 기간을 결정하는 데 활용될 예정이었다.

배경 정보

제나는 결혼한 지 15년 된 부부의 첫째 아이로 태어났다. 제나의 아버지는 지역 컴퓨터 회사의 소프트웨어 판매원이고, 어머니는 주(州) 정부에 소속된 사회복지사였다. 제나의 남동생은 10세인데 행동 문제나 정서 문제가 없었다. 부모의 보고에 의하면 제나는 쉽게 달래지지 않는 꽤 까다로운 아기였으나 주요 발달 단계에 맞게 자랐고, 특이한 질병이나 의학적 문제는 없었다. 제나는 아동기 초기와 중기 무렵 '안정'되었다. 학업에 특기할 만한 사항이 없고, 친구를 사귀는 데도 어려움이 없었다.

문제는 12세 무렵에 불거졌다. 제나는 부모의 권위에 반항하기 시작했고, 부모가 보기에 터무니없는 자유를 요구하기 시작했다. 어머니는 가족에게 규율을 내세우는 편이었다. 반면, 아버지는 제나의 응석을 다 받아 주었고 종종 제나에게 이용당하여 요구를 들어주기도 했다. 작년에 제나는 시험에서 부정

행위를 하고, 학교의 기물을 파손한 이유로 두 차례 정학을 당했다. 학급에서 평균 C의 평점을 유지했는데, 두드러진 학습 문제는 없었지만 무단결석 횟수가 늘어났다. 중학교 2학년 또래 집단 가운데서 제나는 인기 있는 멤버였다. 그런데 그 집단은 교직원들에게 말썽꾼으로 찍혔을뿐더러 약물 사용도 의심되었다.

약 6개월 전에 부모는 외래치료를 받도록 하기 위해 제나를 치료자에게 데려갔다. 당시 제나는 분노를 폭발하고 규칙을 따르지 않는 빈도가 잦았던 반면, 딸에게 자신의 행동에 대한 책임을 지우려는 부모의 여러 노력이 허사로 돌아갔기 때문이었다. 제나와 가족은 가족치료에도 참여하기 시작했다. 하지만 제나는 자주 치료받으러 가기를 거부하고 네 번 연속 치료를 빼먹었다. 그간 시도한 모든 방법이 제나의 공격적이고 반사회적인 행동을 제한하는 데 별 효과가 없자 마지막 수단으로 입원을 하게 되었다.

평가 방법

임상면담 및 정신상태 검사
미네소타 다면적 인성검사-청소년용(MMPI-A)

행동 관찰 및 정신상태 검사

제나는 입원 다음 날 실시한 면담 동안 화가 나고 초조한 모습을 보였다. 제나는 처음에는 질문에 대답하지 않다가 부모에 대해 폭언을 하고 기회만 나면 병원을 탈출하겠다고 위협했다. 협조하면 스낵 자판기를 이용할 수 있는 특권을 얻는 데 도움이 된다는 말을 듣고서야 제나는 MMPI-A 검사에 동의했다. 제나는 블랙진과 검은 티셔츠를 입었고, 길고 검은 머리카락은 얼굴 일부를 가렸다. 제나의 말은 격하고, 빠르고, 소리가 컸으며, 면담 내내 다리를 쉬지 않고 흔들었다. 정신상태 검사에서 지남력이나 주의, 기억, 사고 과정의 문제는 없었다. 자살 사고와 자살 의도는 부인했지만 자해에 대한 질문에는 대답하지 않았다. 검사 회기 동안 제나는 연필 끝을 물어뜯고 조각을 내뱉으면서도 계속 검사를 수행했다. MMPI-A를 마치는 데 50분이 소요되었다.

검사 결과 및 해석

제나의 기본 척도 프로파일이 **그림 7.1**에 제시되어 있다. 무응답 점수로 시작되는 타당도 프로파일을 검토해 보면 제나가 검사 과정에 대해 불쾌해했지만 모든 질문에 응답했음을 알 수 있다. 43*T*의 *VRIN* 점수는 응답의 일관성이 수용할 수 있는 수준임을 나타내며, *F1*과 *F2*의 점수 차이가 적은 것도 이를 지지한다. *TRIN* 점수는 53*T*로 정상 범위 내에 있다. 이는 묵인하거나 부인하는 방향으로 응답이 편향되지 않았음을 나타낸다. 하지만 *F*, *L*, *K* 척도로 프로파일의 정확성을 평가하면 응답의 정확성에 문제가 있어 보인다. 전반적인 *F*–*L*–*K* 양상은 심리적인 문제를 인정하지 않으려 함을 나타낸다. *K*의 임상적 상승은 강한 방어를, 평균 수준의 *F*는 통상 정신병리가 없음을 시사하기 때문이다. 이 두 척도의 점수는 제나가 근본적으로 심리적 어려움을 부인하고 있음을 나타낸다. 반면, 정상 범위의 *L* 점수는 제나가 꼭 자신을 '착한' 또는 사회적으로 동조하는 십대로 나타내지는 않음을 시사한다. 따라서 제나의 부인 방식은 조잡하지 않고 제법 세련되어 있다. 심리적 증상이나 문제되는 경험에 대한 정보를 숨기는 반면, 사람들이 흔히 저지르는 실수나 약점을 인정한다. 타당도 척도 프로파일에서 보이는 방어 수준은 치료 과정이 더 어려울 수 있음과 아울러 기본 척도와 내용 척도, 보충 척도 프로파일이 내담자의 기능 수준을 정확하게 반영하지 않고 있음을 나타낸다. 결과적으로 해석 과정은 프로토콜이 타당하지 않다고 결정함으로써 중단된다. 과소 보고 반응 양식으로 인해 정확성에 상당한 왜곡이 있기 때문이다.

제나의 임상 척도 프로파일을 보면 MMPI–A 결과를 의미 있게 해석할 수 없음을 알 수 있다. 프로파일에서 임상 범위의 상승을 보이는 임상 척도가 하나도 없다. 사실상 10개 기본 척도 중 4개가 평균보다 최소 1 표준편차 아래에 있고, 10개 기본 척도의 평균 점수는 42*T*에 불과하다. 이 기본 척도 프로파일은 방어적 반응 양식의 영향을 반영한다. 이 프로파일을 정신병리가 없음을 나타내는 프로파일로 보아서는 안 된다. 높은 *K* 점수의 억제 효과는 내용 척도 프로파일과 보충 척도 프로파일(**그림 7.2**)에서 더 분명하게 나타나고 있다. 거의 모든 내용 척도의 *T*–점수가 30~40점대에 머물러 있고, 평균 38점으로

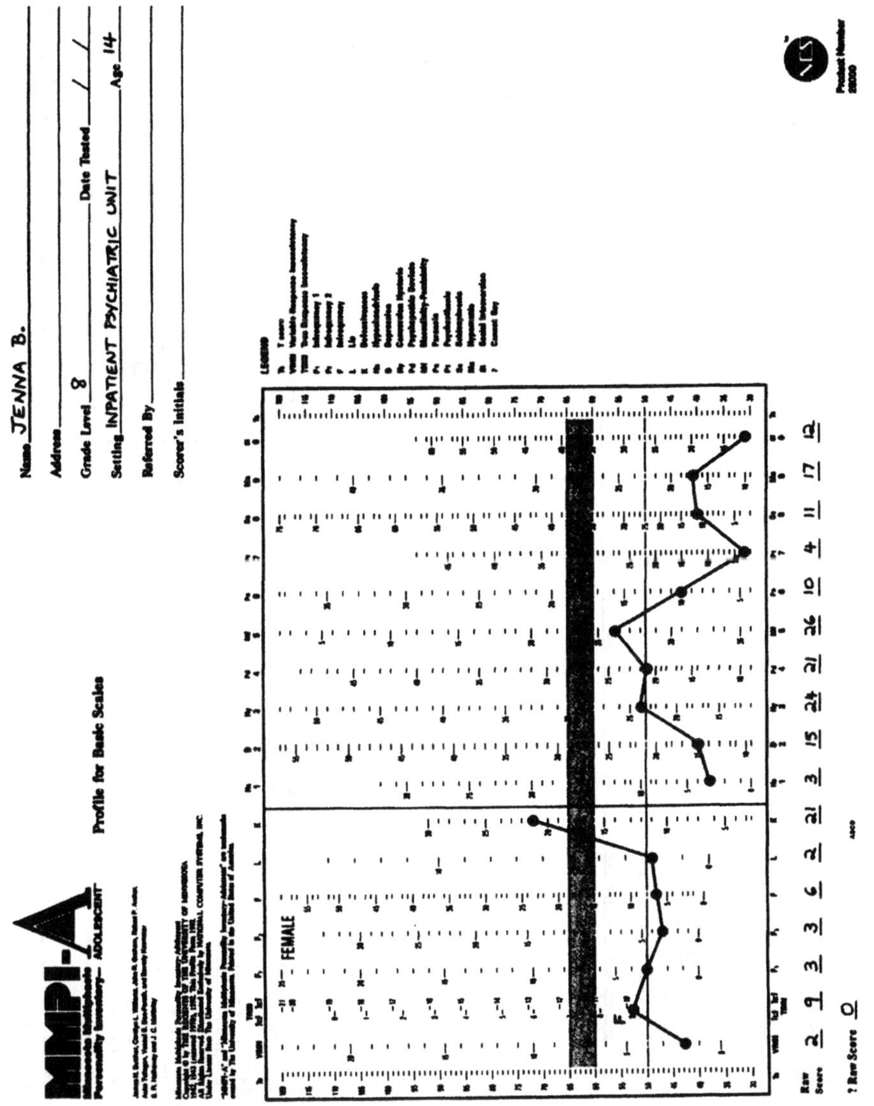

그림 7.1 제나의 기본 척도 프로파일

Minnesota Multiphasic Personality Inventory—Adolescent (MMPI-A). Copyright © the Rugents of the University of Minnesota 1942, 1943 (renewed 1970), 1992. 출판업자의 허락하에 복제됨. 'Minnesota Multiphasic Personality Inventory—Adolescent'와 'MMPI-A'는 미네소타대학교가 소유한 등록상표임.

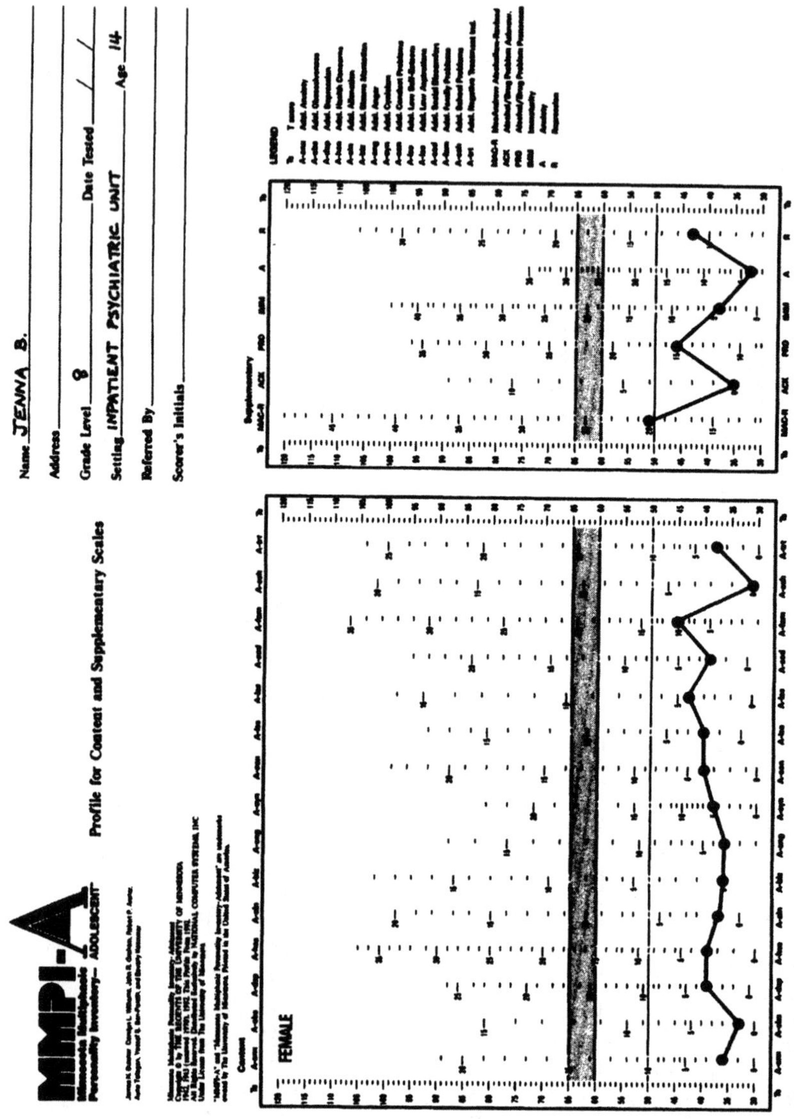

그림 7.2 제나의 내용 척도 및 보충 척도 프로파일

현저히 낮게 형성되어 있다. 뿐만 아니라 모든 보충 척도의 평균도 낮은 범위에 있다.

결론적 제언

이 사례는 두 가지 중요한 쟁점을 밝혀 준다. 첫째, MMPI-A나 다른 검사 도구로 심리검사를 할 때 청소년이 검사 과정에 마지못해 참여하고 검사에서 얻는 이득이 없다고 생각한다면 검사에 들인 노력에 비해 별 소득이 없을 가능성이 높다. 제나는 입원과 그 이후의 평가 절차를 강요당했다고 느꼈다. 따라서 제나가 검사에 협조할 필요를 못 느낀 것은 어쩌면 당연하다. 둘째, 검사의 해석을 중단해야 할 때를 아는 것은 검사를 정확하게 해석하는 데 요구되는 지식 못지않게 중요하다. 제나의 프로파일에서 볼 수 있듯이 MMPI-A 프로파일에서 유용한 해석을 억지로 끄집어낼 수는 없다. 제나의 방어 수준은 그녀가 뚜렷이 경계하고 방어적이라는 중요한 관찰을 제외하고는 그녀의 성격 기능에 대한 정확하고 유용한 자료를 끄집어내는 것을 막고 있기 때문이다.

✲ 사례 보고 2

이름: 숀(Shawn M.)
나이: 16세
성별: 남자
인종: 백인
학년: 고등학교 2학년

의뢰 사유

숀의 부모는 숀을 외래 정신건강의학과 클리닉에 데려갔다. 원래 목적은 숀의 학업 수행이 갑자기 떨어져서 주의력 문제나 정서적 문제가 있는지 알아보려는 것이었다. 구체적으로, 평소 숀의 성적은 평균 B 학점이었다. 하지만 A를 계속 유지한 미술 과목을 제외하고는 대부분의 과목에서 학점이 D와 F로 추락했다. 숀은 신경심리학자에게 평가받았고, 그 후 심리치료를 받기 위해 그 클리닉의 다른 심리학자에게 의뢰되었다.

배경 정보

숀은 초등학교에서 영재로 확인되었으나, 또한 철자법에 학습 장애가 있었다. 숀은 이번 의뢰를 받을 당시에 공립 고등학교를 다니고 있었다. 숀은 장애아를 위한 개별화 교육 계획(Individual Education Plan, IEP)에 참여하는 한편, 영재아를 위한 대학 과정 선이수 과목 몇 개를 수강하고 있었다. 숀의 출석률은 꾸준히 좋았고 학교에서 행동 문제는 보고되지 않았다. 하지만 숀은 과제물을 하지 않는 것을 자랑스럽게 여겼고(그는 이를 자신의 확고한 '과제물 하지 않기 방침'이라 부름), 과제물에서 F 학점을 받았지만 시험 성적으로 이를 만회하여 가까스로 낙제를 면했다.

숀의 어머니는 숀의 아동기 병력에 별로 특별할 것이 없었다고 보고했다. 숀은 12세 때 축구 연습을 하다가 가벼운 뇌진탕을 일으켰지만 MRI 결과가 음성이었고 잔류 증상도 없었다. 복용하고 있는 처방된 약물도 없었고 물질 사용도 부인했다. 정신건강의학적 장애에 대해 알려진 가족력도 없었다.

숀의 부모는 숀이 여섯 살 무렵 이혼하였고, 이후 어머니가 숀을 길렀다. 그의 생부는 서부 해안 지역으로 이사했지만 숀과의 접촉을 유지했다. 숀은 아버지를 '별나지만 멋진 사람'으로 묘사하고 아버지와 아주 강력하게 동일시했다. 두 사람 모두 사진과 컴퓨터 그래픽에 흥미가 있었으며, 이것이 두 사람을 이어 주었다. 최근 몇 년 동안 그들은 해마다 두 번씩 직접 만나고 매주 이메일을 주고받았다. 검사를 받을 당시에 숀은 어머니와 계부, 그리고 두 사람 사이에 태어난 8세의 여동생과 함께 살았다. 숀은 어머니와 계부로부터 대개 무시당한다고 느꼈으며, 또한 여동생을 돌보는 데 과중한 책임을 떠맡는다고 느꼈다. 그가 보기에 계부는 '치열한 경쟁' 속에 사는 사람이었다. 숀의 어머니와 계부 모두 대학원 학위를 취득하고 고위 전문직에 종사하고 있었다. 같이 생활한 지 9년이 되는 계부는 아이비리그 대학을 졸업했고, 자신의 출신 대학에 지원하는 것에 대해 어머니와 함께 숀에게 이야기하기 시작했다. 숀은 최근 대학진학적성검사(PSAT)에서 1450점을 받았다. 이 점수는 대학 입학에 상당한 경쟁력이 있었다.

평가 기법

숀, 어머니와의 임상면담
정신상태 검사
미네소타 다면적 인성검사–청소년용(MMPI–A)
Beck 우울 검사 II(BDI–II)
Rotter 문장 완성 검사–고등학생용
Wechsler 성인 지능검사 3판(WAIS–III)
광범위 성취도 검사 3판(WRAT–3)
Stroop 신경심리 선별 검사
선 추적 검사–A형과 B형
Brown 주의력 결핍 장애 척도–청소년용

행동 관찰 및 정신상태 검사

숀은 키 크고 마르고 단정한 십대였으며 나이에 맞게 보였다. 숀은 매번 어머니와 함께 방문했다. 면담과 모든 검사에 예약된 제시간에 도착하고 모든 절차에 충분히 협조했다. 숀은 기민하고, 지남력을 잘 유지하고 있었다. 정상 범위의 정동을 나타냈고, 사고 내용이나 형식에 장애를 보이지 않았다. 말의 음조는 정상적이었고, 수용 언어 기술이 온전해 보였으며, 어휘는 나이에 비해 상당히 우수해 보였다. 숀은 이따금 수동적 성질의 자살 사고("나는 때때로 이 모든 것이 완전히 끝나면 훨씬 더 편해질 것이라고 생각한다.")가 있었음을 인정했지만 적극적인 자살 의도나 자살 계획은 부인했다.

검사 회기는 순조롭게 진행되었다. 숀은 검사자와 좋은 관계를 유지하고 검사 지시를 잘 따랐으며, 모든 평가 과제에 충분한 노력을 기울임으로써 해석 가능한 결과를 내놓을 수 있었다. 피로하거나 산만하거나 집중력을 잃는 기색은 없었다.

다른 검사 결과의 요약

MMPI-A의 결과를 강조하기 위해 인지 및 성취 검사, 신경심리검사, 다른 성격검사와 우울증 선별 검사의 결과를 별도로 간단하게 요약했다. 숀의 전체 IQ는 128로 측정되었고 소검사나 다른 지표는 고르게 우수 범위에 있었다. 언어성 기능과 시공간 기능 간에 유의한 차이는 없었다. 하지만 언어 이해는 비언어적 추리나 정보처리 속도보다 유의하게 더 발달되어 있었다. 숀의 읽기 기술은 고등학교 수준을 넘는 반면, 산수 기술은 같은 학년 수준이었다. 하지만 철자 능력은 같은 학년 수준을 밑돌았는데, 철자 부분에서 초기의 학습 장애 진단과 일치했다. 주의력과 집행 기능에 대한 평가는 대체로 평균에서 평균상 수준이었다. 비록 숀이 안절부절못하고 부주의할 때가 있다고 보고했지만, 그의 응답은 ADHD 진단에 요구되는 절단점을 넘지 않았다. BDI-II의 총점은 경도의 우울증을 나타냈다. 문장 완성 검사에서 숀의 응답은 미래(예: "미래는 <u>컴컴하고 깊이를 알 수 없는 구덩이를 향해 열려 있는 구멍이다.</u>")와 자신의 성공 능력("나의 가장 큰 걱정은 <u>실패</u>이다." "내가 하지 못하는 것은 <u>삶에서 성공을 향해 나아가는 것이다.</u>")에 대한 상당한 염려를 드러냈다.

MMPI-A 결과 및 해석

숀의 기본 척도 프로파일은 **그림 7.3**에 제시되어 있다. 누락된 문항이 없고, *VRIN* 점수는 전체 478문항에 걸쳐 숀이 일관성 있게 응답했음을 나타낸다. *F1*, *F2*의 점수 차 역시 일관성 있는 응답이라는 결과를 지지한다. 정상 범위의 *TRIN* 점수는 묵인이나 부인의 반응 경향이 없음을 나타낸다. *F–L–K* 양상은 심리적 증상을 축소 보고하려는 경향을 시사한다. 게다가 65*T*의 *K*는 그가 자기신뢰의 자세를 견지하고 타인의 도움을 구하는 것을 꺼려 함을 나타낸다. 그럼에도 불구하고 숀의 검사 프로파일은 해석이 가능하다. 그 이유는 (a) *K* 척도에서 나타난 방어 수준이 허용된 범위 내에 있고, (b) 몇몇 기본 척도와 내용 척도, 보충 척도의 점수가 임상적으로 유의한 수준이기 때문이다. 그러나

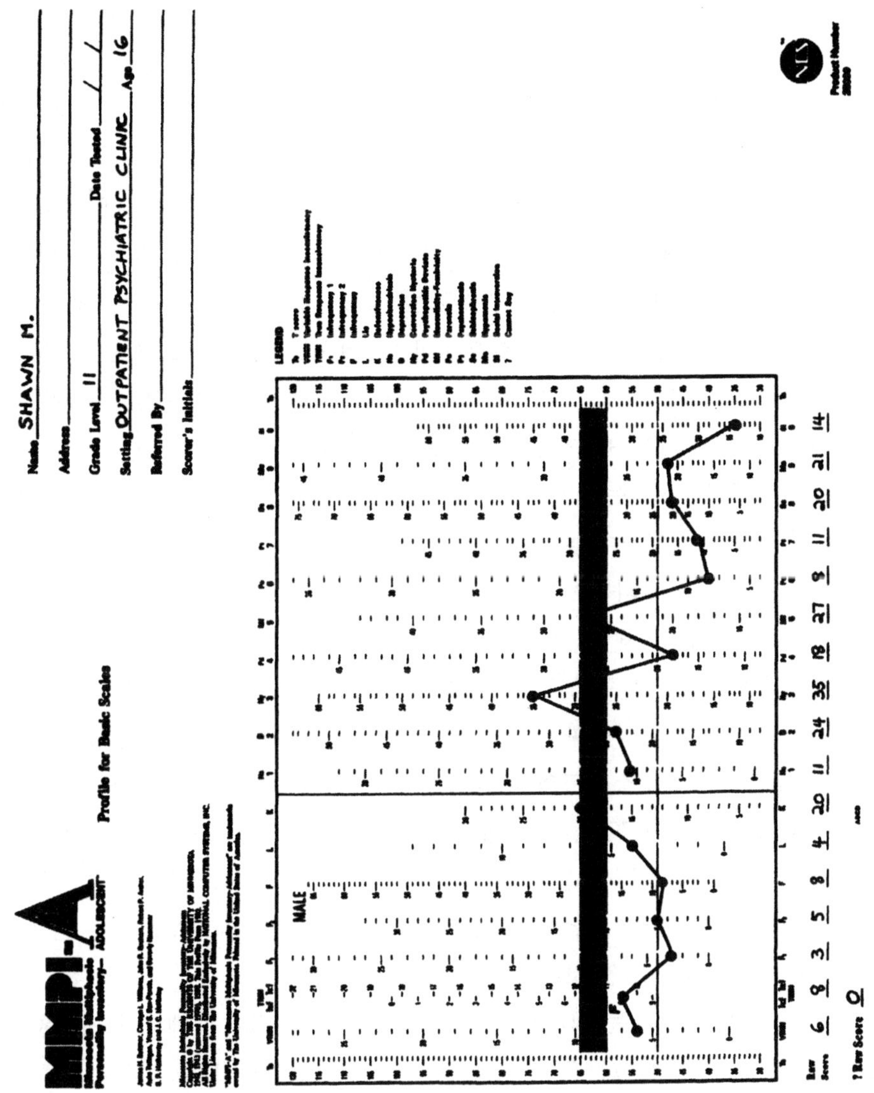

그림 7.3 숀의 기본 척도 프로파일

Minnesota Multiphasic Personality Inventory—Adolescent (MMPI-A). Copyright © the Rugents of the University of Minnesota 1942, 1943 (renewed 1970), 1992. 출판업자의 허락하에 복제됨. 'Minnesota Multiphasic Personality Inventory—Adolescent'와 'MMPI-A'는 미네소타대학교가 소유한 등록상표임.

방어적인 태도가 시사되는 만큼 검사자는 해석된 결과가 숀의 심리적인 어려움에 대한 보수적인 추정이며, 실제로 문제가 보다 심각할 수 있음을 유념해야 한다.

숀의 기본 척도 프로파일은 척도 *3* 단독 상승 프로파일로 해석할 수 있다. 경계 범위로 상승된 척도 *5*와 낮은 점수(40*T* 이하)의 척도 *6*과 *0*에 대한 기술이 척도 *3*에 대한 해석에 덧붙여질 것이다. 숀의 내용 척도 프로파일에서 *A-dep* 단독으로 임상 범위로 상승하였고, 보충 척도 프로파일에서 척도 *R*이 경계 범위의 상승을 나타냈다(그림 7.4 참조). Harris-Lingoes 소척도 프로파일에서 *Hy1*(사회적 불안 부인), *Hy3*(권태–무기력), *Hy5*(공격성의 억제) 척도를 해석함으로써 기본 척도 *3*의 상승을 명료화할 것이다(그림 7.5 참조).

척도 *3*의 높은 점수는 높은 수준의 지능이나 성취와 관련이 있다. 이 패턴은 품행이 바르고 지능이 높은 중산층 가정의 청소년들 사이에서 자주 나타난다. 그러나 숀의 프로파일에서 일부 적응상의 어려움도 시사된다. 척도 *3*의 점수가 높은 십대는 신체 증상의 발현을 통해 스트레스에 과잉 반응하는 경향이 있다. 게다가 숀의 프로파일은 중등도의 우울증이 있음을 시사한다. 이는 *A-dep*(우울) 점수의 상승과 아울러 슬픔과 낙담, 불행감 등의 기술어가 포함된 *Hy3*(권태–무기력) 소척도의 특징에서 알 수 있다. *Hy3*(권태–무기력)의 상승은 또한 허약감과 피로감을 나타내며, 신체적 · 인지적 효율성의 수준이 저하된 상태에서 숀이 기능하고 있음을 시사한다. *Hy3*(권태–무기력) 소척도가 시사하듯이 수면과 식욕의 장해가 있을 가능성이 높다. 전반적으로 숀은 건강이 그다지 좋지 않다고 느낄 것이다.

척도 *3*이 높은 십대는 심리적으로 순진한 경향이 있고, 대체로 자기성찰이 떨어진다. 이로 인해 그들은 고통을 정서적으로 표현하기보다 신체적으로 표현하는 경향이 있다. 그들의 일차적인 방어기제는 부인과 억압으로 구성된다. 숀의 프로파일 역시 기저에 깔려 있는 상당한 불안정감과 부적절감을 보여 준다. 게다가 척도 *3*과 *R*(억압)의 상승은 숀이 정서적으로 지나치게 통제되고 위축되어 있음을 드러낸다. 또한 *A-dep*(우울) 점수는 그가 세상에 대해 매우 비관적인 견해를 지니고 있음을 시사한다.

척도 *3*이 상승된 십대는 대인 관계 영역에서 타인의 관심과 애정에 대한 강

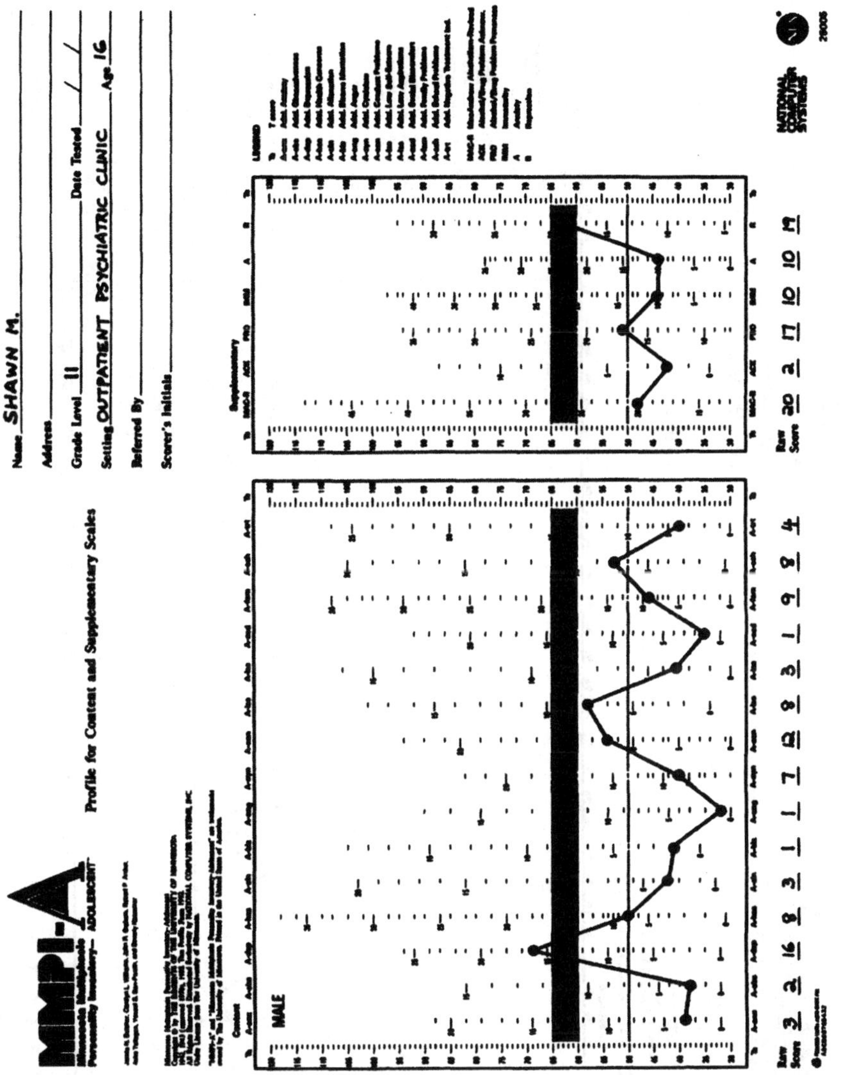

그림 7.4 숀의 내용 척도 및 보충 척도 프로파일

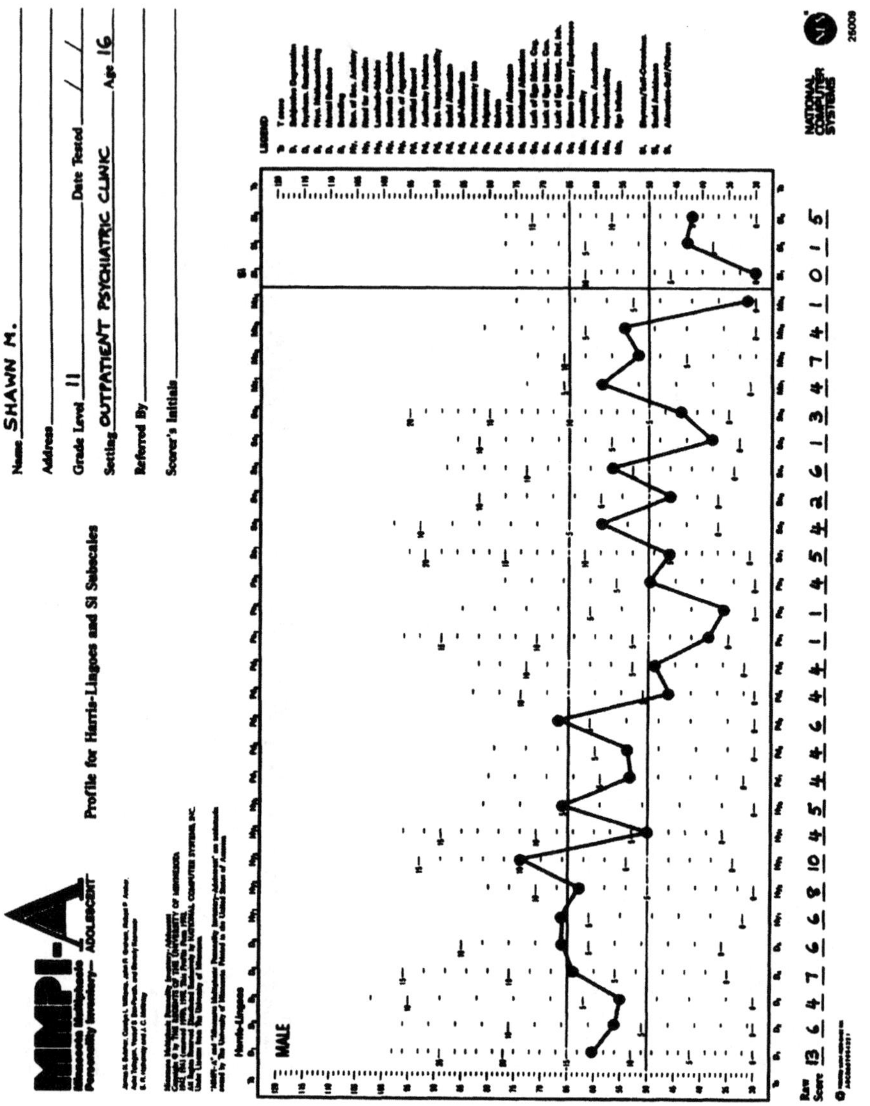

그림 7.5 숀의 Harris–Lingoes 소척도 및 *Si* 소척도 프로파일

한 욕구를 지니고 있다. 척도 *0* 점수가 현저하게 낮은 것은 사회적 인정을 얻는 수단으로 사용되는 강한 친애 욕구가 있음을 시사한다. 이러한 청소년은 흔히 말이 많고 사교적이다. 숀은 자신에 대한 타인의 반응에 대해 상당히 민감할 가능성이 높다. *Hy5*(공격성의 억제) 소척도의 상승은 분노나 적대감, 충동을 표현할 가능성이 낮음을 시사한다. 반면, 척도 *3*의 높은 점수를 척도 *6*의 낮은 점수와 조합하면 숀은 타인의 기분과 동기보다는 자신의 욕구에 더 민감할 수도 있다. 척도 *5*는 여성성 방향으로 상승되어 있다. 이것은 대인 관계의 수동성과 타인으로부터의 철수 경향을 추가로 시사하고, 척도 *3*의 상승과 조합되어 반사회적 행동화의 가능성이 낮음을 나타낸다.

숀의 MMPI-A 구조적 요약이 **그림 7.6**에 제시되어 있다. 구조적 요약은 그의 성격과 기능의 여러 중요한 측면을 강조한다. 흥미롭게도 가장 현저한 차원은 순진성이다. 이 차원은 부정적인 충동에 대한 강한 부인을 반영하며, 사회적으로 순응하는 모습을 강조한다. 이 차원은 숀의 전반적인 과거력과 일치한다. 그는 대체로 바르게 행동하고 말썽을 부리지 않았다. 그의 과제물 거부는 아주 소규모의 제한적인 반항을 의미한다. 이처럼 갈등이나 분노를 직접 다루기를 꺼려 하고 어려워하는 것이 숀이 가진 현 문제의 가장 중요한 특성이다. *60T* 이상으로 상승된 척도가 21%인 일반적 부적응 차원은 전체적인 해석에 귀중한 정보를 더해 준다. 이 차원은 숀의 주관적인 우울감과 반추 경향에 대해 개별 척도 해석보다 더 명확한 결과를 보여 주며, 그의 우울증에 대한 인지적 · 신체적 영향을 강조한다. 다른 한편으로 이 차원은 그의 우울 증상이 광범위한 정서적 고통이나 와해를 일으키지 않는다는 것을 강조한다. 건강염려 차원을 보면 해당 척도 중 33%가 상승되어 있다. 이 차원 또한 숀이 몇몇 신체 증상과 호소를 보고하지만 신체화 경향이 현재 광범위하거나 중요한 문제로 볼 만큼 심하지는 않다는 조망을 제공한다.

요약 및 진단적 인상

숀의 MMPI-A 프로파일은 근본적으로 자신에 대해 불만족감을 느끼고 있는 십대를 나타낸다. 타인의 수용을 열망하지만 지지와 도움에 대한 자신의 욕구

MMPI-A Structural Summary

Robert P. Archer and Radhika Krishnamurthy

Name: SHAWN M. Date: ____

Age: 16 Grade: 11

Gender: MALE School: ____

Test-Taking Attitudes

1. Omissions (raw score total)

0 ? (Cannot Say scale)

2. Consistency (T-score values)

54 VRIN

57F TRIN

47 F_1 vs. 50 F_2

3. Accuracy (check if condition present)

Overreport

____ F scale T score ≥ 90

____ All clinical scales except 5 and 0 ≥ 60

Underreport

____ High L (T ≥ 65)

✓ High K (T ≥ 65)

____ All clinical scales except 5 and 0 < 60

Factor Groupings

(enter T score data)

1. General Maladjustment

____ Welsh's A

____ Scale 7

____ Scale 8

____ Scale 2

____ Scale 4

✓ D_1 (Subjective Depression)

✓ D_4 (Mental Dullness)

✓ D_5 (Brooding)

✓ Hy_3 (Lassitude-Malaise)

____ Sc_1 (Social Alienation)

____ Sc_2 (Emotional Alienation)

____ Sc_3 (Lack of Ego Mastery - Cognitive)

____ Sc_4 (Lack of Ego Mastery - Conative)

____ Si_3 (Alienation)

____ Pd_4 (Social Alienation)

____ Pd_5 (Self-Alienation)

____ Pa_2 (Poignancy)

✓ A-dep

____ A-anx

____ A-lse

____ A-aln

____ A-obs

____ A-trt

5 /23 Number of scales with T ≥ 60

2. Immaturity

____ IMM

____ Scale F

____ Scale 8

____ Scale 6

____ ACK

____ MAC-R

____ Pa_1 (Persecutory Ideas)

____ Sc_2 (Emotional Alienation)

____ Sc_6 (Bizarre Sensory Experiences)

____ A-sch

____ A-biz

____ A-aln

____ A-con

____ A-fam

____ A-trt

0 /15 Number of scales with T ≥ 60

그림 7.6 숀의 MMPI-A 구조적 요약

3. Disinhibition/Excitatory Potential

______ Scale 9
______ Ma$_2$ (Psychomotor Acceleration)
______ Ma$_4$ (Ego Inflation)
______ Sc$_5$ (Lack of Ego Mastery, Defective Inhibition)
______ D$_2$ (Psychomotor Retardation) (low score)*
______ Welsh's R (low score)*
______ Scale K (low score)*
______ Scale L (low score)*
______ A-ang
______ A-cyn
______ A-con
______ MAC-R

0 /12 Number of scales with $T \geq 60$ or ≤ 40 for scales with asterisk

4. Social Discomfort

______ Scale 0
______ Si$_1$ (Shyness/Self-Consciousness)
______ Hy$_1$ (Denial of Social Anxiety) (low score)*
______ Pd$_3$ (Social Imperturbability) (low score)*
______ Ma$_3$ (Imperturbability) (low scores)*
______ A-sod
______ A-lse
______ Scale 7

0 /8 Number of scales with $T \geq 60$ or $T \leq 40$ for scales with asterisk

5. Health Concerns

______ Scale 1
✓ Scale 3
______ A-hea
______ Hy$_4$ (Somatic Complaints)
✓ Hy$_3$ (Lassitude-Malaise)
______ D$_3$ (Physical Malfunctioning)

2 /6 Number of scales with $T \geq 60$

6. Naivete

✓ A-cyn (low score)*
______ Pa$_3$ (Naivete)
✓ Hy$_2$ (Need for Affection)
______ Si$_3$ (Alienation–Self and Others) (low score)*
✓ Scale K

3 /5 Number of scales with $T \geq 60$ or $T \leq 40$ for scales with asterisk

7. Familial Alienation

______ Pd$_1$ (Familial Discord)
______ A-fam
______ Scale 4
______ PRO

0 /4 Number of scales with $T \geq 60$

8. Psychoticism

______ Pa$_1$ (Persecutory Ideas)
______ Scale 6
______ A-biz
______ Sc$_6$ (Bizarre Sensory Experiences)

0 /4 Number of scales with $T \geq 60$

Note. The presentation of scales under each factor label is generally organized in a descending order from the best to the least effective marker. Within this overall approach, scales are grouped logically in terms of basic clinical scales, Harris-Lingoes and *Si* subscales, and content scales. The majority of scales included in this summary sheet were correlated ≥ .60 or ≤ −.60 with the relevant factor for the MMPI-A normative sample.

PAR Psychological Assessment Resources, Inc.
P.O. Box 998/Odessa, Florida 33556/Toll-Free 1-800-331-TEST

그림 7.6 숀의 MMPI–A 구조적 요약(계속)

를 직접적으로 표현하지 못하고 있다. 대신 그는 독립적이고 자족적인 입장을 유지하며, 자신의 고통을 신체적인 피로와 허약의 형태로 나타내고 있다. 숀의 우울증은 주의와 집중 등 인지 기능에 어떤 영향을 주었을 것이고, 철자와의 씨름은 그의 불안정감에 영향을 줄 것이다. 검사 프로파일은 이러한 상태에서 숀이 자신의 문제에 대한 효과적인 해결책을 스스로 개발하는 데 어려움이 있음을 시사한다. 검사 결과와 과거력에 대한 정보, 숀에 대한 관찰을 종합하면 조기 발병 기분부전 장애와 쓰기 장애의 진단을 지지한다. 숀과 같은 프로파일 유형을 보이는 청소년의 경우, 일반적으로 심리치료의 예후가 그다지 좋지 않다. 심리적 문제를 부인하고 타인의 도움 받기를 꺼려 하기 때문이다. 그러나 현재 숀의 기능은 현저하게 와해되어 있지 않으며, 구체적인 문제해결 방법을 강조하는 치료적 접근에 좋은 반응을 보일 것이다.

제언

숀은 개인 심리치료가 분명히 필요해 보인다. 치료는 우울증을 줄이고 자기효능감을 높이는 방향으로 나아가야 한다. 그는 자신의 문제를 독립적으로 해결하기를 바라고 있다. 신체적 활기를 돋우고 문제해결 방법을 발전시키는 데 초기 치료의 초점을 둔다면, 그리고 치료가 타인에 대한 의존이라기보다는 더 좋은 상태로 나아가기 위한 강력하고 독립적인 조치라는 점을 이해시킨다면 숀은 흔쾌히 치료를 받아들일 것이다. 자신의 스트레스와 압박의 경험, 그리고 분노와 좌절감에 대해 부모와 보다 효과적으로 의사소통하는 방식을 서서히 숀에게 가르칠 수 있을 것이다. 그리고 다른 학업 과제를 잘 해 나가고 있지만 철자 쓰기에 대해 개별화된 학습을 계속함으로써 숀은 또한 이득을 얻을 것이다.

사례 요약 및 성과

치료에서 숀은 재차 물으면 우울했다고 인정하면서도 대체로 우울증의 경험을 부인하고 평가 절하하는 경향이 있었다. 치료자는 숀이 만성적으로 우울하지만 자살을 적극적으로 생각하지는 않는다고 보았고, 그의 학업 부진이 부모의 학업 성취에 대항하는 행동화의 한 방법임을 알아차렸다. 숀의 치료 참석은 불규칙했다. 그는 4개월에 걸쳐 총 10번의 개인 심리치료 회기에 참석했다. 그러나 치료 과정을 통해 다소간 기능이 향상되었다. 그중 하나는 과제물을 수행함으로써 성적이 향상된 것이다. 성적이 향상되기 시작하고 스스로 대학 지원을 준비해야 한다고 느꼈을 때, 숀은 결국 치료를 중단했다. 그 무렵 그는 고등학교 3학년에 들어섰다.

✻ 사례 보고 3

이름: 루스(Ruth S.)
나이: 17세
성별: 여자
인종: 백인
학년: 고등학교 3학년

의뢰 사유

루스의 어머니는 개업한 심리학자에게 루스를 데려왔다. 그녀는 '루스가 통제 불가능하고 파국을 향해 치닫고 있다'고 호소했다. 루스는 과도한 음주와 약물 사용의 문제가 있었고, 부모와의 갈등 빈도와 강도가 점차 증가했다. 평가는 진단적 공식화와 치료 계획을 촉진하기 위해 시행되었다.

배경 정보

루스는 두 자녀 중 첫째로, 밑에 14세의 남동생이 있었다. '일벌레'인 어머니는 물리치료사로 직장에 다녔고, 계부는 그 지역에서 자기 소유의 식당을 운영했다. 루스의 생부는 초기 성인기 이후 양극성 장애로 치료를 받았고, 20대 때 두 번 병원에 입원했다. 그는 최근 몇 년 동안 Paxil과 Wellbutrin, Depakote를 복용함으로써 상태가 안정되었지만, 그의 차가 음주운전 차량과 충돌하는 바람에 갑자기 사망했다. 아버지가 사망할 당시 루스의 나이는 15세였다. 루스의 어머니는 그다음 해에 재혼했다.

루스의 태아기 발달과 분만은 정상이고 유아기와 학령기 사이의 병력/발달력이 평범했다. 그러나 사춘기부터 루스의 정신건강의학과 병력이 시작되었다. 루스는 11세 때 우울증과 자살 사고를 치료하기 위해 첫 번째 심리치료를 받았다. 청소년기에 걸쳐 이따금 외래로 심리치료를 받았고, 최근에는 아버지의 죽음으로 인해 뚜렷한 우울증 삽화를 보여 심리치료를 받았다. 루스는 이전에 Desipramine을 잠시 복용했지만 의뢰 당시에는 어떠한 약물도 복용하지 않았다. 어머니의 재혼에 대한 루스의 반응은 강렬한 분노가 주를 이루었다. 이 문제는 계속해서 그들의 싸움에서 중심적인 역할을 했다. 루스의 알코올 사용은 15세에 시작되었으며 서서히 증가하여 매일 마시게 되었다. 루스는 또한 15세 이후 매일 마리화나를 피웠다. 최근 엑스터시를 시도한 경험이 있으나 정맥 주사를 통한 약물 사용은 부인했다. 루스는 16세에 성관계를 시작하여 여러 명의 성적 파트너가 있으며, 가끔 위험에 노출된 성관계를 가졌다고 인정했다.

임상면담에서 루스는 최근 6개월 동안 간헐적으로 폭식과 구토를 한 적이 있었음을 자발적으로 인정했다. 그리고 이 문제를 아직 어머니에게는 말하지 않았다고 했다. 루스는 또한 마리화나를 소지한 이유로 학교에서 퇴학당했다고 보고했다. 다른 범죄의 과거력은 없었다. 루스는 퇴학당하기 전에 평균하의 성적을 받았다. 루스는 자신을 바람 잘 날 없는 '나쁜 애'이고 '뚱뚱하고 못생기고 미래가 없는 얼간이'로 묘사했다. 하지만 직업과 정체성 개발을 위한 방향을 설정하는 데 진정으로 관심을 보였다. 루스의 남동생 또한 심리적 · 행동적 문제의 내력이 있고 약물 남용과 우울증, 품행 장애 행동으로 최근 정신건강의학과에 입원했다.

평가 방법

임상면담과 정신상태 검사
미네소타 다면적 인성검사-청소년용(MMPI-A)

섭식 장애 검사(EDI-2)

행동 관찰 및 정신상태 검사

루스는 정상 체중의 매력적인 소녀였다. 그녀는 면으로 된 헐거운 옷과 여러 개의 목걸이와 팔찌를 두른 아방가르드 스타일로 차려입고 있었다. 또한 귀와 코에 피어싱을 하고 눈썹도 구슬로 장식했다. 질문에 잘 답변하고 평가 절차에 협조적이었다. 이전에 유사한 절차를 거쳤음을 암시하는 태도를 보이면서도 되풀이되는 과정을 견디려고 노력했다. 정신상태 검사에서 사고의 흐름이 조리 있고, 목표 지향적이었으며, 사고의 내용이 적절했다. 정동이 다소 위축되고 기분은 약간 우울해 보였다. 비정상적인 정신운동성 활동은 관찰되지 않았다. 말이 유창하고 정상적인 어조였다. 루스는 검사 동안 적절한 수준의 주의와 노력을 보였다.

검사 결과와 해석

루스는 MMPI-A의 두 문항에 응답을 누락하였으나 프로파일의 타당도에는 영향이 없다. 누락된 문항의 내용은 루스의 과거력이나 현재의 문제와 관련이 없고, 실수로 빠뜨렸을 가능성이 높다. *VRIN*과 *F1*, *F2*는 응답의 일관성에 문제가 없음을 나타낸다. 또한 *TRIN* 점수는 무분별하게 '그렇다' 또는 '아니다' 방향으로 응답하는 반응 편향이 없음을 나타낸다. *F-L-K* 양상은 루스가 자신의 어려움을 개방적으로 인정했음을 보여 준다. 그녀는 방어적이지 않았으며, 자신을 지나치게 바람직하게 나타내려 하지 않았다. 따라서 루스의 MMPI-A 프로파일은 의미 있는 해석이 가능하고, 그녀의 현재 기능에 대한 정확한 모습을 나타낼 가능성이 높다.

기본 척도 프로파일(**그림 7.7 참조**)을 보면 척도 *4*, *2*, *0*이 상승되어 있다. 이 프로파일은 일차적으로 *2-4* 코드유형으로 해석할 수 있다. 이 코드유형이 다른 척도와 10*T*의 선명도를 보이고, 다른 척도에 비해 현저히 상승되어 있기 때문이다. 단독 척도 해석보다 코드유형 분석이 선호되는 것에 대한 추가적인 지지는 MMPI-A 해석 보고서의 프로파일 매치 및 점수 부문(**그림 7.11 참조**)

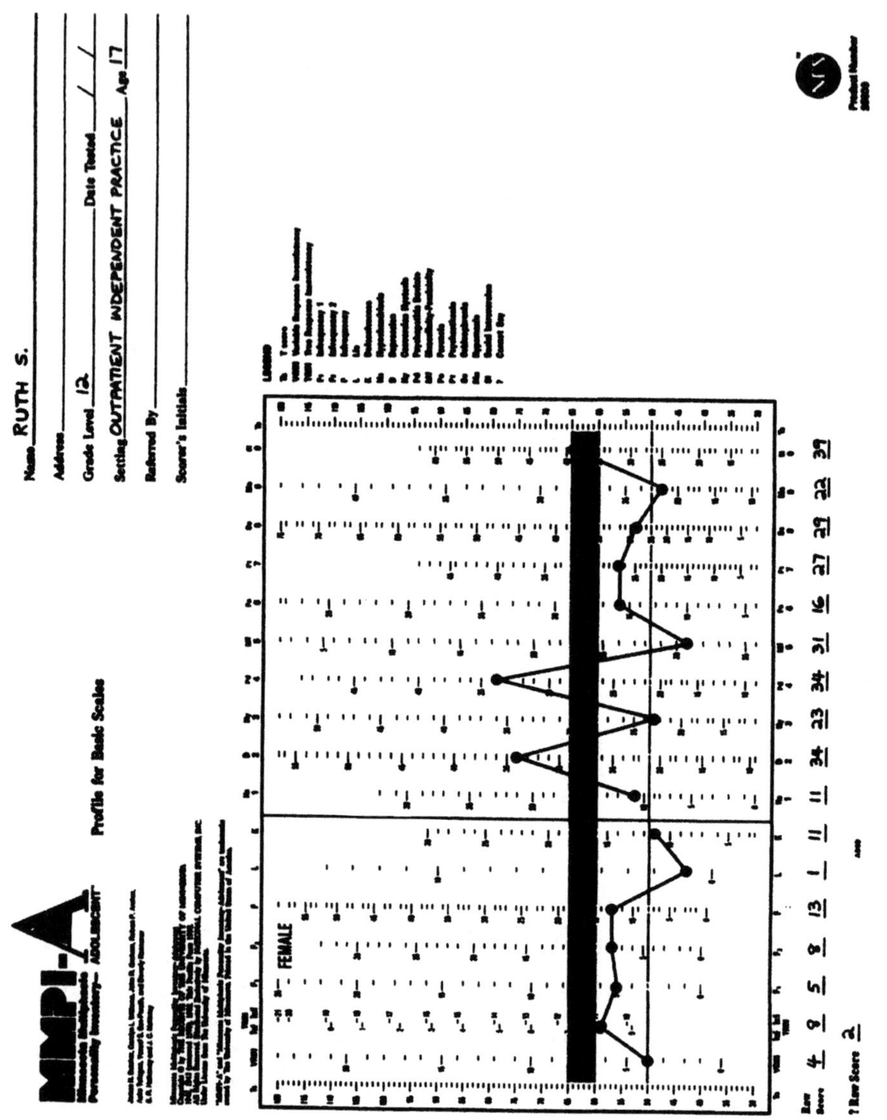

그림 7.7 루스의 기본 척도 프로파일

에서 볼 수 있다. 컴퓨터 보고서에 따르면 데이터베이스에 있는 모든 코드유형 프로파일에 대한 분석을 토대로 *2-4* 코드유형이 선호되는 코드유형 또는 '최적합' 코드유형으로 선택되었다. 루스의 프로파일에 나타난 *2-4* 코드유형 패턴은 MMPI-A 해석 체계를 위한 데이터베이스에서 발견되는 전형적인 *2-4* 코드유형의 프로파일과 잘 매치된다. 구체적으로 이 코드유형 분석에서 산출된 적합 계수는 .93이다. 이것은 루스의 *2-4* 코드유형을 포함한 기본 척도 패턴이 이 해석 체계에서 선택된 *2-4* 원형 프로파일의 기본 척도 패턴과 높은 상관관계를 가짐을 나타낸다. 코드유형에 대한 기술을 하고 나서 *65T* 수준으로 상승된 척도 *0*에 대한 개별 척도 해석을 보충할 것이다. 루스의 기능에 대한 기술은 임상 범위 또는 경계 범위로 상승된 내용 척도 *A-lse*(낮은 자존감), *A-sod*(사회적 불편감), *A-dep*(우울), *A-las*(낮은 포부), *A-con*(품행 문제)에 근거한 해석과, 보충 척도 *R*(억압), *PRO*(알코올/약물 문제 가능성), *ACK*(알코올/약물 문제 인정)에 의해 측정된 특징, 척도 *2*, *4*, *0*의 하위 척도에서 드러난 내용 영역을 추가함으로써 마무리된다(그림 7.8과 그림 7.9 참조).

루스의 MMPI-A 프로파일에 나타난 중요한 결과는 행동 문제로, 강한 행동화 경향이 특징이다. 이러한 프로파일을 나타내는 청소년은 흔히 충동적이며 자신의 행동에 대한 결과를 생각하지 않고 행동한다(*2-4* 코드유형, *A-con* 척도). 그들의 충동성은 문란한 성생활과 무단결석, 가출 혹은 입원치료 시설 탈출 등 여러 가지 형태로 나타날 수 있다. 외재화와 행동화는 그들이 어려움을 다루기 위해 전형적으로 사용하는 방어기제이다(*2-4* 코드유형). 빈약한 학교 적응 및 학교 품행 문제의 과거력이 제법 흔하다. 그들의 배경 정보에는 종종 체포와 유죄 판결을 포함한 법적 문제의 기록이 나타난다. 일반적으로 이러한 청소년은 사회규범에 무관심한 경향이 있고, 결과적으로 권위상과 빈번하게 충돌한다. 그들은 지루함에 대한 인내력이 거의 없고, 종종 약물 남용과 다른 위험 감수 행동(*2-4* 코드유형과 *A-con*)에 의존한다. 이러한 행동은 자극을 얻는 수단일뿐더러 불쾌감과 우울감을 감추거나 자가 치료하는 수단이기도 하다. 성인기에 이러한 사람들은 흔히 알코올 중독자로 확인된다. 주목해야 할 점은 루스가 약물 남용 문제를 단지 최소한으로 인정했다는 것(경계 범위의 *ACK* 점수)과 심각한 약물 남용 문제를 일으킬 잠재력에 대한 증거가 MMPI-A

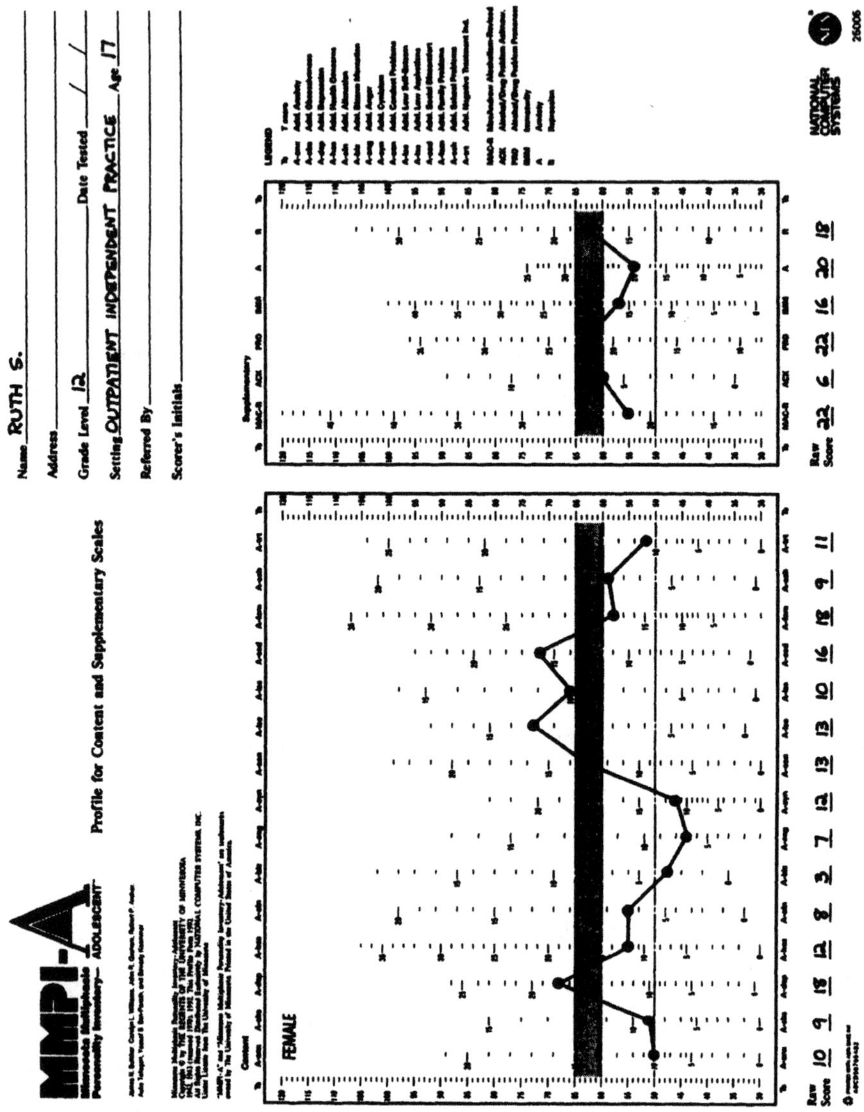

그림 7.8 루스의 내용 척도 및 소척도 프로파일

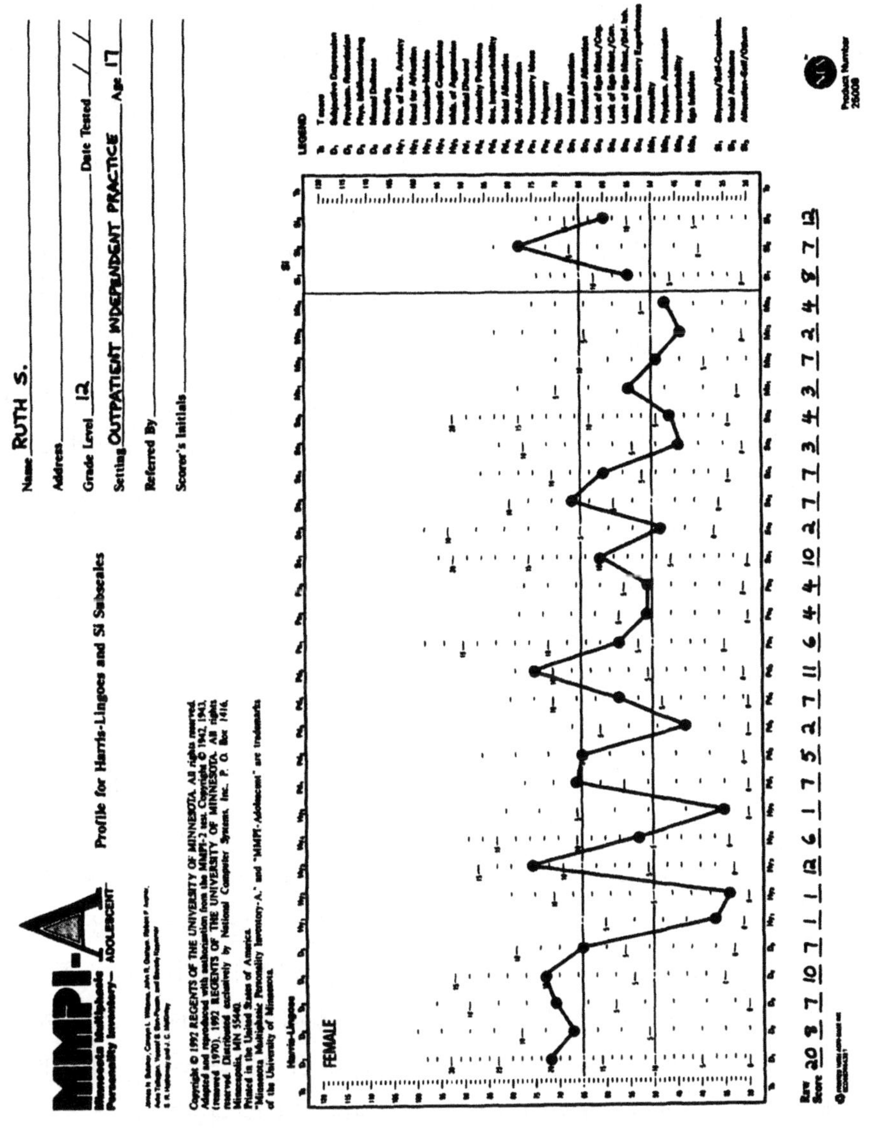

그림 7.9 루스의 Harris–Lingoes 소척도 및 *Si* 소척도 프로파일

의 물질 관련 보충 척도(즉 경계 범위의 *PRO* 척도, 정상 범위의 *MAC–R*)로 제한되어 있다는 것이다. 그러므로 루스의 알코올과 약물 남용 문제는 그녀의 *2–4* 코드유형 패턴에 가장 잘 반영되어 있다. 약물 남용 청소년의 보다 전형적인 형태는 기본 척도 프로파일에서 *2–4* 또는 *4–9* 코드유형을 나타내고, 동시에 보충 척도 *MAC–R*, *ACK*, *PRO*가 상승하는 경우이다.

정동 영역에서 루스의 기능은 낙담(척도 *2*와 *A–dep*)으로 특징지어진다. 루스는 무감동하고 절망해 있을 가능성이 높다. 자살과 관련된 세 문항 중 하나에 시인한 것은 그녀가 자살할 생각이 있었음을 나타낸다. Harris–Lingoes 소척도 결과는 루스의 우울증이 기능의 정서적 · 인지적 · 신체적 측면에 영향을 끼치고 있음을 시사한다. 그녀는 불행하며 동기가 없다(*D1*)고 느끼고, 낮은 에너지 수준(*D2*)을 보고하며, 집중에 곤란이 있고(*D4*), 곱씹고 반추하면서(*D5*), 신체적 증상을 겪고 있다(*D3*). 분노가 프로파일에서 강한 요소가 아닌 점은 주목할 만하다(*A–ang* 점수 참조). 이는 분노가 그녀의 불쾌감에 가려졌거나 행동화에 의해 사그라졌음을 시사한다. 루스는 또한 자신의 감정을 억제하고 억압하는 경향을 보이고 있다(척도 *R*). 이러한 경향은 내적으로 불편한 상태를 가중할 것이다.

루스의 자기개념은 부정적인 특성이 현저하다. 루스는 상당한 정도의 무가치감과 자기비판, 죄책감을 쉽게 경험한다. 그리고 일반적으로 자신이 부적합하다고 느끼기 쉽다. 그녀는 자신을 결함이 있고 쓸모없는 존재로 지각한다(척도 *2*와 *A–lse*). 이러한 감정과 관련하여 스스로 목표를 세우는 것을 피하고 성취에 대한 도전과 장애가 생기면 쉽게 포기하는 경향이 있다(*A–las*). 루스는 자신의 삶이 재미도 없고 보람도 없다고 볼 가능성이 높다(*Pd5*). 루스의 EDI–2 프로파일 결과는 뚜렷한 신체적 불만족감과 전반적인 무능감을 나타낸다. 이것은 자신이 무가치하다는 그녀의 판단에 대한 지지를 제공한다.

루스는 대인 관계에서의 어려움을 겉으로 드러내지는 않을 것 같다. 심지어 사회적 상황에서 좋은 첫인상을 줄 수도 있다(척도 *4*). 그러나 내면적으로는 아주 자신감이 없고 내향적이다. 사회적 상황에서 급격히 불편감을 느낄 수 있다(척도 *0*). 그녀는 집단 활동을 싫어하고 회피하기 쉽다(*A–sod*와 *Si2*), 스스로를 '뚱뚱하고 못생긴 얼간이'로 보듯이 다른 사람도 자기를 그렇게 볼 것이라고 믿기 때문일 것이다. 또래와의 관계는 피상적인 수준에 머무를 것이고 성인과의 관계, 특히 부모나 권위상과의 관계는 주로 대립적일 것이다(*Pd1*, *Pd2*).

그림 7.10에 제시되어 있는 MMPI-A의 구조 요약은 루스가 경험한 광범위한 장해에 대해 유용한 조망을 제공하면서 몇 가지 중요한 강조점을 밝혀 준다. 가장 두드러지는 차원은 가족 소외이다. 부모와의 좋지 못한 관계 및 잦은 다툼이 문제의 중요한 일부임을 나타낸다. 일반적 부적응 차원의 경우, 해당 척도의 57%가 상승해 있다. 우울증과 피로, 자살 사고를 포함하여 상당한 정서적인 고통과 부적응이 시사된다. 통상적으로 루스의 행동화에 의해 가려지는 부분이다. 사회적 불편감 차원 또한 주목할 만하다. 해당 척도의 50%가 유의한 수준을 충족하고 있다. 이 차원은 루스의 자의식과 사회적 위축을 밝히는 데 도움이 된다. 루스의 MMPI-A 구조적 요약에서 현저하게 드러나지 않은 차원 역시 추가로 언급할 만하다. 구체적으로, 반사회적 성향을 반영하는 미성숙 차원과 탈억제/흥분 가능성 차원은 유의하지 않다. 이 결과는 루스의 행동화가 그녀의 성격에 핵심적인 반사회적 요소 혹은 탈억제 요소가 있음을 반영한다기보다는 기저에 있는 우울증의 비효과적이고 오도된 표현일 가능성이 높음을 시사한다.

요약 및 진단적 인상

검사 결과와 루스의 과거력은 그녀의 기능에 상당하고 광범위한 장해가 있음을 나타낸다. 아버지가 양극성 장애의 병력이 있고 남동생 또한 그녀와 비슷한 패턴의 정신건강의학과적 문제를 겪고 있다는 사실은 루스가 정동 장애에 걸릴 위험이 높다는 것을 나타낸다. 이번 평가에서는 우울증이 중심적인 정서적 문제이지만, 청소년기와 성인 초기 사이의 과도기적인 시기 동안 양극성 장애가 발생될지 주시할 필요가 있다. 루스의 약물 남용과 섭식 장애, 가족 갈등, 퇴학, 이 모두는 그녀의 삶을 엉망진창으로 만들었고, 치료의 중요한 쟁점이다. 6장에서 논의한 바와 같이 약물 남용은 청소년기에 종종 다른 행동 장해를 동반하는 독립적인 비행 위험 요인이며, 섭식 장애는 특정한 MMPI-A 형태

MMPI-A Structural Summary

Robert P. Archer and Radhika Krishnamurthy

Name: RUTH S. Date: ______

Age: 17 Grade: 12

Gender: FEMALE School: ______

Test-Taking Attitudes

1. Omissions (raw score total)

2 ? (Cannot Say scale)

2. Consistency (T-score values)

50 VRIN

59F TRIN

56 F_1 vs. 57 F_2

3. Accuracy (check if condition present)

Overreport

___ F scale T score ≥ 90

___ All clinical scales except 5 and 0 ≥ 60

Underreport

___ High L (T ≥ 65)

___ High K (T ≥ 65)

___ All clinical scales except 5 and 0 < 60

Factor Groupings

(enter T score data)

1. General Maladjustment

___ Welsh's A
___ Scale 7
___ Scale 8
✓ Scale 2
✓ Scale 4
✓ D_1 (Subjective Depression)
✓ D_4 (Mental Dullness)
✓ D_5 (Brooding)
✓ Hy_3 (Lassitude-Malaise)
✓ Sc_1 (Social Alienation)
___ Sc_2 (Emotional Alienation)
✓ Sc_3 (Lack of Ego Mastery – Cognitive)
✓ Sc_4 (Lack of Ego Mastery – Conative)
✓ Si_3 (Alienation)
___ Pd_4 (Social Alienation)
✓ Pd_5 (Self-Alienation)
___ Pa_2 (Poignancy)
✓ A-dep
___ A-anx
✓ A-lse
___ A-aln
___ A-obs
___ A-trt

13 /23 Number of scales with T ≥ 60

2. Immaturity

___ IMM
___ Scale F
___ Scale 8
___ Scale 6
✓ ACK
___ MAC-R
___ Pa_1 (Persecutory Ideas)
___ Sc_2 (Emotional Alienation)
___ Sc_6 (Bizarre Sensory Experiences)
___ A-sch
___ A-biz
___ A-aln
✓ A-con
___ A-fam
___ A-trt

2 /15 Number of scales with T ≥ 60

그림 7.10 루스의 MMPI-A 구조적 요약

3. Disinhibition/Excitatory Potential

_____ Scale 9
_____ Ma_2 (Psychomotor Acceleration)
_____ Ma_4 (Ego Inflation)
_____ Sc_5 (Lack of Ego Mastery, Defective Inhibition)
_____ D_2 (Psychomotor Retardation) (low score)*
_____ Welsh's R (low score)*
_____ Scale K (low score)*
_____ Scale L (low score)*
_____ A-ang
_____ A-cyn
__✓__ A-con
_____ MAC-R

__1__ /12 Number of scales with $T \geq 60$ or ≤ 40 for scales with asterisk

4. Social Discomfort

__✓__ Scale 0
_____ Si_1 (Shyness/Self-Consciousness)
__✓__ Hy_1 (Denial of Social Anxiety) (low score)*
_____ Pd_3 (Social Imperturbability) (low score)*
_____ Ma_3 (Imperturbability) (low scores)*
__✓__ A-sod
__✓__ A-lse
_____ Scale 7

__4__ /8 Number of scales with $T \geq 60$ or $T \leq 40$ for scales with asterisk

5. Health Concerns

_____ Scale 1
_____ Scale 3
_____ A-hea
_____ Hy_4 (Somatic Complaints)
__✓__ Hy_3 (Lassitude-Malaise)
__✓__ D_3 (Physical Malfunctioning)

__2__ /6 Number of scales with $T \geq 60$

6. Naivete

_____ A-cyn (low score)*
_____ Pa_3 (Naivete)
_____ Hy_2 (Need for Affection)
_____ Si_3 (Alienation–Self and Others) (low score)*
_____ Scale K

__0__ /5 Number of scales with $T \geq 60$ or $T \leq 40$ for scales with asterisk

7. Familial Alienation

__✓__ Pd_1 (Familial Discord)
_____ A-fam
__✓__ Scale 4
__✓__ PRO

__3__ /4 Number of scales with $T \geq 60$

8. Psychoticism

_____ Pa_1 (Persecutory Ideas)
_____ Scale 6
_____ A-biz
_____ Sc_6 (Bizarre Sensory Experiences)

__0__ /4 Number of scales with $T \geq 60$

Note. The presentation of scales under each factor label is generally organized in a descending order from the best to the least effective marker. Within this overall approach, scales are grouped logically in terms of basic clinical scales, Harris-Lingoes and *Si* subscales, and content scales. The majority of scales included in this summary sheet were correlated ≥ .60 or ≤ -.60 with the relevant factor for the MMPI-A normative sample.

PAR Psychological Assessment Resources, Inc.
P.O. Box 998/Odessa, Florida 33556/Toll-Free 1-800-331-TEST

그림 7.10 루스의 MMPI–A 구조적 요약(계속)

에 한정되지 않는 광범위한 심리적 장해 및 정서적 고통과 관련이 있다. 이러한 다양한 문제 영역은 루스가 보이는 상당한 부적응을 반영한다. 평가로부터 나온 진단은 다음과 같다.

Axis I: 주요 우울 장애, 재발성, 중증
달리 분류되지 않는 섭식 장애
알코올 남용
대마초 남용
Axis II: 진단 없음
Axis III: 진단 없음
Axis IV: 주요 지지 집단의 문제–아버지의 죽음과 어머니의 재혼
Axis V: 현재 GAF–52, 지난해 가장 높았던 GAF–60

루스와 같은 프로파일 유형을 보이는 사람들의 예후는 속단할 수 없다. 이들은 자신의 행동을 억누르려는 진정한 의도를 가지고 있음에도 불구하고 행동화가 되풀이될 가능성이 높고, 문제가 만성화될 가능성도 높다. 하지만 루스의 정서적 고통은 그녀를 치료 과정에 참여시키고 자신의 고통에 대처하는 방법을 학습하도록 하는 동기적 요소로 작용할 것이다.

제언

루스의 어려움을 신속히 다루기 위해 다양한 개입이 필요하다.

1. 우선적으로 외래 심리치료를 제공해야 한다. 루스의 증상을 완화하고 행동 문제나 정동 문제가 정신건강의학과 입원이 필요할 정도로 악화되는 것을 막기 위해서이다. 자살 위험에 대한 계속적인 평가가 치료에 포함되어야 하고, 루스의 섭식 장애 또한 개인치료의 맥락에서 또는 청소년을 위한 전문화된 외래 섭식 장애 프로그램에 의뢰하여 다루어야 한다. 아버지의 죽음에 대한 슬픔을 다룰 수 있도록 도와주고, 가까운 장래의 목표를 개발하는 것도 치료자가 관심을 기울여야 할 또 다른 문제이다.

2. 항우울제 복용이 도움이 되는지 알아보기 위해 루스를 정신건강의학과 의사에게 의뢰해야 한다.
3. 약물 남용 치료는 시급한 과제이다. 외래 심리치료와 병행하여 외래 약물 남용 치료를 시험적으로 시행할 수도 있지만, 비순응의 문제로 치료 경과가 좋지 않다면 입원치료를 고려해야 한다.
4. 루스의 내력과 MMPI-A 자기보고에서 가족 갈등과 가족 불화가 중심적인 역할을 하는 것을 고려해 볼 때 가족치료의 필요성을 명확히 시사한다.

사례 요약 및 치료 성과

루스는 심리치료를 시작한 지 얼마 후에 재입학했다. 고등학교 3학년 때부터 2년간 계속해서 치료를 받았으나, 자신의 삶에 대한 어떤 통제감을 구축하기 위한 수단으로 치료자를 정기적으로 '해고'했다. 섭식 장애 전문가에게 의뢰된 치료는 계속되지 못했다. 루스는 고등학교를 졸업한 후 일자리를 구해 1년 동안 최저 임금을 받으면서 일했다. 이후 루스는 다른 주에 있는 대학에서 입학 허가를 받았다. 그곳에서 루스는 자신의 성취에 강렬한 기쁨과 자부심을 느꼈다. 그러나 대학 1학년 동안 사건이 없었던 것은 아니다. 루스는 계속해서 알코올과 마리화나를 남용하였고, 친구와 함께 교통위반으로 걸렸을 때 마리화나 소지 혐의로 고발되었다. 그 결과 학사경고와 법적 보호관찰에 처해져 루스는 고향에 있는 대학으로 전학하고, 애완동물 가게에서 파트타임 일자리를 구했다. 또한 새로운 남자 친구와 함께 아파트로 이사하고, 스스로 치료를 재개했다. 루스는 기저의 우울증과 낮은 자존감에 의해 다량의 연료를 공급받는 자기파괴적인 경향을 이해하고, 이를 억누르기 위해 치료자와 함께 적극 노력했다. 루스는 또한 심리치료자의 의뢰를 받아 처방받은 바 있는 Prozac(항우울제)을 다시 복용했다. 어머니나 계부와의 관계는 여전히 갈등 상태에 있었으나 접촉 감소로 인해 대립의 강도가 다소간 완화되었다.

전산화된 해석 보고서

『MMPI–A 해석 체계』 2판에서 산출되는 보고서는 MMPI–A 구조적 요약에서 도출되는 정보를 포함하여 다양한 정보를 제공한다. 보고서는 또한 개별 청소년의 기본 척도 프로파일을 원형의 프로파일과 비교하여, 그 청소년의 특정 프로파일이 데이터베이스의 프로파일과 매치되는 정도에 대한 추정치와 아울러 주어진 코드유형의 특성에 대한 정보를 제공한다. 이 해석 체계는 먼저 타당도 척도와 기본 임상 척도에 대한 정보를 척도별로, 그리고 패턴별로 제공한다. 또한 내용 척도와 보충 척도, Harris–Lingoes 소척도에 대한 추가적인 해석 정보를 제공한다. 보고서의 마지막 단계는 MMPI–A 구조적 요약의 요인 집단화이다. 그리고 구조적 요약 패턴에 대한 해석이 MMPI–A 프로파일의 타당도 척도 및 임상 척도, 내용 척도 및 보충 척도, Harris–Lingoes 소척도 및 *Si* 소척도에 대한 해석과 더불어 제시된다. 『MMPI–A 해석 체계』에서 제공되는 정보의 양은 다양한 출력 옵션을 선택함으로써 조절되며, 사용자는 원하는 정보만 출력할 수 있다. **그림 7.11**에는 프로그램에 포함된 다양한 옵션을 보여 주기 위해 MMPI–A 프로파일을 제외한 모든 출력이 선택되었다.

MMPI-A 해석 체계

Robbert P. Archer 박사와 PAR 개발

내담자 정보

내담자 : 루스
성별 : 여자
나이 : 17세
학년 : 고등학교 3학년
수신자 : Dr. Robert P. Archer

다음의 MMPI-A 해석 정보는 평가를 받고 있는 청소년에 대한 하나의 가설로 보아야 한다. 진단이나 치료 결정이 오로지 이 자료에만 기초해서는 안 된다. 그보다도, 이 보고서에 의해 산출된 진술은 추가적인 심리검사의 결과와 정신 상태 검사, 심리사회적 과거력의 자료, 개인 면담과 가족 면담을 포함하여 내담자와 관련된 다른 정보와 통합되어야 하며, 이러한 통합된 정보를 바탕으로 임상적 결정을 내려야 한다.

이 보고서에 포함된 정보는 MMPI와 MMPI-A의 문헌에 수록된 주요 연구에서 도출된 통계 자료의 조합을 나타낸다. 이 보고서는 비밀 유지가 필요하며 자격을 갖춘 전문가가 사용할 의도로 만들어졌다. 이 보고서는 평가받고 있는 청소년이나 그 가족에게 공개되어서는 안 된다.

그림 7.11 루스의 전산화 해석 보고서

Psychological Assessment Resources, Inc.의 특별 허락하에 Robert P. Archer 박사의 MMPI-A 구조적 요약을 복제함. Copyright 1994. PAR, Inc.의 허락 없는 추가 복제는 금지됨.

프로파일 매치 및 점수

	척도		내담자 프로파일	가장 높은 척도의 코드유형	가장 적합한 코드유형
코드유형 매치:				*2-4/4-2*	*2-4/4-2*
적합 계수				0.93	0.93
점수:	*F*		57	56	56
	L		43	50	50
	K		49	51	51
	Hs	(*1*)	53	52	52
	D	(*2*)	75	69	69
	Hy	(*3*)	49	55	55
	Pd	(*4*)	79	69	69
	Mf	(*5*)	43	46	46
	Pa	(*6*)	56	55	55
	Pt	(*7*)	56	54	54
	Sc	(*8*)	53	55	55
	Ma	(*9*)	48	46	46
	Si	(*0*)	65	55	55
T-점수에서 코드유형 정의			10	14	14
임상 척도 상승 평균			58.6	57.0	57.0
흥분성 척도 상승 평균			60.0	57.1	57.1
여자 나이 평균				15.7	15.7
남자 나이 평균				16.3	16.3
사례의 %:				3.3	3.3

다음의 코드유형에 대한 형태적 임상 척도 해석이 보고서에 제시된다.

2-4/4-2

무응답(?) 문항 = 2 Welsh 코드: 42'0+-6718/395: F/KL:

그림 7.11 루스의 전산화 해석 보고서(계속)

타당도 척도의 형태적 해석

이 청소년은 일관성 있는 MMPI-A 응답 패턴을 나타냈는데, 이는 타당도 척도 *VRIN*과 *TRIN*의 허용 범위 점수에 반영되어 있다.

F-L-K 타당도 척도의 형태는 이 청소년이 MMPI-A에서 타당하고 정확하며 협조적으로 응답했음을 나타낸다. 이 청소년의 타당도 척도 패턴은 정상적인 청소년들 사이에서 특징적으로 나타나는 것이고, 정신건강의학과 장면에서 평가받는 청소년들 사이에서는 드물다.

*F1*과 *F2* 모두 90*T* 이하이다. *F1*이나 *F2*가 90*T* 이상이면 프로파일 타당도에 문제가 있을 가능성이 높다.

타당도 척도

무응답 (?) = 2

MMPI-A를 작성할 때 몇몇 문항이 누락되었다. 이러한 누락은 그 청소년의 삶의 경험에 제한된 영역이 있어서 특정 문항에 대답할 수 없거나, 또는 읽기 능력이 제한되어 있음을 나타낸다. 이처럼 아주 적은 문항을 누락한 결과로 프로파일이 왜곡될 가능성은 거의 없다.

VRIN = 50*T*

이 범위의 *VRIN* 점수는 그 청소년이 허용되는 수준으로 일관성 있게 검사 문항에 응답했음을 시사한다.

TRIN = 59*T*(F)

이 범위의 *TRIN* 점수는 그 청소년이 허용되는 수준으로 일관성 있게 검사 문항에 응답했음을 시사한다.

F1 = 56*T*

이 범위의 점수는 청소년이 MMPI-A 검사지의 전반부 문항에 대해 타당한 방식으로 응답했음을 시사한다.

그림 7.11 루스의 전산화 해석 보고서(계속)

F2 = 57*T*

이 범위의 점수는 청소년이 MMPI-A 검사지의 후반부 문항에 대해 타당한 방식으로 응답했음을 시사한다.

F = 57*T*

통상 이 범위의 점수는 응답자가 대부분의 정상 청소년과 비슷한 방식으로 검사 문항에 응답했음을 나타낸다. 몇몇 임상 척도가 상승될지도 모르지만, 이 청소년은 매우 일탈적/특이한 정신병리를 많이 보고하지 않았다.

L = 43*T*

이 범위의 점수는 자신감 있고 개방적이며 검사 문항에 대체로 솔직하게 응답하는 청소년에게서 전형적으로 나타난다. *L* 척도에서 낮은 점수는 '모두 그렇다' 또는 '부정 왜곡'의 반응 양식을 취하는 청소년에게서도 가끔 나타난다.

K = 49*T*

대다수의 청소년은 이 범위의 점수를 나타내는데, 이는 자기노출과 조심스러움 사이의 적절한 균형을 나타낸다. 흔히 심리치료의 예후가 좋은데, 이러한 청소년은 삶의 문제와 증상에 대한 논의에 개방적이기 때문이다.

형태적 임상 척도 해석

2-4/4-2 코드유형

내담자의 MMPI-A 패턴은 *2-4/4-2* 코드유형으로 분류된다. 이 유형은 청소년 및 성인 표집에서 흔하게 나타나고, 정신건강의학과 장면에 있는 청소년의 약 5%에서 발견된다. 이 프로파일 유형을 나타내는 청소년은 전형적으로 충동 조절에 어려움이 있으며 충분히 생각하지 않고 행동한다. 흔히 사회규범을 현저히 무시하고, 권위 대상과의 반복적인 문제가 흔하게 나타난다. 통상 체포와 유죄 판결, 소송 등 법률 위반의 내력이 있다. 게다가 물질 남용과 알코올 남용이 빈번하다. 일반적으로, *2-4/4-2* 코드유형의 청소년은 병원 탈출 기도와 문란한 성생활, 무단결석, 가출 등 다양한 형태의 충동 조절 문제를 나타낸

그림 7.11 루스의 전산화 해석 보고서(계속)

다. 이러한 청소년은 전형적으로 부모가 애정과 일관성이 없다고 생각하며 가족으로부터 소외감과 거리감을 느낀다.

이 코드유형과 연관된 정신건강의학적 진단에는 물질 관련 장애(303.X0, 304.X0, 305.X0), 반항성 장애(313.81), 품행 장애(312.8), 기분부전 장애(300.4), 달리 분류되지 않은 성격 장애(301.9)를 포함한 성격 장애(301.XX) 등이 있다. 일차적 방어기제는 전형적으로 행동화, 전위, 외재화를 포함한다. 이 프로파일을 나타내는 사람들은 청소년과 성인 모두 물질 남용 또는 물질 의존의 비율이 높기 때문에, 이 문제에 초점을 맞춘 치료가 필요한지 확인하기 위해 세심한 평가를 해야 한다. 또한 이러한 청소년이 나타내는 소외감과 가족 구성원을 향한 분노의 전형적인 모습은 포괄적인 치료 노력의 일환으로 가족치료를 포함해야 함을 종종 지지한다.

임상 척도

Hs(1) = 53T

이 범위의 점수는 정상 범위 혹은 예상 범위 내에 있다. 이 청소년은 신체 건강 혹은 신체 기능과 관련된 지나친 걱정이나 몰두를 나타내지 않았다.

D(2) = 75T

이 범위의 점수는 전형적으로 우울하고, 불만스럽고, 희망이 없고, 자기비하적인 청소년에게서 발견된다. 이들은 종종 무감동, 일상적 활동에서 흥미 상실, 자신감 상실, 부적절감과 염세주의를 경험한다. 게다가 이러한 청소년은 종종 상당한 죄책감과 무가치함, 자기비판을 경험하고, 자살 사고를 가질 수 있다. 그러나 이 정도의 고통은 심리치료 노력에 대한 긍정적인 동기 요인으로 작용할 것이다.

Hy(3) = 49T

이 범위의 점수는 정상 범위 혹은 예상 범위 내에 있고, 이 청소년은 아마도 불쾌한 문제나 부정적인 감정을 인정하는 능력을 가지고 있을 것이다.

그림 7.11 루스의 전산화 해석 보고서(계속)

Pd(4) = 79*T*

척도 4가 가장 높게 상승한 경우는 청소년 사이에서 흔하고, 특히 정신건강의학과 장면이나 형사 재판 장면에서 흔하게 나타난다. 이 범위의 점수는 권위 대상에 반항적 · 적대적이고 도전적인 특징을 지닌 청소년에게서 전형적으로 나타난다. 이러한 청소년은 종종 부실한 학교 적응과 학교 내 문제 행동의 내력이 있다. 이 척도에서 더 높은 점수는 공공연한 비행 행동의 가능성이 증가됨을 나타낸다. 이러한 청소년은 종종 만족을 지연할 수 없고 충동적이며 좌절과 지루함에 대한 인내력이 거의 없는 것으로 기술된다. 일차적 방어기제는 전형적으로 행동화를 포함하며, 그러한 행동에 대해 죄책감을 느끼거나 후회하지 않을 것이다. 이러한 청소년은 전형적으로 좋은 첫인상을 주며 외향적이고 사교적인 대인 관계 스타일을 유지하는 반면, 대인 관계가 얕고 피상적인 경향이 있다. 이들은 결국 다른 사람에게 이기적이고 자기중심적인 사람으로 보인다.

Mf(5) = 43*T*

점수는 정상 범위 혹은 예상 범위 내에 있으며, 전통적인 여성적 활동에 대해 표준적인 흥미를 지니고 있음을 나타낸다.

Pa(6) = 56*T*

점수는 정상 범위 혹은 예상 범위 내에 있으며, 편집적 사고나 지나친 의심과 관련된 문항에 대개 시인하지 않았다.

Pt(7) = 56*T*

점수는 정상 범위 혹은 예상 범위 내에 있으며, 이 청소년은 지나친 걱정이나 염려 없이 현재 삶의 경험에 대응할 수 있는 것으로 보인다.

Sc(8) = 53*T*

점수는 정상 범위 혹은 예상 범위 내에 있으며, 현실 검증이 온전하고 사고 과정이 조리 있음을 시사한다.

그림 7.11 루스의 전산화 해석 보고서(계속)

Ma(9) = 48*T*

점수는 정상 범위 혹은 예상 범위 내에 있으며, 정상 청소년의 전형적인 에너지 수준 혹은 활동 수준을 반영한다.

Si(0) = 65*T*

이 범위의 점수를 나타내는 청소년은 사회적으로 내향적이고, 불안정하며, 사회적 상황에서 불편하다. 이들은 부끄럼을 타고, 소심하고, 순종적이고, 자신감이 부족한 경향이 있다. 또한 충동적인 행동을 나타내지 않을 것 같고 행동화나 비행을 나타낼 위험성이 낮다.

내용 척도 및 보충 척도

내용 척도

불안(*A-anx*) = 50*T*

점수는 정상 범위 혹은 예상 범위 내에 있다.

강박성(*A-obs*) = 51*T*

점수는 정상 범위 혹은 예상 범위 내에 있다.

우울(*A-dep*) = 68*T*

이 범위의 점수는 종종 우울하고 낙담한 청소년에게 나타난다. 이러한 청소년은 무감동하고 쉽게 피로를 느낄 것이다. 이들의 우울증은 자살 사고와 무망감 또는 절망감을 포함할 것이다.

건강염려(*A-hea*) = 55*T*

점수는 정상 범위 혹은 예상 범위 내에 있다.

소외(*A-aln*) = 55*T*

점수는 정상 범위 혹은 예상 범위 내에 있다.

그림 7.11 루스의 전산화 해석 보고서(계속)

기태적 정신상태(*A-biz*) = 48*T*

점수는 정상 범위 혹은 예상 범위 내에 있다.

분노(*A-ang*) = 44*T*

점수는 정상 범위 혹은 예상 범위 내에 있다.

냉소적 태도(*A-cyn*) = 46*T*

점수는 정상 범위 혹은 예상 범위 내에 있다.

품행 문제(*A-con*) = 63*T*

이 범위의 점수는 품행 문제 척도에서 경계 범위의 상승을 나타낸다. 이 점수는 반항적인 경향, 권위 대상과의 문제를 가진 청소년을 반영할 것이다. 이러한 청소년은 학교 장면에서 징계 처분을 받은 내력이 있을 것이다.

낮은 자존감(*A-lse*) = 73*T*

이 범위의 점수는 부적절하거나 무능하거나 쓸모없다고 느끼는 청소년에게서 나타난다. 이들은 자신감이 부족하고 자신에게 많은 결점과 결함이 있다고 믿는다. 이러한 청소년은 대인 관계에서 수동적이고 사회적 상황에서 불편해할 것이다.

낮은 포부(*A-las*) = 66*T*

이 범위의 점수는 학업이나 삶에 대한 목표나 목적이 거의 혹은 전혀 없는 청소년에게서 나타난다. 이러한 청소년은 종종 학업 성취도가 낮다. 이들은 좌절하고 쉽게 포기하는 경향이 있고, 도전적인 상황에서 전력을 쏟지 않는다.

사회적 불편감(*A-sod*) = 72*T*

이 범위의 점수는 사회적 상황에서 불편해하고 내성적이며 부끄럼을 타는 청소년에게서 나타난다. 이들은 사회적 활동을 피하고 다른 사람과 상호작용하는 것을 어려워한다.

가정 문제(*A-fam*) = 58*T*

점수는 정상 범위 혹은 예상 범위 내에 있다.

그림 7.11 루스의 전산화 해석 보고서(계속)

학교 문제(*A-sch*) = 59*T*

점수는 정상 범위 혹은 예상 범위 내에 있다.

부정적 치료지표(*A-trt*) = 52*T*

점수는 정상 범위 혹은 예상 범위 내에 있다.

보충 척도

MacAndrew 알코올 중독(*MAC-R*) = 55*T*

이 범위의 점수를 나타내는 청소년은 알코올이나 약물을 남용하지 않을 것 같다. 가장 두드러진 예외는 성격 구성 면에서 일차적으로 신경증적이고 '자가치료'의 수단으로 알코올과 약물을 사용하는 청소년일 것이다.

알코올/약물 문제 인정(*ACK*) = 60*T*

이 범위의 점수는 *ACK* 척도에서 허용 범위 혹은 정상 범위 내에 있다. 그러나 일부 청소년은 약물이나 알코올 사용과 관련된 태도나 증상을 과소 보고하기 때문에, 알코올과 약물 관련 문제를 선별하는 것을 보조하기 위해 *MAC-R*과 *PRO* 척도의 점수 또한 세심하게 검토해야 한다.

알코올/약물 문제 가능성(*PRO*) = 63*T*

점수는 허용 범위 혹은 정상 범위 내에 있다.

미성숙(*IMM*) = 57*T*

점수는 정상 범위 혹은 예상 범위 내에 있다.

불안(*A*) = 54*T*

점수는 정상 범위 혹은 예상 범위 내에 있으며 불안과 불편의 수준이 보통임을 나타낸다.

억압(*R*) = 63*T*

이 범위의 점수를 나타내는 청소년은 종종 쉽게 흥분하지 않고 억제되어 있으며, 순종적이고, 관습적이며, 감정을 거의 나타내지 않는 경향이 있다. 이 범위의 점수는 정신건강의학과 장면에서 평가된 청소년들 사이에 드물다.

그림 7.11 루스의 전산화 해석 보고서(계속)

Harris–Lingoes 소척도 및 *Si* 소척도

이 프로그램에서 Harris–Lingoes 소척도 및 *Si* 소척도에 대한 해석을 제공하는 것은 이 자료가 청소년 프로파일과 잠재적으로 관련이 있기 때문이다. 그러나 이러한 연구 척도의 상관요인이 청소년을 대상으로 조사되지는 않았다. 사용자는 다음의 해석적 진술이 성인을 대상으로 한 연구 결과에 기초했음을 유의해야 한다.

주관적 우울감(*D1*) = 72*T*

D1 점수가 높은 사람들은 우울하고 불행하며 신경과민하다. 이들은 에너지와 흥미가 부족하고 자신의 문제에 잘 대처하지 못한다. 또한 주의와 집중의 결손을 보이고, 자신감이 부족하며, 사회적 상황에서 부끄럼을 타고 불편해한다.

정신운동 지체(*D2*) = 67*T*

D2 점수가 높은 사람들은 움직임이 없는 것으로 특징지어진다. 이들은 일상 활동에 대처할 에너지가 부족하고, 대인 관계에서 철수하며, 적대적 · 공격적 충동을 부인한다.

신체적 기능 장애(*D3*) = 71*T*

D3 점수가 높은 사람들은 건강과 신체 기능에 몰두하며, 전형적으로 다양한 종류의 구체적인 신체 증상과 신체 호소를 나타낸다.

둔감성(*D4*) = 73*T*

D4 점수가 높은 사람들은 일상생활의 문제에 대처할 에너지가 부족하다. 이들은 집중의 어려움을 보고하고 기억력과 판단력이 좋지 않다고 호소한다. 이들은 자신감이 부족하고, 다른 사람에게 열등감을 느끼고, 삶에서 즐거움을 거의 얻지 못하고, 인생은 더 이상 살 만하지 않다고 느낄지도 모른다.

깊은 근심(*D5*) = 65*T*

D5 점수가 높은 사람들은 에너지가 부족하고, 살 만하지 않은 인생에 대해 지나치게 곱씹고 반추한다. 이들은 열등감을 느끼고 비판에 쉽게 상처 받는다. 때로 이들은 자신의 사고 과정에 대한 통제를 잃은 것처럼 느낀다고 보고한다.

그림 7.11 루스의 전산화 해석 보고서(계속)

사회적 불안의 부인(*Hy1*) = 37*T*

Hy1 점수가 낮은 사람들은 사회적으로 내향적이고 수줍어하는 경향이 있으며, 사회 기준과 관습에 크게 영향을 받는다.

애정 욕구(*Hy2*) = 34*T*

Hy2 점수가 낮은 사람들은 타인과의 관계에서 부정적이고 비판적이며 의심이 많은 경향이 있다. 이들은 다른 사람들이 이기적이고 부당하다고 여긴다.

권태-무기력(*Hy3*) = 76*T*

Hy3 점수가 높은 사람들은 일반적으로 불행하고 불편하며 건강이 좋지 않다고 느낀다. 이들은 허약과 피로 등 모호한 신체적 호소를 나타내고, 평균 이하의 신체적 · 정신적 기능에 대해 호소한다. 또한 식욕이 없고 수면의 문제를 보고할 것이다.

신체적 호소(*Hy4*) = 53*T*

점수는 정상 범위 혹은 예상 범위 내에 있다.

공격성의 억제(*Hy5*) = 35*T*

Hy5 점수가 낮은 사람들은 적대적 · 공격적 충동을 느낀다는 것을 공개적으로 인정한다.

가정 불화(*Pd1*) = 66*T*

Pd1 점수가 높은 사람들은 자신의 가정환경이 불쾌하고 사랑과 지지, 이해가 부족하다고 본다. 이들은 자신의 가족을 거부적이고 비판적이며 통제하는 것으로 기술한다.

권위 불화(*Pd2*) = 65*T*

Pd2 점수가 높은 사람들은 권위와 사회적 요구에 분개하고, 종종 학업 문제와 법적 문제의 내력이 있다. 이들은 무엇이 옳고 그른지에 대해 명확한 견해를 가지고 있고, 자신의 믿음을 옹호한다.

그림 7.11 루스의 전산화 해석 보고서(계속)

사회적 침착성(*Pd3*) = 43*T*

점수는 정상 범위 혹은 예상 범위 내에 있다.

사회적 소외(*Pd4*) = 57*T*

점수는 정상 범위 혹은 예상 범위 내에 있다.

내적 소외(*Pd5*) = 75*T*

Pd5 점수가 높은 사람들은 자신이 편치 않고 불행하다고 기술한다. 이들은 주의와 집중에 어려움이 있고, 삶이 특별히 흥미롭거나 보람이 있다고 느끼지 않는다. 또한 죄책감과 후회를 말로 나타내고 부정적인 감정을 과시적인 태도로 드러낸다. 과도한 알코올 남용이 문제가 될 수도 있다.

피해의식(*Pa1*) = 57*T*

점수는 정상 범위 혹은 예상 범위 내에 있다.

예민성(*Pa2*) = 51*T*

점수는 정상 범위 혹은 예상 범위 내에 있다.

순진성(*Pa3*) = 51*T*

점수는 정상 범위 혹은 예상 범위 내에 있다.

사회적 소외(*Sc1*) = 61*T*

점수는 정상 범위 혹은 예상 범위 내에 있다.

정서적 소외(*Sc2*) = 48*T*

점수는 정상 범위 혹은 예상 범위 내에 있다.

자아통합 결여-인지적(*Sc3*) = 67*T*

Sc3 점수가 높은 사람들은 이상한 사고 과정, 비현실감, 주의집중의 문제를 인정한다. 이따금 이들은 '정신이 이상하다'고 느낀다.

그림 7.11 루스의 전산화 해석 보고서(계속)

자아통합 결여–동기적(*Sc4*) = 60*T*

점수는 정상 범위 혹은 예상 범위 내에 있다.

자아통합 결여–억제부전(*Sc5*) = 44*T*

점수는 정상 범위 혹은 예상 범위 내에 있다.

기태적 감각 경험(*Sc6*) = 46*T*

점수는 정상 범위 혹은 예상 범위 내에 있다.

비도덕성(*Ma1*) = 55*T*

점수는 정상 범위 혹은 예상 범위 내에 있다.

심신운동 항진(*Ma2*) = 49*T*

점수는 정상 범위 혹은 예상 범위 내에 있다.

냉정함(*Ma3*) = 44*T*

점수는 정상 범위 혹은 예상 범위 내에 있다.

자아 팽창(*Ma4*) = 47*T*

점수는 정상 범위 혹은 예상 범위 내에 있다.

수줍음/자의식(*Si1*) = 55*T*

점수는 정상 범위 혹은 예상 범위 내에 있다.

사회적 회피(*Si2*) = 78*T*

이 범위의 점수를 보이는 청소년은 집단 활동을 싫어하거나 피하고, 사회 접촉이나 관여를 최소화하려 한다.

내적/외적 소외(*Si3*) = 60*T*

점수는 정상 범위 혹은 예상 범위 내에 있다.

그림 7.11 루스의 전산화 해석 보고서(계속)

MMPI–A 구조적 요약

요인 집단화

1. 일반적 부적응
   - *54* Welsh의 *A*
   - *56* 척도 *7*
   - *53* 척도 *8*
   - *75* 척도 *2*
   - *79* 척도 *4*
   - *72 D1* (주관적 우울감)
   - *73 D4* (둔감성)
   - *65 D5* (깊은 근심)
   - *76 Hy3* (권태–무기력)
   - *61 Sc1* (사회적 소외)
   - *48 Sc2* (정서적 소외)
   - *67 Sc3* (자아통합 결여–인지적)
   - *60 Sc4* (자아통합 결여–동기적)
   - *60 Si3* (내적/외적 소외)
   - *57 Pd4* (사회적 소외)
   - *75 Pd5* (내적 소외)
   - *51 Pa2* (예민성)
   - *68 A–dep*
   - *50 A–anx*
   - *73 A–lse*
   - *55 A–aln*
   - *51 A–obs*
   - *52 A–trt*

60*T* 이상인 척도의 수: 13/23

T–점수의 평균: 62.2

2. 미성숙
   - *57 IMM*
   - *57* 척도 *F*
   - *53* 척도 *8*
   - *56* 척도 *6*
   - *60 ACK*
   - *55 MAC–R*
   - *57 Pa1* (피해의식)
   - *48 Sc2* (정서적 소외)
   - *46 Sc6* (기태적 감각 경험)
   - *59 A–sch*
   - *48 A–biz*
   - *55 A–aln*
   - *63 A–con*
   - *58 A–fam*
   - *52 A–trt*

60*T* 이상인 척도의 수: 2/15

T–점수의 평균: 54.9

그림 7.11 루스의 전산화 해석 보고서(계속)

3. 탈억제/흥분 가능성
   48 척도 9
   49 Ma2 (심신운동 항진)
   47 Ma4 (자아 팽창)
   44 Sc5 (자아통합 결여-억제부전)
   67 D2 (정신운동 지체)-low*
   63 Welsh의 *R-low**
   *49 척도 K-low**
   *43 척도 L-low**
   44 A-ang
   46 A-cyn
   63 A-con
   55 MAC-R

60*T* 이상이거나 '*'가 붙은 척도의 경우 40*T* 이하인 척도의 수: 1/12
평균 *T*-점수(고): 49.5
평균 *T*-점수(저): 55.5

4. 사회적 불편감
   65 척도 0
   55 Si1 (수줍음/자의식)
   37 Hy1 (사회적 불안 부인)-low*
   43 Pd3 (사회적 침착성)-low*
   44 Ma3 (냉정함)-low*
   72 A-sod
   73 A-lse
   56 척도 7

60*T* 이상이거나 '*'가 붙은 척도의 경우 40*T* 이하인 척도의 수: 4/8
평균 *T*-점수(고): 64.2
평균 *T*-점수(저): 41.3

5. 건강염려
   53 척도 1
   49 척도 3
   55 A-hea
   53 Hy4 (신체적 호소)
   76 Hy3 (권태-무기력)
   71 D3 (신체적 기능 장애)

60*T* 이상인 척도의 수: 2/6
평균 *T*-척도 상승: 59.5

6. 순진성
   *46 A-cyn-low**
   51 Pa3 (순진성)
   34 Hy2 (애정 욕구)
   60 Si3 (내적/외적 소외)
   49 척도 K

60*T* 이상이거나 '*'가 붙은 척도의 경우 40*T* 이하인 척도의 수: 0/5
평균 *T*-점수(고): 44.7
평균 *T*-점수(저): 53.0

그림 7.11 루스의 전산화 해석 보고서(계속)

7. 가족 소외
66 Pd1 (가정 불화)
58 A-fam
79 척도 *4*
63 PRO
60*T* 이상인 척도의 수: 3/4
평균 *T*-점수 상승: 66.5

8. 정신증
57 Pa1 (피해의식)
56 척도 *6*
48 A-biz
46 Sc6 (기태적 감각 경험)
60*T* 이상인 척도의 수: 0/4
평균 *T*-점수 상승: 51.8

구조적 요약 해석

다음의 구조적 요약 정보는 MMPI-A의 69개 척도 및 소척도에서 발견된 8개의 기본 요인 차원에 따라서 청소년의 기능에 대한 평가를 제공한다. 특정 요인에 포함되는 척도 또는 소척도의 대다수(50% 이상)가 결정 기준치에 달하고 있다는 기준에 근거하여, 이 청소년의 정신병리를 기술하는 데 가장 현저한 것으로 보이는 요인에 대한 정보가 제공된다. 이 기준을 만족시키는 요인에 대해 유의한 척도 및 소척도 점수의 비율이 가장 높은 요인부터 가장 낮은 비율을 보이는 요인까지 차례로 해석이 제공된다. 이것은 한 요인 내에서 유의한 척도 및 소척도의 비율이 높을수록 그 요인 혹은 차원이 청소년에 대한 현저하거나 중요한 기술을 더 많이 제공할 것이라는 가정에 기초한다. 더욱이 한 차원 내에서 척도 상승의 구체적인 패턴을 검토함으로써 임상가는 그 요인에 대한 청소년의 기술을 다듬는 데 추가적이고 유용한 정보를 얻을 수 있다.

이 청소년은 가족 소외 차원과 관련된 4개의 척도 및 소척도 중 3개에서 유의한 상승을 나타냈다. 이 요인에서 유의한 상승을 나타내는 청소년은 중대한 가족 갈등을 경험하고 학교에서 규율 문제에 직면할 가능성이 높다. 이들은 빈번하게 적대적이고 공격적이며 비행을 잘 저지르는 것으로 보인다. 집에서 욕설을 하거나 위협하거나 반항할 것이다.

이 청소년은 일반적 부적응 요인과 관련된 23개의 척도 및 소척도 중 13개에서 유의한 상승을 나타냈다. 이 차원에서 점수가 높은 청소년은 적응에 중대

그림 7.11 루스의 전산화 해석 보고서(계속)

한 문제를 경험할 가능성이 높으며, 자의식이 강하고 사회적으로 철수되고 소심하고 의존적이고 반추하고 우울하다. 또한 이들은 다른 십대들보다 피로, 수면 장해, 자살 사고의 증상을 더 많이 보고할 것이다.

**** 보고서 끝 ****

그림 7.11 루스의 전산화 해석 보고서(계속)

✲ 사례 보고 4

이름: 타마라(Tamara P.)

나이: 16세

성별: 여자

인종: 아프리카계 미국인

학년: 고등학교 1학년

의뢰 사유

타마라의 어머니는 치료를 위해 타마라를 지역사회 정신보건센터에 데려갔다. 그 센터는 성폭력을 당한 십대를 위한 새로운 외래 집단치료 프로그램을 선전해 왔다. 보고에 의하면 타마라는 최근 몇 개월간 말수가 없어지고 철수되고 체중이 줄었다. 타마라의 어머니는 이러한 변화가 아동 성폭력에 관한 공공 서비스 선전 문구 작성을 포함하는 학급 프로젝트로 인해 타마라의 과거 성폭력 기억이 되살아났기 때문이라고 생각했다. 심리평가는 접수 평가의 일부로 시행되었다.

배경 정보

타마라는 친부모, 12세, 13세의 두 여동생과 함께 살았다. 타마라는 가족과 좋은 관계를 유지하고 특히 어머니와 친했다. 금슬이 좋은 타마라의 부모는 공동소유의 철물점을 성공적으로 운영하여 가족은 안락한 생활을 했다.

타마라의 발달력은 평범했다. 어머니에 의하면 아기 때부터 총명하고 '눈이 맑은 아이'였다. 타마라의 병력은 일반적인 아동기 질병에 지나지 않았지만, 13세에 곰팡이와 풀, 꽃가루에 알레르기가 생기고 계절성 부비동 두통에 시달렸다. 타마라는 알레르기와 두통을 완화하기 위해 처방전 없이 살 수 있는 약물을 복용했다. 타마라의 교육력은 꾸준히 좋은 성적을 받았음을 보여 주었다. 타마라는 시험공부와 과제물을 매우 성실히 수행했고, 고등학교에 입학한 이후 전부 A, B 학점을 받았다.

그러나 타마라의 정상적인 발달 과정은 11세 때 아버지의 어린 시절 친구가 찾아와 가족과 함께 지내면서 깨졌다. 35세의 이 미혼 남자는 투기적인 사업에 실패하여 파산했는데, 타마라의 아버지는 그가 새로운 도시에서 새 출발을 준비하는 동안 임시로 자기 집에 머물면서 가게 일을 도와 달라고 했다. 보고에 의하면 성폭력은 그가 도착한 지 몇 주 내에 시작되었으며, 타마라를 애무하고 구강성교를 하도록 강요했다. 보고된 바로는 질 삽입은 없었다. 성폭력은 대략 6개월 동안 계속되었고, 타마라가 성폭력을 어머니에게 폭로하고 나서야 끝이 났다. 어머니는 타마라를 적극 지지해 주었으며, 신속히 아동 보호 서비스에 접촉하고 가해자에 대한 법적 고소를 진행했다. 타마라의 아버지는 죄책감에 휩싸인 것으로 기술되었는데, 가족에게는 그 사건에 대해 결코 입에 담지 않았다. 가해자는 성범죄에 대해 유죄 판결을 받아 징역을 살았지만 최근에 석방되었다. 그의 행방에 대해서 타마라와 가족은 알지 못했다.

타마라는 성폭력 이후로 성인 남자뿐만 아니라 십대 소년에 대해서도 아주 조심스러워졌고, 사람을 믿기 어렵다고 진술했다. 타마라는 성폭력에 대한 반복적인 생각으로 수면에 지장이 있고, 깨어 있는 동안 이러한 침습적 사고에서 주의를 돌리기 위해 상당한 노력을 쏟아야 한다고 보고했다. 타마라는 또한 과민성과 조급함이 증가되었는데, 특히 여동생들에게 더 그랬으며, 그로 인해 죄책감과 후회를 느낀다고 인정했다. 타마라는 소집단의 여자 친구들과 친했지만 그들과의 사회적 활동을 피하기 시작했다. 그들이 지금 자신의 과민성과 고통을 이해할 수 없다고 느꼈기 때문이다. 타마라는 어떠한 연애 감정이나 성적 활동도 부인하였고, 알코올이나 약물을 사용한 경험이 없다고 보고했다.

평가 도구

임상면담과 정신상태 검사
미네소타 다면적 인성검사-청소년용(MMPI-A)
아동용 행동평가 척도-부모 보고 및 아동 자기보고 판(CBCL)
아동용 우울 척도(CDI)
아동용 외상 증상 평가 척도(TSCC)
Rotter의 문장 완성 검사-고등학생용

행동 관찰과 정신상태 검사

타마라는 베이지색 치마와 흰색 블라우스를 입고 머리를 뒤로 묶은 모습으로 치료시설에 왔다. 타마라의 옷차림과 가라앉은 태도는 실제보다 더 나이 들어 보이게 만들었다. 두드러진 신체적 특징이나 버릇은 없었다. 타마라는 평가 절차에 충분히 협조했지만 웃거나 한담을 나누지 않았다. 면담 질문에 대한 대답은 진지하고 어조는 딱딱했다. 정신상태 검사에서 사고나 말에는 문제가 없었지만 정동은 억제된 것으로 관찰되었고, 기분은 우울했다. 타마라는 자살 사고를 부인했는데, 자살이 가족에게 상처를 줄 것이기 때문에 그리고 자신이 삶에 대한 계획을 가지고 있기 때문에 자살은 생각할 수도 없는 일이라고 했다. 검사를 받는 동안 타마라는 집중하고 과제 지향적이었으며, 피로하거나 흥미를 잃은 기색이 없었다.

다른 검사 결과의 요약

부모가 보고한 CBCL 프로파일은 타마라가 상당한 정서적 고통을 보였음을 시사했는데, 이는 철수와 신체적 호소, 불안/우울로 이루어진 내면화 척도의 98% 이상이 상승된 것에서 반영된다. CBCL에 대한 타마라의 자기보고는 내면화 패턴을 보여 준다는 면에서 어머니의 CBCL 보고와 일치했지만, 내면화 척도에서 타마라의 척도 상승은 백분위 84~93으로 더 낮았다. 두 보고 모두에서 어떠한 외재화 문제도 나타나지 않았다. CDI 결과 역시 무쾌감증과 부정적 기분을 특징으로 하는 우울증 증상이 있음을 나타냈다. TSCC에서 일반화된 불안과 걱정, (침습적 사고와 기억을 포함한) 외상 후 증상, 성적인 주제에 대한 불편감, 남자에 대한 두려움이 있음을 나타냈다. 문장 완성 검사에서 타마라의 응답은 솔직하고 자신을 잘 드러냈다. 타마라는 "나는 죄책감과 혼란스러움을 느낀다.", "데이트는 나를 불안하게 한다."라고 했다. 타마라는 또한 "나는 몰래 내 감정을 숨긴다."라고 인정했으며, 자신의 분투에 대한 이해는 "나는 혼자 있을 때 가장 고통스럽다."는 진술에서 분명하게 나타났다. 또한 "나에게 고통을 주는 것은 어머니가 나를 걱정하는 모습을 보는 것이다."에서 알 수 있듯이 가족에 대한 걱정이 뚜렷했다.

MMPI-A 결과와 해석

그림 7.12에 제시되어 있는 타마라의 기본 척도 프로파일에서 타당도 부분을 검토해 보면 프로파일 타당도에는 아무런 문제가 없다. 누락된 문항이 없으며(무응답 원점수 0점), 응답 일관성(*VRIN*, *F1* 대 *F2*)과 묵인 또는 부인 반응 편향(*TRIN*)의 점수는 확실히 허용 범위 내에 있다. 프로파일의 정확성 또한 허용되는 것으로 간주되고, *F*–*L*–*K* 양상은 과대 보고나 과소 보고의 반응 양식이 없음을 나타낸다. 그러므로 MMPI-A 프로파일은 타당하고 의미 있는 해석을 하기에 적합하다.

타마라의 임상 척도 프로파일은 복잡하고 다수의 척도가 상승되어 있다. 기본 척도 프로파일은 Welsh 코드 210"73+-468/59:KF/L:로 표기되는데, 척도 *2*, *1*, *0*, *7*, *3*이 각각 임상 범위로 상승되어 있다. 더욱이 척도 *2*, *1*, *0*이 전부 *80T* 이상으로 상당히 상승된 반면, 척도 7과 3은 임상 범위 내에서 단지 중등도 수준(*65T*~*70T*)으로 상승되어 있음을 주목할 필요가 있다. 다수의 척도가 상승된 기본 척도 프로파일은 다양한 조합의 코드유형 및 단독 척도 해석 전략을 포함하여 몇 가지 유용한 해석적 방향에서 접근할 수 있다. 두 척도 코

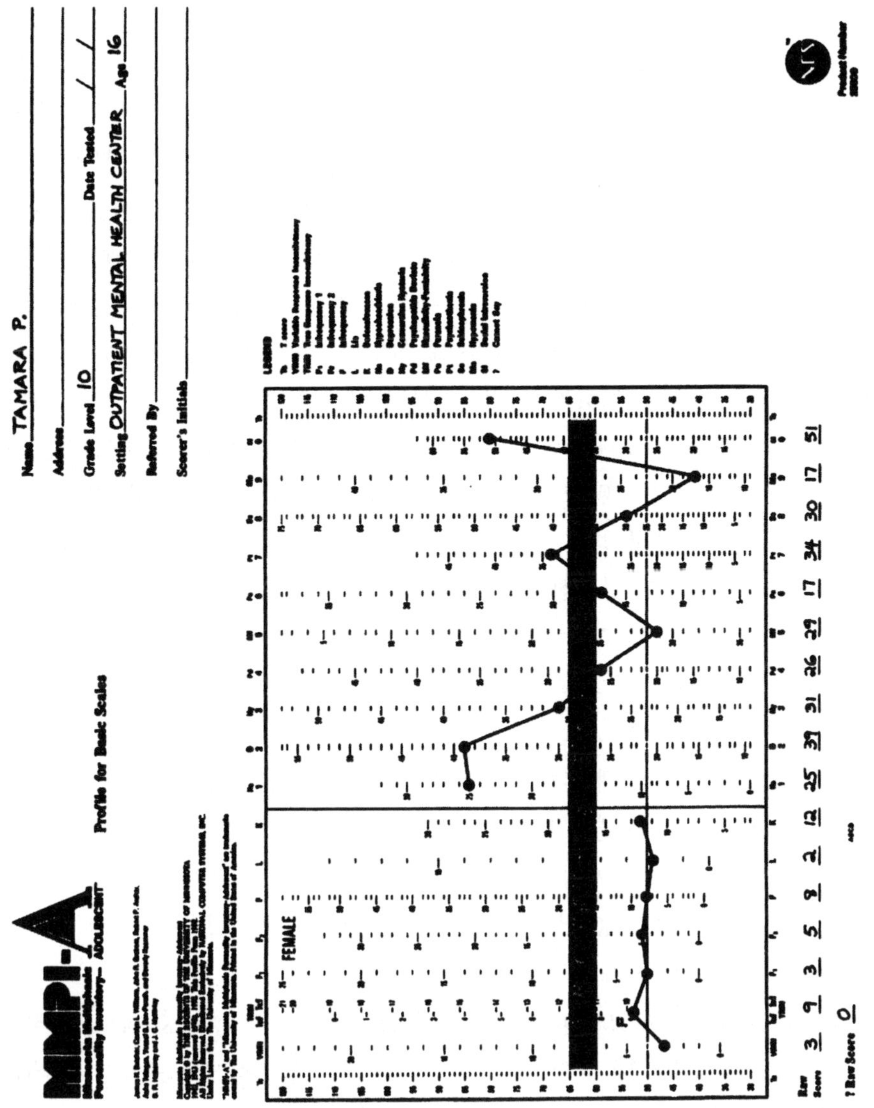

그림 7.12 타마라의 기본 척도 프로파일

Minnesota Multiphasic Personality Inventory—Adolescent (MMPI-A). Copyright © the Rugents of the University of Minnesota 1942, 1943 (renewed 1970), 1992. 출판업자의 허락하에 복제됨. 'Minnesota Multiphasic Personality Inventory—Adolescent'와 'MMPI-A'는 미네소타대학교가 소유한 등록상표임.

드유형의 세트를 얻기 위한 유용한 접근 중 하나는 Alex Caldwell이 개발하고 Archer, Krishnamurthy, Jacobson(1994)이 기술한 A-B-C 방법이다. 이 방법은 프로파일에서 가장 높은 척도에 'A', 그다음으로 높은 척도에 'B', 세 번째로 높은 척도에 'C'를 대입한다. 이 절차는 임상 척도 프로파일에서 임상 범위로 상승된 모든 척도에 문자를 대입할 때까지 계속될 수 있다. 타마라의 프로파일에서 A는 척도 *2*, B는 척도 *1*, C는 척도 *0*이다. 이 프로파일에서 척도 *7*과 0은 개별 척도로 다루고, 그 해석을 코드유형에 대한 기술에 추가하는 것이 최선이다. 그다음 단계는 가장 높은 세 척도의 모든 가능한 조합(A-B, A-C, B-C)을 얻는 것이다. 이것을 두 척도 코드유형으로 나타내면 *2-1*, *2-0*, *1-0*이 된다. *2-1* 코드유형이 해석 과정에서 더 많이 강조된다. 이 척도들이 기본 척도 프로파일에서 가장 많이 상승되어 있기 때문이다. 여기서 얻은 자료는 나머지 두 코드유형에서 얻은 기술로 보충된다. 더욱이 척도 *2*, *1*, *0*의 *T*-점수는 척도 *3*, *7*의 *T*-점수와 상당한 차이가 있다. 따라서 전자의 척도에서 나오는 상관요인에 보다 많은 강조와 해석적 무게를 실어야 한다. 그다음에 임상가는 **표 7.1**에 제시된 방식으로 코드유형에 대한 기술을 조직화할 수 있고, 그리하여 주요 기능 영역에 관한 코드유형 정보의 개관을 얻을 수 있다.

타마라의 프로파일 해석은 임상 범위로 상승된 내용 척도 *A-sod*, *A-hea*, *A-trt*, *A-anx*, *A-las*와 경계 범위로 상승된 *A-lse*, *A-obs*, *A-dep*, *A-aln* 척도에서 나오는 기술을 추가함으로써 계속된다. 보충 척도 *A*와 *R*, 척도 *2*, *3*, *0*의 소척도는 해석을 한층 더 확대하고 다듬는 데 기여할 것이다. 해석 과정은 MMPI-A 구조적 요약 차원의 검토로 끝난다.

타마라의 MMPI-A 프로파일에서 기본 척도, 내용 척도, 보충 척도, 소척도(**그림 7.13**과 **그림 7.14** 참조)에 걸친 수많은 척도의 상승으로부터 수렴되는 증거는 그녀의 주요 증상이 신경증 증상과 내면화 증상으로 대별됨을 나타낸다(*2-1*, *2-0*, *1-0* 코드유형, 척도 *3*과 *7*, 척도 *2*와 *3*의 소척도, 모든 상승된 내용 척도, *A*와 *R* 참조). 타마라는 피로하거나 지치기 쉽고(모든 A-B-C 코드유형, *A-hea*, *D2*, *D4*, *Hy3*), 이전에 즐겼던 활동에 대한 흥미가 감각회피 행동 수준으로 현저히 감소되었다(낮은 *MAC-R* 점수 참조). 또한 타마라는 다양한 신체 증상을 경험할 것 같다. 이는 부분적으로 그녀의 알레르기와 연관이 있

표 7.1 두 척도 코드유형에서 얻은 주요 결과의 요약

코드유형	증상/특성	행동	정동	대인 관계	진단적 고려 사항
2-1	피로, 신체 기능 장애, 반추	말수 없음, 우유부단	우울, 두려움	철수, 의존적, (감각)과민성	신체화 장애, 불안 장애, 우울 장애
2-0	내향성, 긴장, 무기력, 열등감	순응적, 비주장적	불안, 우울	서투름, 수동적, 예민함, 외로움	분열성 장애, 강박 장애
1-0	신체 증상	반추적, 비주장적	불쾌감, 불안	수줍음, 철수	회피성 장애, 신체화 장애

지만, 긴장과 불쾌감 상태에서 이차적으로 발생된 것일 가능성이 높다(*2-1*과 *1-0* 코드유형, 척도 *3*, *D3*, *Hy4*, *A-hea*). 실제로 호흡 곤란과 더불어 위장계통과 신경계, 감각계, 심혈관계에 걸쳐 다양한 신체적 호소가 보고될 것이다(*Hs*, *A-hea*).

타마라의 정동 표현은 대체로 과잉 통제되지만 불안(척도 *7*, *A*, *A-anx*), 우울(*A-dep*, *D1*), 두려움(*2-1* 코드유형, *Si3*)의 내부 감정이 그녀의 정동 기능을 지배한다. 타마라는 꽤 불안정하고 자기회의적인 것처럼 보이며(척도 *7*, *A-lse*), 그녀의 신체적 · 정서적 고통을 영속시키는 강한 죄책감을 지니고 있을 것이다(척도 *A* 참조). 자살 사고가 있을 수도 있지만 가족이 걱정하지 않도록 숨기고 있을 수 있다. 타마라의 인지 기능은 반추, 침습적이고 강박적인 사고, 집중력의 결손이 현저하다(*7*, *A-anx*, *A-obs*, *D5*). 이러한 결손은 그녀의 의사결정 능력을 손상시킬 것이다.

행동 면에서 타마라는 행동화를 나타내지 않을 것 같다(척도 *R*, *3*). 타마라와 같은 프로파일을 가진 십대는 조용하고 사회적으로 순응적이기 쉬우며, 실제로 문제를 거의 일으키지 않는 것으로 다른 사람에게 인식되려는 동기가 강하다(*2-1*, *2-0* 코드유형). 억제되고 비주장적인 모습이 특징일 것이다(모든 코드유형). 자기비판과 완벽주의적인 경향이 있으며, 불안을 방어하기 위해 강박 사고나 강박 행동을 할 수 있다(척도 *7*, *A-lse*). 그러나 타마라의 방어는

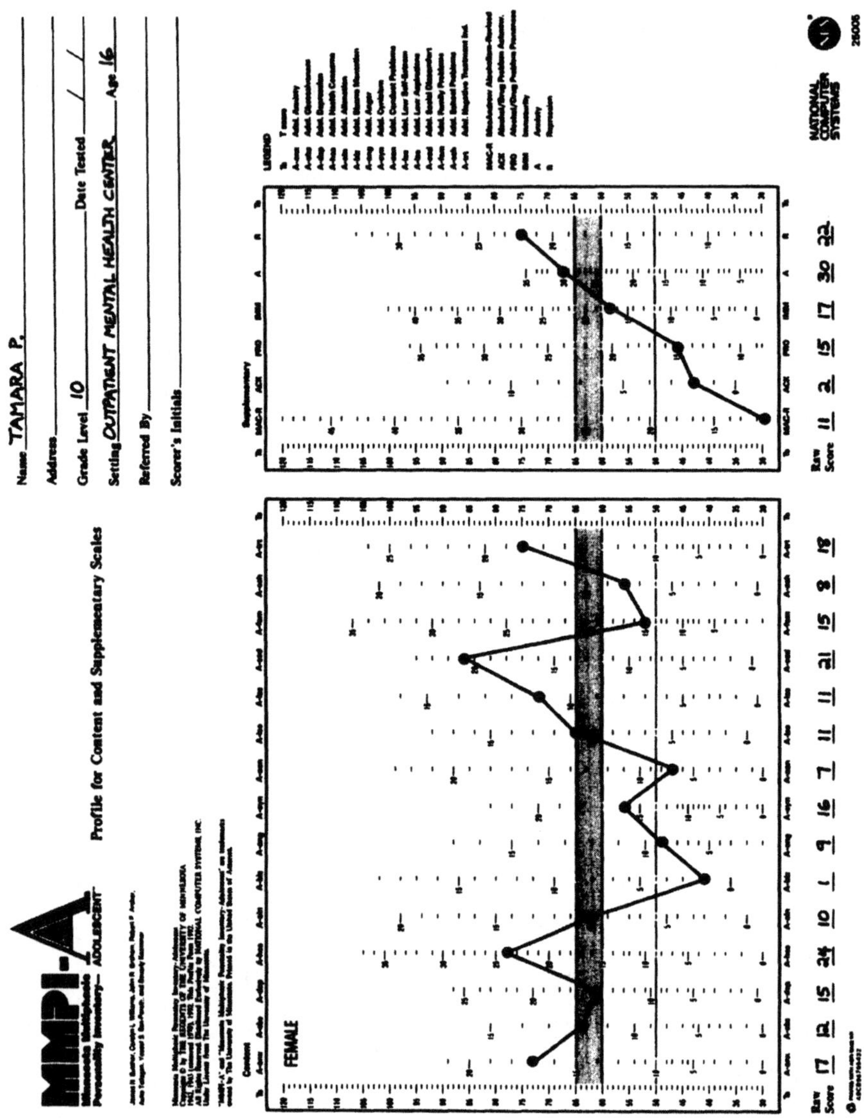

그림 7.13 타마라의 내용 척도 및 보충 척도 프로파일

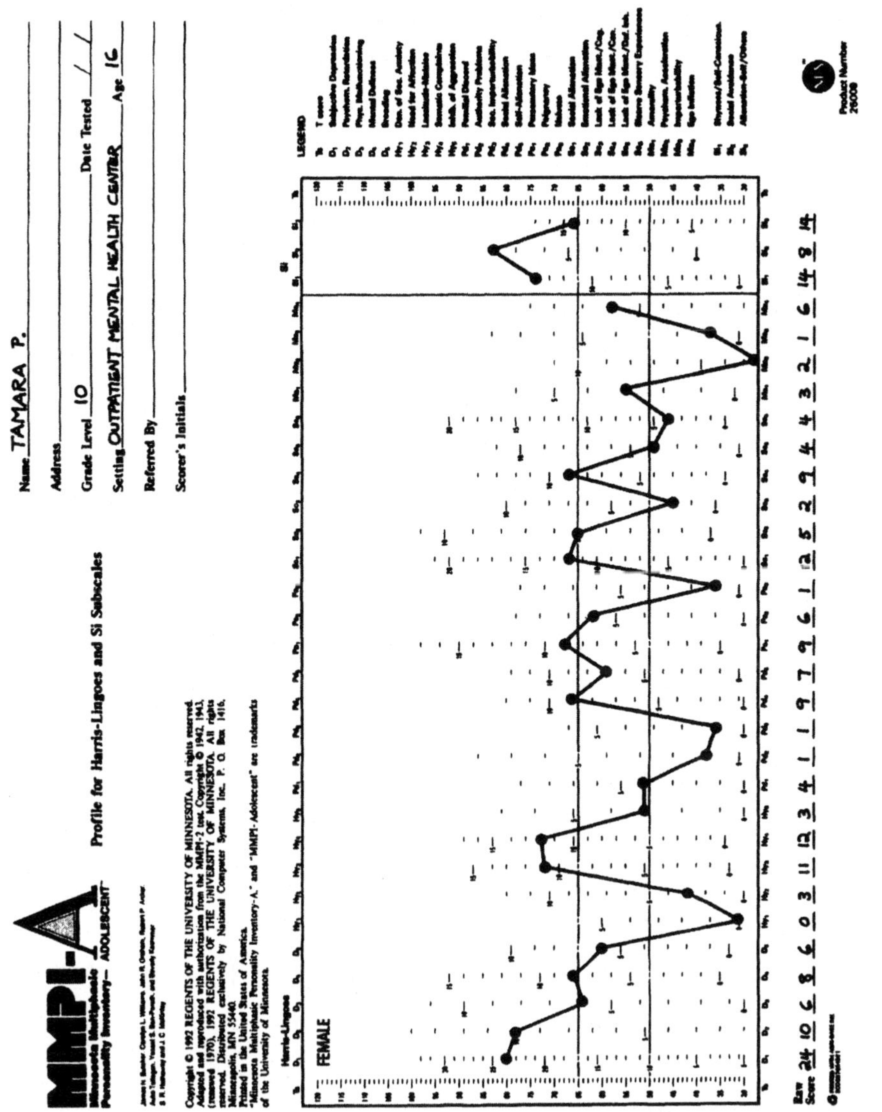

그림 7.14 타마라의 Harris–Lingoes 소척도 및 *Si* 소척도 프로파일

Minnesota Multiphasic Personality Inventory—Adolescent (MMPI–A). Copyright © the Rugents of the University of Minnesota 1942, 1943 (renewed 1970), 1992. 출판업자의 허락하에 복제됨. 'Minnesota Multiphasic Personality Inventory—Adolescent'와 'MMPI–A'는 미네소타대학교가 소유한 등록상표임.

실패하고, 사고와 감정의 문제는 그녀의 의식을 침범하고 있는 것으로 보인다(척도 *A*와 *R*). 현재 좋은 학업 수행에서 나타나는 타마라의 성취 동기(척도 *3*과 *7*)는 정서적 고통과 신체적 무력감이 지속된다면 점점 도전받을 것이다[*A-las*(낮은 포부)].

타마라는 대인 관계 영역에서 두드러진 어려움을 보인다. 타마라는 수동적이고 의존적인 특성을 보이고 있다(*2-1*과 *2-0* 코드유형, *A-lse*). 다른 사람들로부터 승인을 얻는 데 크게 의지하고 있으나, 수용에 대한 그녀의 욕구는 충족되지 않는 것으로 나타났다. 타마라는 다른 사람과 상호작용할 때 두려움을 느끼고 과민해지기 쉬우며, 이성을 대할 때 서툴고 불안함을 느낀다(*2-0*, *Si1*, *Si2*, *A-sod*). 타마라는 사회적 철수와 사회적 불편의 증가로 인해 강한 고립감을 느끼게 될 위험이 있다. 또한 중등도의 소외감이 명백하고(*A-aln*, *Si3*), 이는 다른 사람들이 자신의 곤경을 이해하거나 공감하지 않을 것이라는 느낌을 반영한다. 이러한 느낌은 비관과 사회적 고립을 더욱 증가시킬 것이다.

그림 7.15에 제시되어 있는 타마라의 MMPI-A 구조적 요약은 세 가지 주요 문제 영역을 드러낸다. 가장 두드러지는 문제는 사회적 불편과 건강염려 차원에서 나온다. 이 차원들은 관련 척도의 100%가 결정 기준 범위로 상승되어 있다. 이는 타마라의 대인 관계 불편과 높은 수준의 신체적 호소 및 염려가 그녀에게 상당한 문제를 일으키고 있으며, 치료에서 중심적인 쟁점임을 나타낸다. 일반적 부적응 차원 역시 타마라의 프로파일에서 유의했다. 이 요인과 관련된 척도의 반 이상이 결정 기준 범위에 있는데, 이것은 급격히 혼란에 빠진 내적 상태로 인해 타마라의 기능이 상당히 붕괴되었고, 정서적 고통의 전반적인 수준이 매우 높음을 나타낸다.

요약 및 진단적 인상

이 청소년의 MMPI-A에서 나타난 결과를 다른 검사 결과와 관찰, 면담 보고, 배경 정보와 종합해 볼 때, 타마라는 상당한 고통을 겪고 있으며 그것이 내면화 증상과 신체적 건강염려로 나타나고 있음을 보여 준다. 타마라는 성적 외상의 희생자에게서 종종 발견되는 후유증을 보이고 있다. 의심의 여지 없이 최근의 사건이 외상적 기억을 불러일으키고 그녀의 기능을 와해한 것으로 보인다. 6장에서 언급한 바와 같이 성폭력을 당한 십대가 나타내는 특징적인 혹은 전형적인 MMPI-A 프로파일은 없다. 하지만 타마라의 경우처럼, 성폭력을 당한 청소년은 종종 그들의 정서적 고통을 반영하는 다수의 MMPI-A 척도가 상승하고, 또한 사고와 전반적인 기능에서 와해를 나타낼 것이다.

타마라의 증상과 정서적 · 인지적 경험으로 보아 외상 후 스트레스 장애(PTSD)의 진단이 지지된다. 다른 불안 관련 장애도 진단적 평가에서 고려할 필요가 있다. 타마라의 기능이 더 와해되는 것을 막기 위해 신속한 개입이 필요하다. 타마라의 무기력한 상태와 자기회의, 전반적인 비관 상태로 보아 예후를 속단하기 어렵다. 하지만 검사에서 자신의 감정을 개방적으로 드러낸 것은 전망을 밝게 한다. 지지적인 가족이 있다는 것 또한 치료 노력을 강화하는 자산이다.

제언

타마라의 대인 관계 철수와 불편을 고려해 볼 때 성폭력 치료 집단에 의뢰할지 여부를 신중하게 판단해야 한다. 폭력의 희생자인 다른 십대 소녀들과 함께 집단에 참여하는 것은 타마라에게 이해받는다고 느끼고 혼자라는 느낌을 덜 갖게 하기 위한 장소를 제공한다. 그러나 타마라는 적어도 치료 초기에는 개인치료 형식의 지지적 심리치료에 더 좋은 반응을 보일 것 같다. 이 사례에서 두 가지 형태의 치료를 병행하는 것도 고려해 볼 수 있다. 치료 접근은 또한 타마라를 대인 관계 두려움에 둔감하게 만들고, 대인 관계 능력과 자기주장 기술을 발달시키는 방향으로 나아가야 한다. 또한 타마라를 주치의에게 보여 신체검사를 받도록 권하고, 만약 그녀의 침습적 사고와 높은 수준의 정서적 고통이 완화되지 않는다면 부가적인 약물치료를 고려하기 위해 정신건강의학과에 의뢰해야 한다.

MMPI-A Structural Summary

Robert P. Archer and Radhika Krishnamurthy

Name: TAMARA P. Date: ____

Age: 16 Grade: 10

Gender: FEMALE School: ____

Test-Taking Attitudes

1. missions (raw score total)

0 ? (Cannot Say scale)

2. Consistency (T-score values)

47 VRIN

53F TRIN

50 F_1 vs. 51 F_2

3. Accuracy (check if condition present)

Overreport

____ F scale T score ≥ 90

____ All clinical scales except 5 and 0 ≥ 60

Underreport

____ High L (T ≥ 65)

____ High K (T ≥ 65)

____ All clinical scales except 5 and 0 < 60

Factor Groupings

(enter T score data)

1. General Maladjustment

✓ Welsh's A

✓ Scale 7

____ Scale 8

✓ Scale 2

____ Scale 4

✓ D_1 (Subjective Depression)

✓ D_4 (Mental Dullness)

✓ D_5 (Brooding)

✓ Hy_3 (Lassitude-Malaise)

✓ Sc_1 (Social Alienation)

✓ Sc_2 (Emotional Alienation)

____ Sc_3 (Lack of Ego Mastery - Cognitive)

✓ Sc_4 (Lack of Ego Mastery - Conative)

✓ Si_3 (Alienation)

✓ Pd_4 (Social Alienation)

____ Pd_5 (Self-Alienation)

✓ Pa_2 (Poignancy)

✓ A-dep

✓ A-anx

✓ A-lse

✓ A-aln

✓ A-obs

✓ A-trt

19/23 Number of scales with T ≥ 60

2. Immaturity

____ IMM

____ Scale F

____ Scale 8

____ Scale 6

____ ACK

____ MAC-R

✓ Pa_1 (Persecutory Ideas)

✓ Sc_2 (Emotional Alienation)

____ Sc_6 (Bizarre Sensory Experiences)

____ A-sch

____ A-biz

✓ A-aln

____ A-con

____ A-fam

✓ A-trt

4/15 Number of scales with T ≥ 60

그림 7.15 타마라의 MMPI–A 구조적 요약

3. Disinhibition/Excitatory Potential

- _____ Scale 9
- _____ Ma_2 (Psychomotor Acceleration)
- _____ Ma_4 (Ego Inflation)
- _____ Sc_5 (Lack of Ego Mastery, Defective Inhibition)
- _____ D_2 (Psychomotor Retardation) (low score)*
- _____ Welsh's R (low score)*
- _____ Scale K (low score)*
- _____ Scale L (low score)*
- _____ A-ang
- _____ A-cyn
- _____ A-con
- _____ MAC-R

0 /12 Number of scales with $T \geq 60$ or ≤ 40 for scales with asterisk

4. Social Discomfort

- ✓ Scale 0
- ✓ Si_1 (Shyness/Self-Consciousness)
- ✓ Hy_1 (Denial of Social Anxiety) (low score)*
- ✓ Pd_3 (Social Imperturbability) (low score)*
- ✓ Ma_3 (Imperturbability) (low scores)*
- ✓ A-sod
- ✓ A-lse
- ✓ Scale 7

8 /8 Number of scales with $T \geq 60$ or $T \leq 40$ for scales with asterisk

5. Health Concerns

- ✓ Scale 1
- ✓ Scale 3
- ✓ A-hea
- ✓ Hy_4 (Somatic Complaints)
- ✓ Hy_3 (Lassitude-Malaise)
- ✓ D_3 (Physical Malfunctioning)

6 /6 Number of scales with $T \geq 60$

6. Naivete

- _____ A-cyn (low score)*
- _____ Pa_3 (Naivete)
- _____ Hy_2 (Need for Affection)
- _____ Si_3 (Alienation–Self and Others) (low score)*
- _____ Scale K

0 /5 Number of scales with $T \geq 60$ or $T \leq 40$ for scales with asterisk

7. Familial Alienation

- _____ Pd_1 (Familial Discord)
- _____ A-fam
- _____ Scale 4
- _____ PRO

0 /4 Number of scales with $T \geq 60$

8. Psychoticism

- ✓ Pa_1 (Persecutory Ideas)
- _____ Scale 6
- _____ A-biz
- _____ Sc_6 (Bizarre Sensory Experiences)

1 /4 Number of scales with $T \geq 60$

Note. The presentation of scales under each factor label is generally organized in a descending order from the best to the least effective marker. Within this overall approach, scales are grouped logically in terms of basic clinical scales, Harris-Lingoes and *Si* subscales, and content scales. The majority of scales included in this summary sheet were correlated ≥ .60 or ≤ –.60 with the relevant factor for the MMPI-A normative sample.

PAR Psychological Assessment Resources, Inc.
P.O. Box 998/Odessa, Florida 33556/Toll-Free 1-800-331-TEST

그림 7.15 타마라의 MMPI–A 구조적 요약(계속)

셀프 테스트

1. 검사 보고서의 배경 정보로 적절하지 않은 것은?

(a) 입원력에 대한 언급

(b) 가정 폭력에 대한 진술

(c) 검사 점수 및 결과에 대한 정보

(d) 학교에서의 실패와 관련된 사실

2. 보고서의 요약 부분으로 적절한 것은?

(a) 검사의 주요 결과와 결론을 제시하는 것

(b) 개인적인 의견을 나타내는 것

(c) 새로운 정보를 제공하는 것

(d) 관찰 결과에 초점을 맞추는 것

3. 청소년의 대인 관계 기능에 대한 논의에 포함되는 내용은?

(a) 부모와의 갈등

(b) 또래와 소원함

(c) 권위 대상에 대한 반항

(d) 위의 보기 모두

4. 검사 보고서의 해석 부분에서 피해야 하는 것은?

(a) 내담자의 강점에 대한 논의

(b) 원점수의 나열

(c) 검사자의 장기적인 예언

(d) (b)와 (c)

5. 비밀 보장의 원칙에 따르면 청소년의 부모나 법적 후견인은 절대로 검사 피드백을 받으면 안 된다.

그렇다. ( ) 아니다. ( )

정답: 1. (c) 2. (a) 3. (d) 4. (d) 5. 아니다.

부록 A

MMPI-A 기본 척도, Harris-Lingoes 소척도, *Si* 소척도, 보충 척도와 내용 척도의 문항 구성

표 A.1 기본 척도

VRIN **(무선반응 비일관성;** 50 문항 쌍)

1. 다음의 응답쌍 각각에 대해 1점씩 더하시오.

6T — 86F	69T — 452F	144T — 247T	253T — 266T
6F — 86F	70T — 223T	146T — 167T	286F — 314T
20T — 211F	71F — 91T	154T — 178F	292F — 331T
25T — 106F	77T — 107F	160F — 227T	304F — 335F
25F — 106T	77F — 107T	177F — 283T	309T — 402F
34F — 81T	78F — 90T	182T — 258F	318F — 370T
43T — 248F	79T — 119F	182F — 258T	332T — 337F
46F — 475F	80T — 101F	185F — 383T	355T — 375F
53F — 62T	94F — 469T	188T — 403F	463T — 476T
57T — 191F	95F — 132T	188F — 403T	477T — 478F
60T — 121T	99T — 323F	212T — 298F	477F — 478T
63T — 120T	124F — 379T	215T — 405F	
63F — 120F	128F — 465F	215F — 405T	

남자: 평균 4.64; 표준편차 3.40. **여자**: 평균 3.86; 표준편차 2.84.

표 A.1 계속

VRIN (무선반응 비일관성; 24 문항 쌍)

1. 다음의 응답쌍 각각에 대해 1점씩 더하시오.

14T — 424T	63T — 120T	119T — 184T	304T — 335T
37T — 168T	70T — 223T	146T — 167T	355T — 367T
60T — 121T	71T — 283T	242T — 260T	463T — 476T
62T — 360T	95T — 294T	264T — 331T	

2. 다음의 응답쌍 각각에 대해 1점씩 빼시오.

46F — 475F	71F — 283F	158F — 288F
53F — 91F	82F — 316F	245F — 257F
63F — 120F	128F — 465F	304F — 335F

3. 그 다음으로 총 원점수에 9점을 더하시오.

남자: 평균 9.21; 표준편차 1.79. **여자**: 평균 9.40; 표준편차 1.56.

F1 (비전형 1; 33 문항)

그렇다

12	17	22	30	33	39	51	57	63	69	80	92	108
132	136	144	155	173	187	215	219	224	230	236		

아니다

6	74	86	98	104	120	182	193	198

남자: 평균 4.06; 표준편차 3.95. **여자**: 평균 3.13; 표준편차 3.07.

F2 (비전형2; 33 문항)

그렇다

242	250	264	273	283	297	303	309	315	321	328	332	337
342	350	358	366	384	392	399	405	415	422	428	433	439
458	463	470										

아니다

258	289	374	447

남자: 평균 5.09; 표준편차 4.98. **여자**: 평균 4.57; 표준편차 4.61.

표 A.1 계속

F (비전형; 66 문항)

그렇다

12	17	22	30	33	39	51	57	63	69	80	92	108
132	136	144	155	173	187	215	219	224	230	236	242	250
264	273	283	297	303	309	315	321	328	332	337	342	350
358	366	384	392	399	405	415	422	428	433	439	458	463
470												

아니다

6	74	86	98	104	120	182	193	198	258	289	374	447

남자: 평균 9.15; 표준편차 8.44. **여자:** 평균 7.70; 표준편차 7.22.

L (부인; 14 문항)

그렇다

(없음)

아니다

15	26	38	48	73	89	98	103	117	133	147	176	192
243												

남자: 평균 2.94; 표준편차 2.34. **여자:** 평균 2.26; 표준편차 1.92.

K (방어성; 30 문항)

그렇다

79

아니다

26	34	55	72	107	111	116	121	124	130	142	150	151
160	164	185	201	227	265	271	289	298	317	318	320	325
327	333	341										

남자: 평균 12.70; 표준편차 4.73. **여자:** 평균 11.54; 표준편차 4.39.

표 A.1 계속

척도 *1: Hs* (건강염려; 32 문항)

그렇다

17 25 36 50 56 93 97 106 143 167 231

아니다

2 3 8 10 18 42 44 54 87 113 135 140 146
157 166 168 172 196 210 233 239

남자: 평균 7.68; 표준편차 4.66. **여자:** 평균 9.28; 표준편차 5.04.

척도 *2: D* (우울증; 57 문항)

그렇다

5 14 17 28 35 36 43 53 70 88 113 121 124
139 141 163 167 174 203 218

아니다

2 4 9 10 18 26 34 40 42 46 52 65 71
72 91 105 112 128 134 135 138 140 142 158 171 179
180 200 208 209 212 222 229 232 243 289 298

남자: 평균 18.95; 표준편차 5.51. **여자:** 평균 20.81; 표준편차 5.45

척도 *3: Hy* (히스테리; 60 문항)

그렇다

11 17 28 36 37 41 62 97 159 165 167 205 216

아니다

2 3 7 8 9 10 13 23 26 42 44 55 72
77 87 91 94 107 110 111 118 119 123 129 135 142
145 146 150 152 154 157 160 166 168 172 178 183 196
201 210 225 227 233 237 246 248

남자: 평균 20.94; 표준편차 5.66. **여자:** 평균 22.85; 표준편차 5.12.

표 A.1 계속

척도 *4: Pd* (반사회성; 49 문항)

그렇다

16	19	20	28	29	32	39	49	51	53	68	78	85
90	95	101	109	184	191	206	211	247	269	286		

아니다

9	31	67	75	79	91	116	119	123	140	150	151	153
160	164	178	197	202	204	212	227	244	246	249	298	

남자: 평균 19.48; 표준편차 5.28. **여자**: 평균 20.33; 표준편차 5.50.

척도 *5: Mf–m* (남성성–여성성 [남성성]; 44 문항)

그렇다

59	61	64	76	114	116	122	131	159	169	185	194	197
206	235	240	251	253								

아니다

1	23	24	60	65	66	72
217	220	241	254			

남자: 평균 21.28; 표준편차 3.98.

척도 *5: Mf-m* (남성성–여성성[여성성]; 44 문항)

그렇다

59	61	64	76	114	116

아니다

1	23	24	60	65	66	72	82	99	100	103	115	126
127	156	159	183	186	188	190	197	217	220	221	223	238
241	251	254										

여자: 평균 28.24; 표준편차 3.73.

표 A.1 계속

척도 *6: Pa* (편집증; 40 문항)

그렇다

15	16	20	21	22	39	95	109	132	136	137	139	155
219	253	259	266	285	286	287	314	315	332	337	350	

아니다

77	91	94	96	100	107	228	239	249	263	265	267	277
294	295											

남자: 평균 12.60; 표준편차 4.12. **여자:** 평균 12.99; 표준편차 4.15.

척도 *7: Pt* (강박증; 48 문항)

그렇다

11	15	21	28	35	53	62	70	78	85	90	124	141
163	167	185	205	226	255	257	259	266	270	281	282	284
288	290	293	296	297	300	305	306	307	308	309	310	311

아니다

3	4	9	105	134	158	170	274	301

남자: 평균 17.97; 표준편차 7.60. **여자:** 평균 20.79; 표준편차 8.07.

척도 *5: Mf-m* (남성성-여성성[여성성]; 44 문항)

그렇다

15	16	19	20	21	28	29	32	35	39	41	43	45
62	81	88	132	137	141	159	161	163	173	175	181	205
208	214	218	219	226	231	236	240	251	255	256	259	261
264	268	272	273	276	278	279	283	287	291	296	299	300
302	303	305	309	314	321	332						

아니다

6	9	31	86	87	102	158	169	172	182	198	239	258
260	262	271	275	322								

남자: 평균 21.98; 표준편차 10.23. **여자:** 평균 23.26; 표준편차 10.62.

표 A.1 계속

척도 *9: Ma* (경조성; 46 문항)

그렇다

14	19	21	47	52	58	81	83	94	109	116	125	137
149	161	162	175	181	189	194	195	199	200	205	207	213
214	222	226	228	232	234	237	252	313				

아니다

84	89	96	102	103	130	148	151	160	227	246

남자: 평균 21.14; 표준편차 5.01. **여자:** 평균 21.81; 표준편차 4.81.

척도 *0: Si* (내향성; 62 문항)

그렇다

27	28	53	67	96	100	107	121	129	151	154	160	178
203	227	235	248	257	265	270	276	280	282	288	304	306
308	316	317	326	327	330	334	340					

아니다

29	46	75	82	102	125	174	180	197	217	221	239	245
262	292	298	301	312	319	323	324	329	331	335	336	338
339	343											

남자: 평균 25.99; 표준편차 7.84. **여자:** 평균 26.97; 표준편차 8.01.

표 A.2 Harris-Lingoes 소척도 계속

***D1* (주관적 우울감;** 32 문항)

그렇다

28	35	36	43	53	70	88	121	124	139	141	163	167
203	218											

아니다

2	9	40	46	71	91	105	112	134	142	171	179	180
209	243	289	298									

남자: 평균 8.58; 표준편차 4.25. **여자:** 평균 9.87; 표준편차 4.64.

표 A.2 계속

D2 (**정신운동 지체**; 14 문항)									
그렇다									
35	43	163	218						
아니다									
9	26	34	46	52	72	128	179	180	200
남자: 평균 4.80; 표준편차 2.01. **여자**: 평균 4.79; 표준편차 1.84.									

D3 (**신체적 기능장애**; 11 문항)						
그렇다						
17	113	167	174			
아니다						
2	18	42	135	138	140	142
남자: 평균 3.26; 표준편차 1.49. **여자**: 평균 3.70; 표준편차 1.60.						

D4 (**둔감성**; 15 문항)							
그렇다							
14	28	35	70	88	141	163	218
아니다							
9	10	40	71	105	158	179	
남자: 평균 21.98; 표준편차 10.23. **여자**: 평균 23.26; 표준편차 10.62.							

D5 (**깊은 근심**; 10 문항)							
그렇다							
35	53	88	121	124	139	163	203
아니다							
71	91						
남자: 평균 2.78; 표준편차 2.04. **여자**: 평균 3.77; 표준편차 2.15.							

표 A.2 계속

Hy1 **(사회적 불안의 부인;** 6 문항)

그렇다

(없음)

아니다

123 154 160 178 227 248

남자: 평균 3.13; 표준편차 1.77. **여자**: 평균 3.31; 표준편차 1.77.

Hy2 **(애정욕구;** 12 문항)

그렇다

216

아니다

23 55 72 77 94 107 118 145 201 225 246

남자: 평균 5.04; 표준편차 2.33. **여자**: 평균 4.88; 표준편차 2.40.

Hy3 **(권태-무기력;** 15 문항)

그렇다

28 36 62 167 205

아니다

2 3 9 10 42 91 119 135 142 146

남자: 평균 4.00; 표준편차 2.54. **여자**: 평균 4.74; 표준편차 2.79.

Hy4 **(신체적 증상 호소;** 17 문항)

그렇다

11 17 37 41 97 165

아니다

8 44 87 152 157 166 168 172 196 210 233

남자: 평균 4.02; 표준편차 2.85. **여자**: 평균 4.95; 표준편차 3.07.

표 A.2 계속

Hy5 **(공격성의 억제;** 7 문항)

그렇다

(없음)

아니다

7 13 26 110 111 129 150

남자: 평균 2.86; 표준편차 1.33. **여자:** 평균 2.92; 표준편차 1.30.

Pd1 **(가정 불화;** 9 문항)

그렇다

19 51 184 191 269

아니다

79 119 202 204

남자: 평균 3.41; 표준편차 1.86. **여자:** 평균 3.87; 표준편차 1.93.

Pd2 **(권위 불화;** 8 문항)

그렇다

32 101

아니다

31 67 123 153 246 249

남자: 평균 3.37; 표준편차 1.58. **여자:** 평균 2.75; 표준편차 1.47.

Pd3 **(사회적 침착성;** 6 문항)

그렇다

(없음)

아니다

67 123 151 160 178 227

남자: 평균 3.33; 표준편차 1.58. **여자:** 평균 3.20; 표준편차 1.63.

표 A.2 계속

***Pd4* (사회적 소외; 12 문항)**

그렇다

16 20 39 53 78 95 109 206 211 286

아니다

123 150

남자: 평균 4.83; 표준편차 2.18. **여자:** 평균 5.36; 표준편차 2.25.

***Pd5* (내적 소외; 12 문항)**

그렇다

28 29 49 53 68 78 85 90 109 247

아니다

9 91

남자: 평균 4.29; 표준편차 2.43. **여자:** 평균 4.74; 표준편차 2.54.

***Pa1* (피해의식; 17 문항)**

그렇다

16 20 39 95 109 132 136 137 155 219 285 286 314
315 332 337

아니다

294

남자: 평균 4.10; 표준편차 2.78. **여자:** 평균 4.09; 표준편차 2.71.

***Pa2* (예민성; 9 문항)**

그렇다

20 139 253 259 266 287 350

아니다

96 228

남자: 평균 3.22; 표준편차 1.63. **여자:** 평균 3.74; 표준편차 1.89.

표 A.2 계속

***Pa3* (순진성; 9 문항)**

그렇다

15

아니다

77 94 100 107 263 265 267 295

남자: 평균 3.93; 표준편차 1.89. **여자**: 평균 3.75; 표준편차 1.97.

***Sc1* (사회적 소외; 21 문항)**

그렇다

16 19 20 39 43 132 137 181 208 240 259 264 272 300 302 314

아니다

86 258 260 262 322

남자: 평균 6.17; 표준편차 3.29. **여자**: 평균 6.46; 표준편차 3.24.

***Sc2* (정서적 소외; 11 문항)**

그렇다

62 88 219 255 283 303 309 321

아니다

9 198 271

남자: 평균 2.29; 표준편차 1.81. **여자**: 평균 2.29; 표준편차 1.81.

***Sc3* (자아통합 결여-인지적; 10 문항)**

그렇다

28 29 141 163 173 279 291 296 305

아니다

158

남자: 평균 2.94; 표준편차 2.20. **여자**: 평균 3.10; 표준편차 2.29.

표 A.2 계속

Sc4 **(자아통합 결여-동기적;** 14 문항)

그렇다

28 35 45 62 88 218 219 255 279 283 305

아니다

9 198 271

남자: 평균 4.10; 표준편차 2.57. **여자:** 평균 4.35; 표준편차 2.71.

Sc5 **(자아통합결여-억제부전;** 11 문항)

그렇다

21 81 161 175 205 226 256 273 300 309 332

아니다

(없음)

남자: 평균 3.47; 표준편차 2.07. **여자:** 평균 4.20; 표준편차 2.16.

Sc6 **(기태적 감각 경험;** 20 문항)

그렇다

21 29 41 161 175 214 231 236 276 278 287 291 299 332

아니다

87 102 169 172 239 275

남자: 평균 5.01; 표준편차 3.33. **여자:** 평균 5.46; 표준편차 3.45.

Ma1 **(비도덕성;** 6 문항)

그렇다

125 213 232 234 252

아니다

246

남자: 평균 2.71; 표준편차 1.40. **여자:** 평균 2.37; 표준편차 1.30.

표 A.2 계속

_Ma2_ (심신운동 항진; 11 문항)

그렇다

14 81 83 116 162 195 205 226 228

아니다

96 102

남자: 평균 6.52; 표준편차 2.13. **여자:** 평균 7.13; 표준편차 1.97.

_Ma3_ (냉정함; 8 문항)

그렇다

149 189 207

아니다

89 130 151 160 227

남자: 평균 3.16; 표준편차 1.59. **여자:** 평균 2.94; 표준편차 1.52.

_Ma4_ (자아팽창; 9 문항)

그렇다

47 52 58 94 137 181 199 200 313

아니다

(없음)

남자: 평균 4.45; 표준편차 1.83. **여자:** 평균 4.61; 표준편차 1.74.

표 A.3 *Si* 소척도

_Si1_ (수줍음/자의식; 14 문항)

그렇다

151 154 160 178 227 248 257 270

아니다

46 245 262 301 312 336

남자: 평균 6.21; 표준편차 3.12. **여자:** 평균 6.23; 표준편차 3.28.

표 A.3 계속

Si2 **(사회적 회피**; 8 문항)

그렇다

304 316

아니다

82 292 319 331 335 339

남자: 평균 2.52; 표준편차 2.03. **여자**: 평균 1.90; 표준편차 1.85.

Si3 **(내적/외적 소외**; 17 문항)

그렇다

27 28 53 100 107 129 265 280 282 2 306 308 317
326 327 334 340

아니다

(없음)

남자: 평균 7.58; 표준편차 3.43. **여자**: 평균 8.22; 표준편차 3.68.

표 A.4 보충 척도

MAC-R **(MacAndew의 알코올 중독**; 49 문항)

그렇다

7 22 46 49 66 78 80 99 101 109 110 122 161
165 177 191 202 210 214 222 241 250 262 269 312 323
342 348 376 380 382 386 392 393 395 407 429 470

아니다

70 103 113 131 153 159 235 249 268 279 305

남자: 평균 21.07; 표준편차 4.44. **여자**: 평균 19.73; 표준편차 4.14.

표 A.4 계속

***ACK* (알코올/약물 문제 인정; 13 문항)**

그렇다

81 144 161 247 269 338 342 429 458 467 474

아니다

249 431

남자: 평균 3.90; 표준편차 2.45. **여자**: 평균 3.68; 표준편차 2.38.

***PRO* (알코올/약물 문제 가능성; 36 문항)**

그렇다

32 38 57 82 101 117 191 336 345 376 381 389 435
438 440 452 455 462 476

아니다

40 142 143 153 188 272 304 403 410 418 424 436 451
457 459 460 463

남자: 평균 16.55; 표준편차 4.42. **여자**: 평균 16.74; 표준편차 4.17.

***IMM* (미숙성; 43 문항)**

그렇다

16 20 24 45 63 72 94 101 128 218 224 269 307
351 354 358 362 371 389 400 405 418 423 425 426 441
444 452 453 466

아니다

64 71 105 120 153 170 322 336 419 431 436 448 476

남자: 평균 13.47; 표준편차 6.29. **여자**: 평균 11.75; 표준편차 6.31.

표 A.4 계속

***A* (불안; 35 문항)**

그렇다

28	35	53	62	78	121	129	203	218	227	235	255	259
270	281	290	291	305	308	310	317	318	320	326	368	369
370	372	377	379	383	385	394	404					

아니다

360

남자: 평균 14.59; 표준편차 7.17. **여자**: 평균 16.90; 표준편차 7.67.

***R* (억압; 33 문항)**

그렇다

(없음)

아니다

1	7	10	13	34	42	66	112	115	122	128	138	161
171	180	186	188	232	239	240	277	289	325	329	331	335
339	341	348	386	388	390	396						

남자: 평균13.41; 표준편차 4.37. **여자**: 평균 13.33; 표준편차 3.50.

표 A.5 내용 척도

***A-anx* (불안; 21 문항)**

그렇다

14	28	36	163	185	255	279	281	285	318	353	377	383
402	404	468										

아니다

134	196	209	375	424

남자: 평균 7.84; 표준편차 4.09. **여자**: 평균 9.03; 표준편차 4.40

표 A.5 계속

A-obs (**강박성**; 15 문항)												
그렇다												
52	78	83	129	185	293	307	308	310	368	370	394	412
421	444											
아니다												
(없음)												
남자: 평균 6.91; 표준편차 3.32. **여자**: 평균 7.88; 표준편차 3.23.												

A-dep (**우울**; 26 문항)												
그렇다												
35	49	53	62	68	88	124	139	177	203	219	230	242
259	283	311	347	371	372	379	399					
아니다												
3	9	71	91	360								
남자: 평균 7.59; 표준편차 4.57. **여자**: 평균 9.17; 표준편차 5.08.												

A-hea (**건강염려**; 37 문항)												
그렇다												
11	17	25	37	41	50	56	93	97	106	143	167	187
231	422	443	470									
아니다												
18	42	44	54	87	112	113	135	138	152	157	168	172
174	193	210	233	239	275	374						
남자: 평균 7.88; 표준편차 5.31. **여자**: 평균 9.03; 표준편차 5.53												

표 A.5 계속

A-aln **(소외;** 20 문항)

그렇다

16 20 39 211 227 242 317 362 369 413 438 446 463
471 473

아니다

74 104 260 448 450

남자: 평균 5.95; 표준편차 3.36. **여자**: 평균 5.62; 표준편차 3.49.

A-biz **(기태적 정신상태;** 19 문항)

그렇다

22 29 92 132 155 173 250 278 291 296 299 314 315
332 417 428 433 439

아니다

387

남자: 평균4.00; 표준편차 3.13. **여자**: 평균 4.05; 표준편차 3.09.

A-ang **(분노;** 17 문항)

그렇다

26 34 111 128 201 282 367 378 382 388 401 416 445
453 458 461

아니다

355

남자: 평균 7.94; 표준편차 3.23. **여자**: 평균 8.51; 표준편차 3.09.

A-cyn **(냉소적 태도;** 22 문항)

그렇다

47 55 72 77 100 107 118 211 213 225 238 263 265
267 295 325 330 334 371 373 395 406

아니다

(없음)

남자: 평균 12.36; 표준편차 4.51. **여자**: 평균 12.34; 표준편차 4.72.

표 A.5 계속

A-con **(품행 문제;** 23 문항)

그렇다

32 99 117 224 232 234 252 345 354 356 361 391 442
445 455 456 462 469 477 478

아니다

96 249 465

남자: 평균 9.62; 표준편차 4.03. **여자:** 평균 8.15; 표준편차 3.85.

A-lse **(낮은 자존감;** 18 문항)

그렇다

67 70 124 280 306 358 379 384 385 400 415 430 432
441 468

아니다

58 74 105

남자: 평균 5.00; 표준편차 3.21. **여자:** 평균 5.83; 표준편차 3.46.

A-las **(낮은 포부;** 16 문항)

그렇다

27 39 218 340 351 430 464

아니다

170 188 324 397 403 409 411 436 447

남자: 평균 5.85; 표준편차 2.63. **여자:** 평균 6.00; 표준편차 2.72.

A-sod **(사회적 불편감;** 24 문항)

그렇다

43 151 160 178 248 264 290 304 316 328 408 410 475

아니다

46 82 245 262 29 319 331 335 336 339 450

남자: 평균8.33; 표준편차 4.36. **여자:** 평균 7.19; 표준편차 4.31.

표 A.5 계속

A-fam (가정 문제; 35 문항)

그렇다

19 57 137 181 184 191 194 215 240 269 277 302 303
344 352 359 363 366 381 396 405 438 440 454

아니다

6 79 86 119 182 258 365 398 451 457 460

남자: 평균 11.37; 표준편차 5.62. **여자**: 평균 12.53; 표준편차 5.67.

A-sch (학교 문제; 20 문항)

그렇다

12 33 69 80 101 220 257 338 364 380 389 425 435
443 452 464 466

아니다

153 166 459

남자: 평균 6.32; 표준편차 3.37. **여자**: 평균 5.83; 표준편차 3.15.

A-trt (부정적 치료지표; 26 문항)

그렇다

20 27 88 242 256 340 356 357 358 369 371 414 418
420 421 423 426 427 432 434 444 449 472

아니다

419 431 437

남자: 평균 9.11; 표준편차 4.21. **여자**: 평균 9.30; 표준편차 4.41.

부록 B

MMPI-A 기본 타당도 척도와 임상 척도, 내용척도와 보충척도, 그리고 Harris-Lingoes 소척도와 *Si* 소척도의 *T*-점수 변환

표 B.1 타당도 척도와 임상척도의 동형 변환 및 선형 변환 *T*-점수

기본 프로파일 척도																		
Raw	VRIN	TRIN	F1	F2	F	L	K	Hs	D	Hy	Pd	Mf	Pa	Pt	Sc	Ma	Si	Raw
A. 소년																		
0	36	101F	40	40	39	37	30	31	30	30	30	30	30	30	30	30	30	0
1	39	96F	42	42	40	42	30	35	30	30	30	30	30	30	30	30	30	1
2	42	90F	45	44	42	46	30	38	30	30	30	30	30	30	30	30	30	2
3	45	85F	47	46	43	50	30	41	30	30	30	30	30	32	31	30	30	3
4	48	79F	50	48	44	55	32	43	30	30	30	30	30	33	33	30	30	4
5	51	73F	52	50	45	59	34	45	30	30	30	30	32	35	34	30	30	5
6	54	68F	55	52	46	63	36	47	30	30	30	30	35	36	35	30	30	6
7	57	62F	57	54	47	67	38	49	30	30	30	30	38	37	36	30	30	7
8	60	57F	60	56	49	72	40	50	30	31	30	30	40	38	38	30	30	8
9	63	51F	63	58	50	76	42	52	32	32	31	30	42	39	39	30	30	9
10	66	54T	65	60	51	80	44	54	34	32	33	30	44	41	40	32	30	10
11	69	60T	68	62	52	84	46	55	36	34	35	30	46	42	41	34	31	11
12	72	66T	70	64	53	89	49	58	38	35	37	30	48	43	41	35	32	12
13	75	71T	73	66	55	93	51	60	40	36	39	30	50	44	42	37	33	13
14	78	77T	75	68	56	97	53	63	41	38	41	32	52	45	43	38	35	14
15	81	82T	78	70	57		55	65	43	39	42	34	54	46	44	39	36	15
16	83	88T	80	72	58		57	68	45	41	44	37	57	47	45	41	37	16

17	86	93T	83	74	59	59	71	46	43	45	39	60	48	45	42	38	17
18	89	99T	85	76	60	61	74	48	45	47	42	63	49	46	43	40	18
19	92	105T	88	78	62	63	76	50	46	48	44	66	50	47	45	41	19
20	95	110T	90	80	63	65	79	51	48	50	47	69	51	47	46	42	20
21	98	116T	93	82	64	68	82	53	50	51	49	73	53	48	48	44	21
22	101	120T	95	84	65	70	84	55	52	53	52	76	54	49	50	45	22
23	104	120T	98	86	66	72	87	56	54	55	54	79	55	50	52	46	23
24	107	120T	101	88	68	74	90	58	56	57	57	82	57	50	54	47	24
25	110		103	90	69	76	92	60	58	60	59	85	58	51	56	49	25
26	113		106	92	70	78	95	62	59	62	62	88	60	52	59	50	26
27	116		108	94	71	80	98	65	61	65	64	92	62	53	62	51	27
28	119		111	96	72	82	100	67	63	67	67	95	64	54	65	53	28
29	120		113	98	74	84	103	69	64	70	69	98	65	55	68	54	29
30	120		116	100	75	87	106	71	66	72	72	101	67	56	72	55	30
31	120		118	102	76		108	73	68	75	74	104	69	57	75	56	31
32	120		120	104	77		111	75	69	78	77	107	71	59	78	58	32
33	120		120	106	78			77	71	80	79	111	72	60	81	59	33
34	120				79			79	72	83	82	114	74	61	84	60	34
35	120				81			81	74	85	84	117	76	63	87	62	35
36	120				82			83	76	88	87	120	78	64	90	63	36
37	120				83			85	77	90	89	120	79	66	93	64	37
38	120				84			88	79	93	92	120	81	67	96	65	38
39	120				85			90	81	95	95	120	83	68	100	67	39
40	120				87			92	82	98	97	120	85	70	103	68	40
41	120				88			94	84	101	100		86	71	106	69	41
42	120				89			96	86	103	102		88	73	109	70	42
43	120				90			98	87	106	105		90	74	112	72	43
44	120				91			100	89	108	107		92	75	115	73	44
45	120				92			102	90	111			94	77	118	74	45

표 B.1 계속

기본 프로파일 척도																		
Raw	VRIN	TRIN	F1	F2	F	L	K	Hs	D	Hy	Pd	Mf	Pa	Pt	Sc	Ma	Si	Raw
A. 소년(계속)																		
46	120				94				104	92	113			95	78	120	76	46
47	120				95				106	94	116			97	80		77	47
48	120				96				108	95	118			99	81		78	48
49	120				97				111	97	120				82		79	49
50	120				98				113	99					84		81	50
51					100				115	100					85		82	51
52					101				117	102					87		83	52
53					102				119	104					88		85	53
54					103				120	105					89		86	54
55					104				120	107					91		87	55
56					106				120	108					92		88	56
57					107				120	110					94		90	57
58					108					112					95		91	58
59					109					113					97		92	59
60					110					115					98		94	60
61					111										99		95	61
62					113										101		96	62
63					114										102			63
64					115										104			64
65					116										105			65
66					117										106			66

67															108			67
68															109			68
69															111			69
70															112			70
71															113			71
72															115			72
73															116			73
74															118			74
75															119			75
76															120			76
77															120			77

B. 소녀

0	36	110F	40	40	39	38	30	30	30	30	30	120	30	30	30	30	30	0
1	40	104F	43	42	41	43	30	32	30	30	30	120	30	30	30	30	30	1
2	43	97F	46	44	42	49	30	35	30	30	30	120	30	30	30	30	30	2
3	47	91F	50	47	43	54	31	38	30	30	30	118	30	30	30	30	30	3
4	50	85F	53	49	45	59	33	40	30	30	30	115	30	31	32	30	30	4
5	54	78F	56	51	46	64	35	42	30	30	30	112	32	33	33	30	30	5
6	58	72F	59	53	48	70	37	44	30	30	30	110	34	34	35	30	30	6
7	61	65T	63	55	49	75	40	46	30	30	30	107	37	35	36	30	30	7
8	65	59T	66	57	50	80	42	48	30	30	30	104	39	36	37	30	30	8
9	68	53T	69	60	52	85	44	49	30	30	30	402	41	37	38	30	30	9
10	72	54T	72	62	53	90	46	51	31	30	32	99	43	38	39	31	30	10
11	75	60T	76	64	55	96	49	53	33	30	34	96	45	39	40	33	30	11
12	79	67T	79	66	56	101	51	54	34	32	36	94	47	40	41	34	31	12
13	82	73T	82	68	57	106	53	56	36	33	38	91	49	41	42	36	33	13
14	86	79T	85	70	59	111	56	58	38	35	40	88	52	42	43	37	34	14
15	89	86T	89	73	60		58	61	40	36	41	86	54	43	43	38	35	15

표 B.1 계속

기본 프로파일 척도																		
Raw	VRIN	TRIN	F1	F2	F	L	K	Hs	D	Hy	Pd	Mf	Pa	Pt	Sc	Ma	Si	Raw
B. 소녀(계속)																		
16	93	92T	92	75	61		60	63	41	38	43	83	56	44	44	39	36	16
17	96	99T	95	77	63		62	65	43	39	44	80	59	45	45	41	38	17
18	100	105T	98	79	64		65	68	45	41	46	77	62	46	45	42	39	18
19	103	111T	102	81	66		67	70	46	42	47	75	65	47	46	43	40	19
20	107	118T	105	83	67		69	72	48	44	48	72	68	48	47	45	41	20
21	110	120T	108	86	68		72	75	50	46	50	69	71	49	47	46	43	21
22	114	120T	112	88	70		74	77	52	48	51	67	73	50	48	48	44	22
23	117	120T	115	90	71		76	79	53	49	53	64	76	51	48	50	45	23
24	120	120T	118	92	73		78	82	55	51	55	61	79	52	49	52	46	24
25	120		120	94	74		81	84	57	53	57	59	82	53	50	55	48	25
26	120		120	96	75		83	86	59	55	59	56	85	55	51	58	49	26
27	120		120	99	77		85	89	61	58	62	53	88	56	51	61	50	27
28	120		120	101	78		88	91	63	60	64	51	91	58	52	64	51	28
29	120		120	103	79		90	93	65	62	67	48	93	59	53	68	53	29
30	120		120	105	81		92	96	67	65	69	45	96	61	54	71	54	30
31	120		120	107	82			98	69	67	72	43	99	63	55	75	55	31
32	120		120	109	84			101	71	70	74	40	102	65	56	78	56	32
33	120		120	112	85				73	72	77	37	105	67	58	82	58	33
34	120				86				75	74	79	35	108	68	59	85	59	34
35	120				88				77	77	82	32	111	70	60	89	60	35
36	120				89				79	79	84	30	113	72	62	92	61	36
37	120				91				81	82	86	30	116	74	63	96	63	37

38	120	92	83	84	89	30	119	76	65	99	64	38
39	120	93	85	86	91	30	120	78	66	103	65	39
40	120	95	87	89	94	30	120	79	68	106	66	40
41	120	96	89	91	96	30		81	69	109	68	41
42	120	97	91	94	99	30		83	71	113	69	42
43	120	99	93	96	101	30		85	72	116	70	43
44	120	100	95	98	104	30		87	74	120	71	44
45	120	102	97	101	106			88	75	120	73	45
46	120	103	99	103	109			90	77	120	74	46
47	120	104	101	106	111			92	78		75	47
48	120	106	103	108	114			94	80		76	48
49	120	107	105	111	116				81		78	49
50	120	109	107	113					83		79	50
51		110	109	115					84		80	51
52		111	111	118					86		81	52
53		113	113	120					87		82	53
54		114	115	120					89		84	54
55		115	117	120					90		85	55
56		117	119	120					92		86	56
57		118	120	120					93		87	57
58		120		120					95		89	58
59		120		120					96		90	59
60		120							98		91	60
61		120							99		92	61
62		120							101		94	62
63		120							102			63
64		120							104			64
65		120							105			65
66		120							107			66
67									108			67

표 B.1 계속

기본 프로파일 척도																		
Raw	VRIN	TRIN	F1	F2	F	L	K	Hs	D	Hy	Pd	Mf	Pa	Pt	Sc	Ma	Si	Raw
B. 소녀(계속)																		
68															110			68
69															111			69
70															113			70
71															114			71
72															116			72
73															117			73
74															119			74
75															120			75
76															120			76
77															120			77

표 B.2 내용 척도의 동형 변환 *T*–점수

내용 척도																
Raw	A–anx	A–obs	A–dep	A–bea	A–aln	A–biz	A–ang	A–cyn	A–con	A–lse	A–las	A–sod	A–fam	A–scb	A–trt	Raw
A. 소년																
0	32	32	32	31	33	36	30	30	30	34	30	32	30	31	30	0
1	35	35	35	35	36	41	32	30	31	39	34	35	32	36	32	1

2	37	38	38	39	40	45	35	33	34	42	38	37	35	39	35	2
3	39	40	41	42	42	48	38	35	36	45	41	39	37	42	38	3
4	41	42	43	44	45	50	40	36	38	47	43	41	39	44	40	4
5	43	44	45	46	47	53	42	38	40	49	46	43	40	46	42	5
6	45	46	47	48	49	55	44	39	42	52	49	45	42	48	43	6
7	47	48	49	49	52	58	46	40	43	54	52	47	43	50	45	7
8	49	51	51	50	54	62	48	41	45	58	56	49	44	53	46	8
9	52	54	52	52	58	66	51	42	47	62	62	51	46	56	48	9
10	54	58	54	53	62	70	54	43	49	66	69	53	47	60	50	10
11	57	63	57	54	66	74	58	45	52	71	75	55	48	65	52	11
12	59	67	59	55	70	77	64	46	54	75	81	58	50	69	55	12
13	63	72	61	57	74	81	69	48	57	79	88	60	51	74	58	13
14	66	77	64	59	78	85	74	50	61	84	94	63	53	78	61	14
15	69	82	66	62	82	89	79	53	64	88	100	66	54	82	65	15
16	81		69	64	87	93	85	57	68	92	106	69	57	87	69	16
17	85		71	67	91	97	90	60	72	97		72	59	91	73	17
18	89		74	69	95	101		65	75	101		75	62	96	77	18
19	82		77	72	99	105		69	79			78	64	100	81	19
20	85		79	74	103			74	83			81	67	105	85	20
21	88		82	77				78	86			83	70		88	21
22			84	80				82	90			86	72		92	22
23			87	82					94			89	75		96	23
24			89	85								92	78		100	24
25			92	87									81		104	25
26			94	90									83		108	26
27				92									86			27
28				95									89			28
29				97									91			29
30				100									94			30

표 B.2 계속

내용 척도																
Raw	A-anx	A-obs	A-dep	A-bea	A-aln	A-biz	A-ang	A-cyn	A-con	A-lse	A-las	A-sod	A-fam	A-scb	A-trt	Raw
A. 소년(계속)																
31				102									97			31
32				105									100			32
33				108									102			33
34				110									105			34
35				113									108			35
36				115												36
37				118												37
B. 소녀																
0	30	30	31	30	33	36	30	30	30	33	31	32	30	31	30	0
1	33	33	34	34	37	41	30	31	32	37	35	36	30	35	33	1
2	36	36	36	37	41	45	33	33	35	40	38	39	33	39	36	2
3	39	38	39	39	43	48	36	35	38	43	40	41	35	42	38	3
4	41	40	41	4	46	50	38	37	40	45	43	43	37	45	40	4
5	43	42	43	44	48	53	40	38	43	47	45	45	39	47	42	5
6	44	43	44	45	50	55	42	40	45	50	48	47	40	50	43	6
7	45	45	46	47	53	58	44	41	47	52	52	49	42	53	45	7
8	47	48	48	49	55	62	46	42	49	55	56	51	43	56	46	8
9	48	51	49	50	59	65	49	43	51	58	61	53	44	59	48	9
10	50	54	51	52	62	69	52	44	53	62	66	55	45	63	50	10
11	52	59	52	53	66	73	57	45	56	65	72	58	46	67	52	11

12	54	64	54	55	69	76	68	46	59	69	77	60	48	71	54	12
13	57	70	56	56	73	80	67	48	63	73	82	63	49	75	57	13
14	61	75	58	58	77	84	72	50	66	77	89	66	50	79	60	14
15	65	81	61	60	80	87	77	53	70	81	93	69	52	83	64	15
16	69		63	62	84	91	83	56	74	84	98	72	54	87	67	16
17	73		66	64	87	95	88	60	77	88		75	56	90	71	17
18	77		68	66	91	98		64	81	92		78	58	94	75	18
19	81		71	68	94	102		68	85			81	61	98	78	19
20	85		73	70	98			72	88			84	64	102	82	20
21	89		76	72				77	92			86	67		85	21
22			78	74				81	96			89	70		89	22
23			81	76					99			92	73		93	23
24			83	78								95	75		96	24
25			86	80									78		100	25
26			88	82									81		104	26
27				84									84			27
28				86									87			28
29				88									90			29
30				90									92			30
31				92									95			31
32				95									98			32
33				97									101			33
34				99									104			34
35				101									107			35
36				103												36
37				105												37

표 B.3 보충 척도의 선형 변환 *T*-점수 (소년과 소녀)

보충 척도														
소년								소녀						
Raw	MAC-R	ACK	PRO	IMM	A	R	**Raw**	MAC-R	ACK	PRO	IMM	A	R	Raw
0	30	34	30	30	30	30	**0**	30	35	30	31	30	30	0
1	30	38	30	30	31	30	**1**	30	39	30	33	30	30	1
2	30	42	30	32	32	30	**2**	30	43	30	35	31	30	2
3	30	46	30	33	34	30	**3**	30	47	30	36	32	30	3
4	30	50	30	35	35	30	**4**	30	51	30	38	33	30	4
5	30	54	30	37	37	31	**5**	30	56	30	39	34	30	5
6	30	59	30	38	38	33	**6**	30	60	30	41	36	30	6
7	30	63	30	40	39	35	**7**	30	64	30	42	37	32	7
8	30	67	31	41	41	38	**8**	30	68	30	44	38	35	8
9	30	71	33	43	42	40	**9**	30	72	31	46	40	38	9
10	30	75	35	44	44	42	**10**	30	77	34	47	41	40	10
11	30	79	37	46	45	44	**11**	30	81	36	49	42	43	11
12	30	83	40	48	46	47	**12**	31	85	39	50	44	46	12
13	32	87	42	49	48	49	**13**	34	89	41	52	45	49	13
14	34		44	51	49	51	**14**	36		43	54	46	52	14
15	36		46	52	51	54	**15**	39		46	55	48	55	15
16	39		49	54	52	56	**16**	41		48	57	49	58	16
17	41		51	56	53	58	**17**	43		51	58	50	60	17
18	43		53	57	55	60	**18**	46		53	60	51	63	18
19	45		56	59	56	63	**19**	48		55	61	53	66	19
20	48		58	60	58	65	**20**	51		58	63	54	69	20

21	50	60	62	59	67	**21**	53	60	65	55	72	21
22	52	62	64	60	70	**22**	55	63	66	57	75	22
23	54	65	65	62	72	**23**	58	65	68	58	78	23
24	57	67	67	63	74	**24**	61	67	69	59	80	24
25	59	69	68	65	76	**25**	63	70	71	61	83	25
26	61	71	70	66	79	**26**	65	72	73	62	86	26
27	63	74	72	67	81	**27**	68	75	74	63	89	27
28	66	76	73	69	83	**28**	70	77	76	64	92	28
29	68	78	75	70	86	**29**	72	79	77	66	95	29
30	70	80	76	71	88	**30**	75	82	79	67	98	30
31	72	83	78	73	90	**31**	77	84	81	68	100	31
32	75	85	79	74	92	**32**	80	87	82	70	103	32
33	77	87	81	76	95	**33**	82	89	84	71	106	33
34	79	89	83	77		**34**	84	91	85	72		34
35	81	92	84	78		**35**	87	94	87	74		35
36	84	94	86			**36**	89	96	88			36
37	86		87			**37**	92		90			37
38	88		89			**38**	94		92			38
39	90		91			**39**	97		96			39
40	93		92			**40**	99		95			40
41	95		94			**41**	101		96			41
42	97					**42**	104		98			42
43	99					**43**	106		100			43
44	102					**44**	109					44
45	104					**45**	111					45
46	106					**46**	113					46
47	108					**47**	116					47
48	111					**48**	118					48
49	113					**49**	120					49

표 B.4 Harris-Lingoes 소척도와 *Si* 소척도의 선형 변환 *T*-점수

소척도 *D*, *Hy*, *Pd*																
Raw	D1	D2	D3	D4	D5	Hy1	Hy2	Hy3	Hy4	Hy5	Pd1	Pd2	Pd3	Pd4	Pd5	Raw
A. 소년																
0	30	30	30	35	36	32	30	34	36	30	32	30	30	30	32	0
1	32	31	35	39	41	38	33	38	39	36	37	35	35	32	36	1
2	35	36	42	43	46	44	37	42	43	44	42	41	42	37	41	2
3	37	41	48	47	51	49	41	46	46	51	48	48	48	42	45	3
4	39	46	55	52	56	55	46	50	50	59	53	54	54	46	49	4
5	42	51	62	56	61	61	50	54	53	66	59	60	61	51	53	5
6	44	56	68	60	66	66	54	58	57	74	64	67	67	55	57	6
7	46	61	75	64	71		58	62	60	81	69	73		60	61	7
8	49	66	82	68	76		63	66	64		75	79		65	65	8
9	51	71	89	72	81		67	70	67		80			69	69	9
10	53	76	95	76	85		71	74	71					74	73	10
11	56	81	102	80			76	77	74					78	78	11
12	58	86		84			80	81	78					83	82	12
13	60	91		88				85	82							13
14	63	96		92				89	85							14
15	65			96				93	89							15
16	67								92							16
17	70								96							17
18	72															18
19	75															19
20	77															20
21	79															21

22	82															22
23	84															23
24	86															24
25	89															25
26	91															26
27	93															27
28	96															28
29	98															29
30	100															30
31	103															31
32	105															32
B. 소녀																
0	30	30	30	35	33	31	30	33	34	30	30	31	30	30	31	0
1	31	30	33	39	37	37	34	37	37	35	35	38	36	31	35	1
2	33	35	39	43	42	43	38	40	40	43	40	45	43	35	39	2
3	35	40	46	47	46	48	42	44	44	51	45	52	49	39	43	3
4	37	46	52	50	51	54	46	47	47	58	51	59	55	44	47	4
5	40	51	58	54	56	60	51	51	50	66	56	65	61	48	51	5
6	42	57	61	58	60	65	55	55	53	74	61	72	67	53	55	6
7	44	62	71	62	65		59	58	57	81	66	79		57	59	7
8	46	67	77	66	70		63	62	60		71	86		62	63	8
9	48	73	83	70	74		67	65	63		77			66	67	9
10	50	78	89	73	79		71	69	66					71	71	10
11	52	84	96	77			75	72	70					75	75	11
12	55	89		81			80	76	73					80	79	12
13	57	95		85				80	76							13
14	59	100		89				83	79							14
15	61			92				87	83							15

표 B.4 계속

	소척도 *D*, *Hy*, *Pd*															
Raw	D1	D2	D3	D4	D5	Hy1	Hy2	Hy3	Hy4	Hy5	Pd1	Pd2	Pd3	Pd4	Pd5	Raw
								B. 소녀 (계속)								
16	63								86							16
17	65								89							17
18	68															18
19	70															19
20	72															20
21	74															21
22	76															22
23	78															23
24	80															24
25	83															25
26	85															26
27	87															27
28	89															28
29	91															29
30	93															30
31	96															31
32	98															32

소척도 *Pa*, *Sc*, *Ma*, *Si*

Raw	Pa1	PA2	Pa3	Sc1	Sc2	Sc3	Sc4	Sc5	Sc6	Ma1	Ma2	Ma3	Ma4	Si1	Si2	Si3	Raw
C. 소년																	
0	35	30	30	31	37	37	34	33	35	31	30	30	30	30	38	30	0
1	39	36	34	34	43	41	38	38	38	38	30	36	31	33	43	31	1
2	42	42	40	37	48	46	42	43	41	45	30	43	37	36	47	34	2
3	46	49	45	40	54	50	46	48	44	52	33	49	42	40	52	37	3
4	50	55	50	43	59	55	50	53	47	59	38	55	48	43	57	40	4
5	53	61	56	46	65	59	53	57	50	66	43	62	53	46	62	42	5
6	57	67	61	49	71	64	57	62	53	73	48	68	58	49	67	45	6
7	60	73	66	53	76	68	61	67	56		52	74	64	53	72	48	7
8	64	79	72	56	82	73	65	82	59		57	81	69	56	77	51	8
9	68	85	77	59	87	77	69	77	62		62		75	59		54	9
10	71			62	93	82	73	82	65		66			62		57	10
11	75			65	98		77	86	68		71			65		60	11
12	78			68			81		71					69		63	12
13	82			71			85		74					72		66	13
14	86			74			88		77					75		69	14
15	89			77					80							72	15
16	93			80					83							75	16
17	96			83					86							77	17
18				86					89								18
19				89					92								19
20				92					95								20
21				95													21

표 B.4 계속

								소척도 *Pa*, *Sc*, *Ma*, *Si*									
Raw	Pa1	PA2	Pa3	Sc1	Sc2	Sc3	Sc4	Sc5	Sc6	Ma1	Ma2	Ma3	Ma4	Si1	Si2	Si3	Raw
								D. 소녀									
1	39	36	36	33	43	41	38	35	37	39	30	37	30	34	45	30	1
2	42	41	41	36	48	45	41	40	40	47	30	44	35	37	51	3	2
3	46	46	46	39	54	50	45	44	43	55	30	40	41	40	56	36	3
4	50	51	51	42	59	54	49	49	46	63	34	57	47	43	61	39	4
5	53	57	56	46	65	58	52	54	49	70	39	64	52	46	67	41	5
6	57	62	61	49	70	63	56	58	52	78	44	70	58	49	72	44	6
7	61	67	66	52	76	67	60	63	54		49	77	64	52	78	47	7
8	64	73	72	55	81	71	63	68	57		54	83	70	55	83	49	8
9	68	78	77	58	87	76	67	72	60		59		75	58		52	9
10	72			61	93	80	71	77	63		65			62		55	10
11	76			64	98		75	82	66		70			65		58	11
12	79			67			78		69					68		60	12
13	83			70			82		72					71		63	13
14	87			73			86		75					74		66	14
15	90			76					78							68	15
16	94			79					81							71	16
17	98			83					83							74	17
18				86					86								18
19				89					89								19
20				92					92								20
21				95													21

참고 문헌

Achenbach, T. M., & Edelbrock, C. (1983). *Manual for the Child Behavior Checklist and Revised Child Behavior Profile*. Burlington, VT: University of Vermont.

Alperin, J. J., Archer, R. P., & Coates, G. D. (1996). Development and effects of an MMPI-A K-correction procedure. *Journal of Personality Assessment*, *67*, 155-168.

American Psychological Association (1986). Committee on psychological tests and assessment (CPTA). *Guidelines for computer-based tests and interpretation.* Washington, DC: Author.

Andrucci, G. L., Archer, R. P., Pancoast, D. L., & Gordon, R. A. (1989). The relationship of MMPI and sensation seeking scales to adolescent drug use. *Journal of Personality*, *53*, 253-266.

Arbisi, P. A., & Ben-Porath, Y. S. (1995). An MMPI-2 infrequent response scale for use with psychopathological populations: The Infrequency-Psychopathology scale, F(p). *Psychological Assessment*, *7*, 424-431.

Archer, R. P. (1984). Use of the MMPI with adolescents: A review of salient issues. *Clinical Psychology Review*, *4*, 241-251.

Archer, R. P. (1987). *Using the MMPI with adolescents*. Hillsdale, NJ: Lawrence Erlbaum Associates.

Archer, R. P. (1992). *MMPI-A: Assessing adolescent psychopathology*. Hillsdale, NJ: Lawrence Erlbaum Associates.

Archer, R. P. (1997). *MMPI-A: Assessing adolescent Psychopatbology* (2nd ed.). Mahwah, NJ: Lawrence Erlbaum Associates.

Archer, R. P., Belevich, J. K. S., & Elkins, D. E. (1994). Item-level and scale-level factor structures of the MMPI-A. *Journal of Personality Assessment*, *62*, 332-345.

Archer, R. P., & Elkins, D. E. (1999). Identification of random responding on the MMPI-A. *Journal of Personality Assessment*, *73*, 407-421.

Archer, R. P., & Gordon, R. A. (1991 August). Use of content scales with adolescents: Past and future practices. In R. C. Colligan (Chair), *MMPI and MMPI-2 supplementary scales and profile interpretation-content scales revisited.* Symposium conducted at the annual convention of the American Psychological Association, San Francisco, CA.

Archer, R. P., & Gordon, R. A. (1994). Psychometric stability of MMPI-A item modifications. *Journal of Personality Assessment*, *62*, 416-426.

Archer, R. P., Gordon, R. A., Anderson, G. L., & Giannetti, R. (1989). MMPI special scale clinical correlates for adolescent inpatients. *Journal of Personality Assessment*, *53*, 654-664.

Archer, R. P., Gordon, R. A., Giannetti, R., & Singles, J. (1988). MMPI scale clinical correlates for adolescent inpatients. *Journal of Personality Assessment*, *52*, 707-721.

Archer, R. P., & Klinefelter, D. (1992). Relationships between MMPI codetypes and MAC scale elevations in adolescent psychiatric samples. *Journal of Personality Assessment*, *58*, 149-159.

Archer, R. P., & Krishnamurthy, R. (1993). Combining the Rorschach and MMPI in the assessment of adolescents. *Journal of Personality Assessment*, *60*, 132-140.

Archer, R. P., & Krishnamurthy, R. (1994). A structural summary approach for the MMPI-A: Development and empirical correlates. *Journal of Personality Assessment*, *63*, 554-573.

Archer, R. P., & Krishnamurthy, R. (1996). The Minnesota Multiphasic Personality Inventory-Adolescent (MMPI-A). In C. S. Newmark (Ed.), *Major psychological assessment instrnments* (2nd ed., pp. 59-107). Boston: Allyn & Bacon.

Archer, R. P., & Krishnamurthy, R. (1997a). MMPI-A and Rorschach indices related to depression and conduct disorder: An evaluation of the incremental validity hypothesis. *Journal of Personality Assessment*, *69*, 517-533.

Archer, R. P., & Krishnamurthy, R. (1997b). MMPI-A scale-level factor structure: Replication in a clinical sample. *Assessment*, *4*, 337-349.

Archer, R. P., Krishnamurthy, R., & Jacobson, J. M. (1994). *MMPI-A casebook.* Tampa, FL: Psychological Assessment Resources.

Archer, R. P., Maruish, M., Imhof, E. A., & Piotrowski, C. (1991). Psychological test usage with adolescent clients: 1990 survey findings. *Professional Psychology: Research and Practice*, *22*, 247-252.

Archer, R. P., & Newsom, C. R. (2000). Psychological test usage with adolescent clients: Survey update. *Assessment*, *7*, 227-235.

Archer, R. P., & Slesinger, D. (1999). MMPI-A patterns related to the endorsement of suicidal ideation. *Assessment*, *6*, 51-59.

Archer, R. P., Tirrell, C. A., & Elkins, D. E. (2001). An evaluation of an MMPI-A short form: Implications for adaptive testing. *Journal of Personality Assessment*, *76*, 76-89.

Archer, R. P., White, J. L., & Orvin, G. H. (1979). MMPI characteristics and correlates among adolescent psychiatric inpatients. *Journal of Clinical Psychology*, *35*, 498-504.

Arita, A. A., & Baer, R. A. (1998). Validity of selected MMPI-A content scales. *Psychological Assessment*, *10*, 59-63.

Baer, R. A., Ballenger, J., Berry, D. T. R., & Wetter, M. W (1997). Detection of random responding on the MMPI-A. *Journal of Personality Assessment*, *68*, 139-151.

Baer, R. A., Ballenger, J., & Kroll, L. S. (1998). Detection of underreporting on the MMPI-A in clinical and community samples. *Journal of Personality Assessment*, *71*, 98-113.

Baer, R. A., Kroll, L. S., Rinaldo, J., & Ballenger, J. (1999). Detecting and discriminating between random responding and overreporting on the MMPI-A. *Journal of Psychological Assessment*, *72*, 308-320.

Bagby, R. M., Nicholson, R. A., Buis, T., Radovanovic, H., & Fidler, B. J. (1999). Defensive responding on the MMPI-2 in family custody and access evaluations. *Psychological Assessment*, *11*, 24-28.

Ball, J. C. (1960). Comparison of MMPI profile differences among Negro-white adolescents. *Journal of Clinical Psychology*, *16*, 304-307.

Belkin, D. S., Greene, A. F., Rodrigue, J. R., & Boggs, S. R. (1994). Psychopathology and history of sexual abuse. *Journal of Interpersonal Violence*, *9*, 535-547.

Ben-Porath, Y S., Graham, J. R., Hall, G. C. N., Hirschman, R. D., & Zaragoza, M. S. (Eds.). (1995). *Forensic applications of the MMPI-2*. Thousand Oaks, CA: Sage Publications.

Ben-Porath, Y S., Hostetler, K., Butcher, J. N., & Graham, J. R. (1989). New subscales for the MMPI-2 Social Introversion (Si) scale. *Psychological*

Assessment: A Journal of Consulting and Clinical Psychology, *1*, 169-174.

Butcher, J. N. (Ed.). (1987). *Computerized psychological assessment A practitioner's guide*. New York: Basic Books.

Butcher, J. N. (Ed.). (1996). *International adaptations of the MMPI-2: A handbook of research and clinical applications*. Minneapolis: University of Minnesota Press.

Butcher, J. N., Dahlstrom, W. G., Graham, J. R., Tellegen, A., & Kaemmer, B. (1989). *Minnesota Multiphasic Personality Inventory-2 (MMPI-2): Manual for administration and scoring*. Minneapolis: University of Minnesota Press.

Butcher, J. N., & Owen, P. L. (1978). Objective personality inventories: Recent research and some contemporary issues. In B. B. Wolman (Ed.), *Clinical diagnosis of mental disorders: A handbook* (pp. 475-545). New York: Plenum.

Butcher, J. N., & Williams, C. L. (2000). *Essentials of the MMPI-2 and MMPI-A interpretation* (2nd edition). Minneapolis: University of Minnesota Press.

Butcher, J. N., Williams, C. L., Graham, J. R., Archer, R. P., Tellegen, A., Ben-Porath, Y S., & Kaemmer, B. (1992). *MMPI-A (Minnesota Multiphasic Personality Inventory-Adolescent): Manual for administration, scoring, and interpretation*. Minneapolis: University of Minnesota Press.

Capwell, D. F (1945). Personality patterns of adolescent girls: II. Delinquents and non-delinquents. *Journal of Applied Psychology*, *29*, 284-297.

Claiborn, C. H. (1995). Review of the Minnesota Multiphasic Personality Inventory- Adolescent. In J. C. Conoley & J. C. Impara (Eds.), *The twelfth mental measurement yearbook* (pp. 626-628). Lincoln, NE: Buros Institute of Mental Measurements.

Cronbach, L. (1951). Coefficient alpha and the internal structure of tests. *Pcycbometrika*, *16*, 297-334.

Cumella, E. J., Wall, A. D., & Kerr-Almeida, N. (1999). MMPI-A in the inpatient assessment of adolescents with eating disorders. *Journal of Personality Assessment*, *73*, 31-44.

Cumella, E. J., Wall, A. D., & Kerr-Almeida, N. (2000). MMPI-2 in the inpatient assessment of women with eating disorders. *Journal of Personality Assessment*, *75*, 387-403.

Dacey, C. M., Nelson, W. M., & Aikman, K. G. (1990). Prevalency rate and personality comparisons of bulimic and normal adolescents. *Child Psychiatry and Human Development*, *20*, 243-251.

Dahlstrom, W. G., Archer, R. P., Hopkins, D. G., Jackson, E., & Dahlstrom, L.

E. (1994). *Assessing the readability of the Minnesota Multiphasic Personality Inventory Instruments: The MMPI, MMPI-2, MMPI-A* (MMPI-2/MMPI-A Test Rep. No. 2). Minneapolis: University of Minnesota Press.

Dahlstrom, W. G., Lachar, D., & Dahlstrom, L. F. (1986). *MMPI patterns of American minorities*. Minneapolis: University of Minnesota Press.

Dancyger, I. F., Sunday, S. R., Eckert, E. D., & Halmi, K. A. (1997). A comparative analysis of Minnesota Multiphasic Personality Inventory profiles of anorexia nervosa at hospital admission, discharge, and 10-year follow up. *Comprehensive Psychiatry*, *38*, 185-191.

Drake, L. E. (1946). A social I-F scale for the MMPI. *Journal of Applied Psychology*, *30*, 51-54.

Fhrenworth, N. V., & Archer, R. P. (1985). A comparison of clinical accuracy ratings of interpretive approaches for adolescent MMPI responses. *Journal of Personality Assessment*, *49*, 413-421.

Elhai, J. D., Frueh, B. C., Gold, P. B., Gold, S. N., & Hamner, M. B. (2000). Clinical presentations of posttraumatic stress disorder across trauma populations: A comparison of MMPI-2 profiles of combat veterans and adult survivors of child sexual abuse. *Journal of Nervous and Mental Disease*, *188*, 708-713.

Engels, M. L., Moisan, D., & Harris, R. (1994). MMPI indices of childhood trauma among 110 female outpatients. *Journal of Personality Assessment*, *63*, 135-147.

Finn, S. F. (1996). *Manual for using the MMPI-2 as a therapeutic intervention*. Minneapolis: University of Minnesota Press.

Follette, W C., Naugle, A. F., & Follette, V. M. (1997). MMPI-2 profiles of adult women with child sexual abuse histories: Cluster-analytic findings. *Journal of Consulting and Clinical Psychology*, *65*, 858-866.

Fontaine, J. L., Archer, R. P., Elkins, D. F., &Johansen, J. (2001). The effects of MMPI-A T-score elevation on classification accuracy for normal and adolescent samples. *Journal of Personality Assessment*, *76*, 264-281.

Forbey, J. D., & Ben-Porath, Y S. (2000). A comparison of sexually abused and non-sexually abused adolescents in a clinical treatment facility using the MMPI-A. *Child Abuse & Neglect*, *24*, 557-568.

Gallucci, N. T. (1 997a). Correlates of MMPI-A substance abuse scales. *Assessment*, *4*, 87-94.

Gallucci, N. T. (1997b). On the identification of patterns of substance abuse with the MMPI-A. *Psychological Assessment*, *3*, 224-232.

Gantner, A., Graham, J., & Archer, R. P. (1992). Usefulness of the MAC scale in differentiating adolescents in normal, psychiatric, and substance abuse settings. *Psychological Assessment*, *4*, 133-137.

Gilberstadt, H., & Duker, J. (1965). *A handbook for clinical and actuarial MMPI interpretation*. Philadelphia: W. B. Saunders.

Gomez, F. C., Jr., Johnson, R., Davis, Q., & Velasquez, R. J. (2000). MMPI-A performances of African- and Mexican-American adolescent first-time offenders. *Psychological Reports*, *87*, 309-314.

Gottesman, I. I., & Hanson, D. R. (1990, August). Can the MMPI at age iS predict schizophrenics-to-be? In R. C. Colligan (Chair), *The MMPI and adolescents: Historical perspective, current research, future developments*. Symposium conducted at the annual convention of the American Psychological Association, Boston, MA.

Gottesman, I. I., & Prescott, C. A. (1989). Abuses of the MacAndrew Alcoholism scale: A critical review. *Clinical Psychology Review*, *9*, 223-242.

Graham, J. R. (2000). *MMPI-2: Assessing personality and psychopathology* (3rd ed.). New York: Oxford University Press.

Greene, R. L. (2000). *The MMPI-2: An interpretive manual* (2nd ed.). Boston: Allyn & Bacon.

Griffith, P. L., Myers, R. W., Cusick, G. M., & Tankersley, M. J. (1997). MMPI-2 profiles of women differing in sexual abuse history and sexual orientation. *Journal of Clinical Psychology*, *53*, 791-800.

Griffith, P. L., Myers, R. W., & Tankersley, M. J. (1996). MMPI-2 items which correctly identified women with histories of childhood sexual abuse. *Psychological Reports*, *78*, 717-722.

Gumbiner, J. (1998). MMPI-A profiles of Hispanic adolescents. *Psychological Reports*, *82*, 659-672.

Gynther, M. D. (1972). White norms and black MMPIs: A prescription for discrimination? *Psychological Bulletin*, *78*, 386-402.

Hanson, D. R., Gottesman, I. I., & Heston, L. L. (1990). Long-range schizophrenia forecasting: Many a slip twixt cup and lip. In J. F. Rolf, A. Masten, D. Cicchetti, K. Neuchterlein, & S. Weintraub (Eds.), *Risk and protective factors in the development of psychopathology* (pp. 424-444). New York: Cambridge University Press.

Harris, R. F., & Lingoes, J. C. (1955). *Subscales for the MMPI: An aid to profile interpretation*. Department of Psychiatry, University of California School of Medicine and the Langley Porter Clinic. Mimeographed materials.

Hathaway, S. R. (1947). A coding system for MMPI profiles. *Journal of Consulting Psychology*, *11*, 334-337.

Hathaway, S. R. (1965). Personality inventories. In B. B. Wolman (Ed.), *Handbook of clinical Psychology* (pp. 45 1-476). New York: McGraw-Hill.

Hathaway, S. R., & McKinley, J. C. (1943). *The Minnesota Multiphasic Personality Inventory* (rev. ed.). Minneapolis: University of Minnesota Press.

Hathaway, S. R., & Monachesi, F. D. (1952). The Minnesota Multiphasic Personality Inventory in the study of juvenile delinquents. *American Sociological Review*, *17*, 704-710.

Hathaway, S. R., & Monachesi, F. D. (1953). *Analysing and predicting juvenile delinquenry with the MMPI*. Minneapolis: University of Minnesota Press.

Hathaway, S. R., & Monachesi, F. D. (1957). The personalities of predelinquent boys. *Journal of Criminal Law and Criminology*, *48*, 149-163.

Hathaway, S. R., & Monachesi, F. D. (1963). *Adolescent personality and behavior: MMPI patterns of normal, delinquent, dropout, and other outcomes*. Minneapolis: University of Minnesota Press.

Hicks, M. M., Rogers, R., & Cashel, M. (2000). Predictions of violent and total infractions among institutionalized male juvenile offenders. *The Journal of the American Academy of Psychiatry and the Law*, *28*, 183-190.

Hillary, B. F., & Schare, M. L. (1993). Sexually and physically abused adolescents: An empirical search for PTSD. *Journal of Clinical Psychology*, *49*, 161-165.

Janus, M-D., Tolbert, H., Calestro, K., & Toepfer, S. (1996). Clinical accuracy ratings of MMPI approaches for adolescents: Adding ten years and the MMPI-A. *Journal of Personality Assessment*, *67*, 364-383.

Knisely, J. S., Barker, S. B., Ingersoll, K. S., & Dawson, K. S. (2000). Psychopathology in substance abusing women reporting childhood sexual abuse. *Journal of Addictive Diseases*, *19*, 31-44.

Komro, K. A., Williams, C. L., Forster, J. L., Perry, C. L., Farbakhsh, K., & Stigler, M. H. (1999). The relationship between adolescent alcohol use and delinquent and violent behaviors. Journal of Child and Adolescent Substance *Abuse*, *9*, 13-28.

Korbanka, J. F. (1997). An MMPI-2 scale to identify history of sexual abuse. *Psychological Reports*, *81*, 979-990.

Krishnamurthy, R., & Archer, R. P. (1999). A comparison of two interpretive approaches for the MMPI-A structural summary. *Journal of Personality Assessment*, *73*, 245-259.

Krishnamurthy, R., Archer, R. P., & House, J. J. (1996). The MMPI-A and Rorschach: A failure to establish convergent validity. *Assessment*, *3*, 179-191.

Lachar, D., & Gruber, C. P. (1995). *Personality Inventory for Youth (PIY) manual: Administration and interpretation guide*. Los Angeles: Western Psychological Services.

Lanyon, R. I. (1995). Review of the Minnesota Multiphasic Personality Inventory-Adolescent. In J. C. Conoley & J. C. Impara (Eds.), *The twelfth mental measurement yearbook* (pp. 628-629). Lincoln, NE: Buros Institute of Mental Measurements.

Lees-Haley, P. (1991). MMPI-2 F and F-K scores of personal injury malingerers in vocational neuropsychological and emotional distress claims. *American Journal of Forensic Psychology*, *9*, 5-14.

Loevinger, J. (1976). *Ego development Conceptions and theories*. San Francisco: Jossey-Bass.

Losada-Paisey, G. (1998). Use of the MMPI-A to assess personality of juvenile male delinquents who are sex offenders and nonsex offenders. *Psychological Reports*, *83*, 115-122.

MacAndrew, C. (1965). The differentiation of male alcoholic out-patients from nonalpsychiatric patients by means of the MMPI. *Quarterly Journal of Studies on Alcohol*, *26*, 238-246.

Marks, P. A., & Briggs, P. F. (1972). Adolescent norm tables for the MMPI. In W. G. Dahlstrom, G. S. Welsh, & L. F. Dahlstrom, *An MMPI handbook Vol. 1. Clinical interpretation* (rev. ed., pp. 388-399). Minneapolis: University of Minnesota Press.

Marks, P. A., Seeman, W., & Hailer, D. L. (1974). *The actuarial use of the MMPI with adolescents and adults*. Baltimore: Williams & Wilkins.

Massey, R. F., Walfish, S., & Krone, A. (1992). Cluster analysis of MMPI profiles of adolescents in treatment for substance abuse. *Journal of Adolescent Chemical Dependency*, *2*, 23-33.

McCarthy, L., & Archer, R. P. (1998). Factor structure of the MMPI-A content scales: Item-level and scale-level findings. *Journal of Personality Assessment*, *71*, 84-97.

McGrath, R. F., Pogge, D. L., Stein, L. A. R., Graham, J. R., Zaccario, M., & Piacentini, T. (2000). Development of an Infrequency-Psychopathology scale for the MMPI-A: The Fp-A scale. *Journal of Personality Assessment*, *74*, 282-295.

Millon, T. (1993). *Millon Adolescent Clinical Inventory manual*. Minneapolis:

National Computer Systems.

Moore, J. M., Thompson-Pope, S. K., & Whited, R. M. (1996). MMPI-A profiles of adolescent boys with a history of firesetting. *Journal of Personality Assessment, 67*, 116-126.

Morey, L. C. (2000, March). *PAl-Adolescent Version: Overview of progress to date.* Unpublished report.

Nichols, D. S. (2001). *Essentials of MIMPI-2 assessment*. New York: Wiley.

Pena, L. M., Megargee, E. I., & Brody, E. (1996). M. MPI-A patterns of male 1uvenile delinquents. *Psychological Assessment, 8*, 388-397.

Pryor, T., & Wiederman, M. W. (1996). Use of the MMPI-2 in the outpatient assessment of women with anorexia nervosa or bulimia nervosa. *Journal of Personality Assessment, 66*, 363-373.

Reynolds, W M. (1998). *Adolescent Psychopathology Scale: Administration and interpretation manual*. Odessa, FL: Psychological Assessment Resources.

Roland, B. C., Zelhart, P. F, Cochran, S. W, & Funderburk, V. W. (1985). MMPI correlates of clinical women who report early sexual abuse. *Journal of Clinical Psychology, 41*, 763-766.

Schinka, J. A., Elkins, D. F., & Archer, R. P. (1998). Effects of psychopathology and demographic characteristics on MMPI-A scale scores. *Journal of Personality Assessment, 71*, 295-305.

Schork, F. J., Eckert, F. D., & Halmi, K. A. (1994). The relationship between psychopathology, eating disorder diagnosis, and clinical outcome at 10-year follow-up in anorexia nervosa. *Comprehensive Psychiatry, 35*, 113-123.

Scott, R., & Stone, D. (1986). MMPI measures of psychological disturbance in adolescent and adult victims of father-daughter incest. *Journal of Clinical Psychology, 42*, 251-259.

Shaevel, B., & Archer, R. P. (1996). Effects of MMPI-2 and MMPI-A norms on T-score elevations for I 8-year-olds. *Journal of Personality Assessment, 67*, 72-78.

Sherwood, N. F., Ben-Porath, Y. S., & Williams, C. L. (1997). *The MMPI-A content component scales: Development, prycbometric characteristics, and clinical application*. Minneapolis: University of Minnesota Press.

Stein, L. A., McClinton, B. K., & Graham, J. R. (1998). Long-term stability of MMPI-A scales. *Journal of Personality Assessment, 70*, 103-108.

Sunday, S. R., Reeman, I. M., Eckert, F., & Halmi, K. A. (1996). Ten-year outcome in adolescent onset anorexia nervosa. *Journal of Youth and Adolescence, 25*, 533-

544.

Timbrook, R. F., & Graham, J. R. (1994). Ethnic differences on the MMPI-2? *Psychological Assessment, 6*, 212-217.

Toyer, F. A., & Weed, N. C. (1998). Concurrent validity of the MMPI-A in a counseling program for juvenile offenders. *Journal of Clinical Psychology, 54*, 395-399.

U. S. Bureau of the Census. (1983). *Characteristics of the population: Number of inhabitants, United States summary. 1980 census of population*. Washington, DC: U. S. Government Printing Office.

Walfish, S., Massey, R., & Krone, A. (1990). MMPI profiles of adolescent substance abusers in treatment. *Adolescence, 25*, 567-572.

Weed, N. C., Butcher, J. N., & Williams, C. L. (1994). Development of the MMPI-A alcohol/drug problem scales. *Journal of Studies on Alcohol, 55*, 296-302.

Welsh, G. S. (1948). An extension of Hathaway's MMPI profile coding system. *Journal of Consulting Psychology, 12*, 343-344.

Welsh, G. S. (1956). Factor dimensions A and R. In G. S. Welsh & W. G. Dahlstrom (Eds.), *Basic reading on the MMPI in psychology and medicine* (pp. 264-281). Minneapolis: University of Minnesota Press.

Williams, C. L., & Butcher, J. N. (1989a). An MMPI study of adolescents: I. Empirical validity of standard scales. *Psychological Assessment A Journal of Consulting and Clinical Psychology, 1*, 251-259.

Williams, C. L., & Butcher, J. N. (1989b). An MMPI study of adolescents: II. Verification and limitations of code type classifications. *Psychological Assessment A Journal of Consulting and Clinical Psychology, 1*, 260-265.

Williams, C. L., Butcher, J. N., Ben-Porath, Y S., & Graham, J. R. (1992). *MMPI-A content scales: Assessing psychopathology in adolescents*. Minneapolis: University of Minnesota Press.

Wrobel, N. H., & Lachar, D. (1995). Racial differences in adolescent self-report: A comparative validity study using homogeneous MMPI content measures. *Psychological Assessment, 7*, 140-147.

주요 참고 문헌 및 주해

역사적인 출처

Archer, R. P. (1987). *Using the MMPI with adolescents*. Hillsdale, NJ: Lawrence Erlbaum Associates.

청소년 대상의 MMPI 사용에 대해 개관한 최초의 교재이다. 이 책은 1980년대 중반까지의 문헌을 포괄적으로 검토하고 있으며, 청소년에게 MMPI를 사용하는 것에 대한 권고 사항을 담고 있다. 그리고 Marks와 Briggs의 규준, Gottesman과 동료들의 규준, 메이오클리닉의 Colligan과 동료들의 규준 등 몇 가지 MMPI 청소년 규준을 제공하고 있다.

Hathaway, S. R., & Monachesi, E. D. (1963). *Adolescent personality and behavior: MMPI patterns of normal, delinquent, dropout, and other outcomes*. Minneapolis: University of Minnesota Press.

1940년대 후반에서 1950년대까지 Hathaway와 Monachesi는 미네소타에 사는 약 1만 5,000명의 중학교 3학년을 대상으로 MMPI를 실시했고, 이 청소년들 중 4,000명에게 고등학교 3학년 때 재검사를 실시했다. 이 방대한 자료는 MMPI로 청소년 비행을 예측할 수 있다는 사실을 확립함으로써 그 가치를 입증했다. 또한 이 자료는 문항 풀의 검사-재검사 신뢰도 특성, 성차, 10개의 기본 임상 척도에서 높은 점수와 낮은 점수의 상관요인 등에 대한 중요한 정보를 제공했다.

Marks, P. A., Seeman, W., & Haller, D. L.(1974). *The actuarial use of the MMPI with adolescents and adults*. Baltimore: Williams & Wilkins.

이 책에는 치료 장면의 청소년들을 통해 얻은 29개의 MMPI 코드유형에 대해 보험통계에 근거한 성격 기술어가 포함되어 있다. Marks와 동료들이 실시한 임상적 상관요인 연구는 임상가들에게 청소년의 코드유형 패턴을 해석하는 데 필요한 포괄적인 상관요인 정보를 최초로 제공했다는 점에서 중요한 의의를 지닌다. 또한 이 연구는 지난 25년간 MMPI 관련 출처로는 최고의 권위를 유지하고 있다.

Pancoast, D. L., & Archer, R. P. (1988). MMPI adolescent norms: Patterns and trends across four decades. *Journal of Personality Assessment*, *52*, 691-706.

이 연구는 청소년 표집을 기술하는 데 있어서 Marks와 Briggs에 의해 만들어져서 널리 사용되는 청소년 규준의 상대적인 정확성에 초점을 두고 있다. 대상이 된 청소년 표집은 1949년에서 1964년까지 수집된 8개의 정상 청소년 표집(N=17,286)과 4개의 연구에서 1975년에서 1987년까지 수집된 정상 청소년 표집(N=1,758)이다. 이 책의 저자들은 1960년대 후반에서 1970년대 초반경에 규준의 변화가 나타난 것으로 보인다는 점에 주목하면서 현대 청소년의 규준표집을 수집할 필요성을 강조했다.

MMPI-A 일차적 출처

Archer, R. P. (1997) *MMPI-A: Assessing adolescent psychopathology* (2nd ed.). Mahwah, NJ: Lawrence Erlbaum Associates.

이 책은 임상가에게 MMPI-A 사용에 대한 실질적인 정보를 제공하는 데 초점을 맞추고 있지만, MMPI-A 연구문헌에 대한 포괄적이고 현대적인 개관을 제공하기도 한다. MMPI-A 구조적 요약에 대한 개요가 실려 있으며, 임상사례의 예를 통해 해석의 원리를 보여 준다.

Butcher, J. N., & Williams, C. L. (2000). *Essentials of MMPI-2 and MMPI-A interpretation* (2nd ed.). Minneapolis: University of Minnesota Press.

이 교재는 MMPI-A와 MMPI-2의 해석 전략에 대한 광범위한 정보를 제공하며, 두 검사 도구의 개발 근거에 대한 세부 사항을 포함하고 있다.

Butcher, J. N., Williams, C. L., Graham, J. R., Archer, R. P., Tellegen, A., Ben-Porath, Y. S., & Kraemmer, B. (1992). *MMPI-A(Minnesota Multiphasic Personality Inventory-Adolescent): Manual for administration, scoring, and interpretation*. Minneapolis: University of Minnesota Press.

이 검사 매뉴얼은 MMPI-A를 사용하는 심리학자라면 누구나 한 권쯤은 서가에 꽂아 두어야 할 책이다. 이 책은 MMPI-A의 신뢰도와 타당도에 관한 폭넓은 정보와 임상적 사용에 대한 간결한 권고 사항을 제시하고 있다. 색인에는 모든 척도와 규준 정보를 포괄적으로 제공하고, 정상 청소년 표집 및 임상적 청소년 표집에 근거한 MMPI-A 기본 척도의 상관관계도 제공한다.

Dahlstrom, W. G., Archer, R. P., Hopkins, D. G., Jackson, E., & Dahlstrom, L. E. (1994). *Assessing the readability of the Minnesota Multiphasic Personality Inventory Instruments—the MMPI, MMPI-2, MMPI-A*. Minneapolis: University of Minnesota Press.

이 논문은 모든 MMPI 버전의 읽기 요구 수준에 관한 포괄적인 정보를 제시하면서 모든 버전에 걸친 평균 난이도가 대략 6학년 정도임을 보고하고 있다. 저자들은 가장 어려운 문항이 척도 9에 나타나고, MMPI-A 문항의 약 6% 정도는 최소 10등급의 읽기 수준을 요구한다고 지적했다.

Williams, C. L., Butcher, J. N., Ben-Porath, Y. S., & Graham, J. R. (1992). *MMPI-A content scales: Assessing psychopathology in adolescents*. Minneapolis: University of Minnesota Press.

MMPI-A 내용 척도의 탄생과 함께해 온 연구자들이 저술한 교재로 MMPI-A 내용 척도의 개발과 사용에 관한 포괄적인 평론서이다.

MMPI-A 구조적 요약의 출처

Archer, R. P., Belevich, J. K. S., & Elkins, D. E.(1994). Item-level and scale-level factor structures of the MMPI-A. *Journal of Personality Assessment*, *62*, 332-345.

이 논문은 1,620명의 MMPI-A 청소년 규준표집을 대상으로 척도 수준의 요인 분석에서 발견된 8개의 요인에 대한 정보를 제공하고 있으며, 이후 MMPI-A 구조적 요약의 개발에 대한 기본적 근거를 마련하고 있다.

Archer, R. P., & Krishnamurthy, R.(1994). A structural summary approach for the MMPI-A: Development and empirical correlates. *Journal of Personality Assessment*, *63*, 554-573.

이 논문은 MMPI-A 구조적 요약의 8개 차원 각각에 대해 설명할 뿐만 아니라, 정상표집과 임상표집에 대해 각 차원과 관련된 상관요인을 기술하고 있다.

Archer, R. P., Krishnamurthy, R.(1997). MMPI-A scale-level factor structure: Replication in a clinical sample. *Assessment*, *4*, 337-349.

MMPI-A 구조적 요약은 MMPI-A 규준표집에서 확인된 요인 구조에 근거하고 있다. 이 연구는 임상치료 장면의 청소년 358명의 표집에 대해서도 요인 구조가 일반화될 수 있음을 보여 주었다.

Archer, R. P., Krishnamurthy, R., & Jacobson, J. M.(1994). *MMPI-A Casebook*. Tampa, FL: Psychological Assessment Resources.

이 책은 MMPI-A 개발에 대한 간략한 개관과 MMPI-A 해석의 다양한 원리를 보여주는 16개의 임상사례를 제공한다. 또한 각각의 임상사례에 대해 MMPI-A 구조적 요약을 이용한 접근을 예시하고 있다. 색인 C는 MMPI-A 규준표집과 임상 치료 장면의 청소년 표집을 통해 얻은 각 차원의 임상적 상관요인의 포괄적 목록을 제공한다.

Krishnamurthy, R., & Archer, R. P. (1999). Empirically based interpretative approaches for the MMPI-A structural summary. *Journal of Personality Assessment*, *73*, 245-259.

이 연구는 MMPI-A 구조적 요약에 대한 자료를 해석하는 두 가지 방법을 탐색하고 있다. 하나는 특정 요인 내에서 *T*-점수가 결정 기준치에 달하는 모든 척도와 소척도 수의 단순 합을 구하는 것이다. 다른 하나는 특정 요인 내의 모든 척도와 소척도의 평균 *T*-점수를 구하는 것이다. 이 연구는 비교 가능한 두 접근 중에서, 결정 기준치에 도달한 척도와 소척도의 수를 단순히 합하는 방식인 구조적 요약을 보다 쉽게 활용할 수 있는 방법임을 보이고 있다. 또한 연구에 사용된 청소년 임상표집에서 볼 수 있듯이 두 요인이 동시에 상승한 패턴에 대한 정보도 제공한다.

현재와 미래의 방향

Archer, R. P. (1997). Future directions for the MMPI-A: Research and clinical issues. *Journal of Personality Assessment*, *68*, 95-109.

이 논문은 MMPI-A를 이용한 생산적인 연구 분야와 관련하여 여섯 개를 제안하고 있다. 이 분야는 코드유형 해석의 유용성에 대한 연구, 프로파일 상승과 관련한 쟁점, MMPI와 MMPI-A의 유용성을 평가하는 준거를 확인하는 것 등이다. 나머지 연구 분야로는 MMPI-A를 사용할 수 있는 최적 연령 범위를 확립하는 것, 청소년 평가에 있어서 임상가의 검사 사용 패턴에 MMPI-A가 미치는 영향을 탐지하는 것, MMPI-A 구조적 요약 접근을 사용하는 최적의 방법을 평가하는 것 등이다.

Archer, R. P., Handel, R. W., & Lynch, K. D. (in press). The effectiveness of MMPI-A items in discriminating between normative and clinical samples. *Journal of Personality Assessment*.

이 책은 임상표집의 청소년에게서 자주 발견되는, 상대적으로 낮은 *T*-점수치의 주요 원인 중 하나에 대해 살펴보고 있다. 특히 이 논문은 MMPI-A의 많은 문항이 규준표집의 청소년과 임상 장면의 청소년 간에 시인율에서 유의한 차이가 없음을 보여 주는 자료를 제시하고 있다. 이 논문은 이 비효과적인 문항을 제거함으로써 MMPI-A를 상당히 축소할 수도 있다는 도발적인 제안을 하고 있다.

Archer, R. P., Newsom, C. R. (2000). Psychological test usage with adolescent clients: Survey update. *Assessment*, *7*, 227-236.

1991년에 진행된 연구 조사를 업데이트한 연구로, MMPI가 청소년을 대상으로 가장 널리 쓰이는 객관적 성격평가 도구라는 점을 확고히 하고 있다. 업데이트된 이 연구 결과는 MMPI-A가 객관적 성격평가 도구 중에서 독보적인 존재라는 사실을 보여 준다. MMPI-A와 관련하여 가장 자주 인용되는 장점 내지 강점은 이 도구가 만들어 내는 포괄적인 임상적 묘사, 현대 청소년 규준의 사용, 실시의 용이, 심리측정적 신뢰성과 연구 기반 등이다. 가장 자주 인용되는 단점은 검사 도구의 길이, 실시에 걸리는 시간, 일정 수준의 읽기 능력이 요구되는 점 등이다.

Forbey, J. D. & Ben-Porath, Y. S.(1998). *A critical item set for the MMPI-A*. Minneapolis: University of Minnesota Press.

이 논문은 MMPI-A 규준표집과 미국 중서부의 거주 치료시설에 있는 청소년 집단 419명의 문항 수준 응답에 근거하여, MMPI-A 표준 반응에 대한 결정적 문항 세트를 개발하기 위한 일련의 노력에 대해 기술하고 있다. 문항 시인 빈도의 비교를 통해 확인된 최종적인 82문항 세트는 공격성, 품행 문제, 우울/자살 사고와 같은 내용 영역에 근거하여 집단화되었다.

McCarthy, L., & Archer, R. P.(1998). Factor structure of the MMPI-A content scales: Item-level and scale-level findings. *Journal of Personality Assessment*, *71*, 84-97.

MMPI-A 내용 척도의 요인에 대한 연구로, MMPI-A 규준표집과 임상표집에서 내용 척도 간에 강한 상관 및 중복이 있음을 보여 준다. 연구 결과는 일반적 부적응과 외현화 경향으로 명명된 두 요인이 15개 내용 척도 변량의 대부분을 설명하고 있음을 보여 주었다. 개별 내용 척도에 대해 문항 수준의 요인 분석을 실시한 결과 대체로 단일 요인 해법이 산출되었다.

Sherwood, N. E., Ben-Porath, Y. S., & Williams, C. L. (1997). *The MMPI-A Content Component Scales*. Minneapolis: University of Minnesota Press.

이 논문은 MMPI-A 내용 척도 15개에 대한 일련의 내용 소척도의 근거와 개발에 관해 서술하고 있다. Harris-Lingoes 소척도가 기본 임상 척도의 해석을 정교화하기 위해 사용되는 것과 마찬가지로, 내용 소척도도 내용 척도의 해석력을 높이기 위해 고안되었다. 신뢰도와 초기의 타당도 자료가 임상적 방향 및 연구 방향에 대한 제안과 함께 제시되었다.

찾아보기

[ㄷ]

[ㄹ]

[ㅁ]

[ㅂ]

[ㅅ]

[ㅇ]

[ㅈ]

[ㅊ]

[ㅋ]

[ㅌ]

[ㅍ]

[ㅎ]

[영문]

▣ 역자 소개

홍창희(hchh2144@naver.com)

서울대학교 심리학과 및 동 대학원 졸업
한양대학교병원 정신건강의학과 임상심리 전문가 과정 수료
문학박사, 임상심리 전문가, 1급 정신보건임상심리사
현재 부산대학교 심리학과 교수
효원심리센터 소장

이재실(cheeun1203@naver.com)

이화여자대학교 불어불문학과 졸업
Université de Grenoble 제III대학교 대학원 문학박사
부산대학교 대학원 심리학과 박사과정
부산외국어대학교 교수
가야대학교 교수
가야대학교 티테라피센터 소장
가야대학교 가야노인전문요양원 원장
한국 시니어비즈니스협회 회장
한국심리클리닉 유유재 대표
2011 대한민국 사회공헌대상

조진석(jinscho@hanmail.net)

부산대학교 심리학과 및 동 대학원 졸업
부산대학교 대학원 심리학과 박사과정 수료
부산대학교병원 정신건강의학과 임상심리기초과정 수료
1급 정신보건임상심리사
현재 양산병원 임상심리과장

김미애(miekim72@hanmail.net)

부산대학교 심리학과 및 동 대학원 졸업
부산대학교 대학원 심리학과 박사과정
임상심리 전문가, 1급 정신보건임상심리사
현재 성균관대학교 삼성창원병원 정신건강의학과 임상심리실장

MMPI-A 평가의 핵심
Essentials of MMPI-A Assessment

발 행 일 | 2014년 11월 1일 초판 1쇄 발행
저　　자 | Robert P. Archer · Radhika Krishnamurthy
역　　자 | 홍창희 · 이재실 · 조진석 · 김미애
발 행 인 | 구본하
발 행 처 | 도서출판 **박학사**
주　　소 | 서울시 마포구 월드컵북로5길 33 동아빌딩 2층
전　　화 | (02)3142-3764~5
팩　　스 | (02)3142-3766
웹사이트 | www.pakhaksa.co.kr
등록번호 | 제10-2230호

정가 19,000원　　ISBN 978-89-98521-26-4